Julius Platzmann

Aus der Bai von Paranaguá

Verlag
der
Wissenschaften

Julius Platzmann

Aus der Bai von Paranaguá

ISBN/EAN: 9783957005199

Auflage: 1

Erscheinungsjahr: 2015

Erscheinungsort: Norderstedt, Deutschland

Hergestellt in Europa, USA, Kanada, Australien, Japan
Verlag der Wissenschaften in Hansebooks GmbH, Norderstedt

AUS DER

BAI VON PARANAGUÁ.

VON

JULIUS PLATZMANN.

LEIPZIG,
DRUCK UND VERLAG VON B. G. TEUBNER.
1872.

'So nun etwan ein junger gesell were, der mit diesem schreiben und zeugen keinen genügen hette, Darmit er nicht im zweiffel lebe, so neme er Gott zu hilff, und fahe diese reyse an. Ich hab im hierin kundtschafft genug gelassen, der spur volge er nach. Dem Gott hilfft, ist die Welt nicht zugeschlossen. Dem allmechtigen Gott, der alles in allem ist, sey lob, ehr und preiss von ewigkeit zu ewigkeit Amen.'

HANS STADEN.

Auf dem Ocean.

Unser Schiff ist gar klein. Wir sind, Alles in Allem, nur zehn Seelen an Bord: Capitain, Steuermann, ein Passagier, fünf Matrosen, Koch und Küchenjunge, wollen nach Rio, befinden uns auf 9° 11′ nördlicher Breite und 24° 18′ westlicher Länge, und sind dreiundvierzig Tage in See.

Bald nach Beginn der Reise habe ich mich streng gewöhnt, täglich eine achtstündige Arbeitszeit innezuhalten; auf diese Weise vergeht mir die Zeit so schnell, dass ich vom Tage gar nicht viel zu sehen bekomme.

Unter dem Kiele gähnt der Abgrund des atlantischen Oceans, zwischen Sternen und Meer die schreckliche Leere der Himmelsräume — aber im Herzen ist es wohnlich. Da lebt auf dem Meere die ganze Welt der Erinnerungen, da zimmern und bauen die Gedanken, da träumt man sich wohl in die Heimath und hört den Hahn krähen. Du schlägst die Augen auf — — doch sie gleiten über die grauen, blauen, leicht sich röthenden Wellen des Oceans.

* * *

Was das für einen festen und erquickenden Schlaf giebt auf dem harten Verdeck, umrauscht von den Wellen, unter dem leuchtenden Sternenhimmel, an dem der alten Bekannten immer weniger werden. Gestern Abend tauchte die Sonne wie eine feurige, rothglühende Kugel in den äussersten Saum der See. Kaum hatte sie den Horizont berührt, so theilte sich ein Purpurstrom von Licht den Wellen mit, die, grösser und grösser werdend, ihn schäumend und brausend an unser Schiff brachten.

Die quecksilberne, ruhelose Beweglichkeit und doch horizontale Einheit des Wassers weckt Schauer der Unendlichkeit. Die Seele fühlt sehnsüchtig die Nothwendigkeit eines höchsten Wesens, das diesen unerfasslichen Entfernungen des Raumes und der Zeit gewachsen ist.

Das Leben zur See ist mit einer so radicalen Ernüchterung verbunden, dass Jedem zu wünschen ist, wenigstens einmal in seinem Leben die weniger irdische Luft zwischen den Tiefen des Meeres und der Unendlichkeit des Himmelsraumes geathmet zu haben. Kommt nun in dieser rettungslosen Unbegrenztheit der Wasserflächen ein Brett, ein leeres Fässchen geschwommen, so wüsste ich nichts, was mir die riskirte Lage des Planetenbewohners überhaupt auf eine wehmüthigere Weise vergegenwärtigte. Wenn die Menschen nicht Glaube, Liebe, Hoffnung hätten, wahrhaftig, sie wären nicht viel mehr, als so ein schwimmendes Stück Holz!

* *

Die See geht hoch. In der vergangenen Nacht ist eine Sturzwelle über mich weggegangen. Glücklicherweise war ich angebunden, ohne welche Vorsicht mir der Capitain nicht erlaubt, oben zu schlafen. Der heftige Wind hatte bald Alles wieder trocken gefegt. Einmal wach, lauschte ich lange dem Sausen und Brausen der Wogen, auf Augenblicke unterbrochen vom Geplätscher tausendfach zerrissener Wellen, unausgesetzt aber begleitet vom Gemurmel längs der Schiffswandung gurgelnd enteilender Wirbel. Auch das Fahrzeug selbst ist nicht arm an verschiedenen Tönen und Lauten, mögen sie vom rollenden Steuer, oder vom ankämpfenden Bug, aus dem pfeifenden Tauwerke kommen, oder unterm erzitternden Kiele her.

Hat die Nacht in funkelnder Pracht der Gestirne sich über uns gewölbt, weckt früh nicht Unmuth oder der traurige Anblick eines städtischen Schlafkammerhorizontes, nein, die hochehrwürdige, tausendjährige Gewohnheit der Sonne, bei ihrem Aufgange Gold und Purpur auszustreuen. Die Luft ist ausserordentlich rein und zart. Die Wolken stehen leicht und luftig, aber wunderbar durchleuchtet, am Himmel. Gegen Abend überziehen sie sich im Südosten mit einem duftigen Ochertone. Das ins Röthliche spielende Gelb der Wolken contrastirt auf das Lieblichste mit dem leicht grün anlaufenden Himmel. Nach Sonnenuntergang geht der Himmel vom Horizonte vor dem Beschauer bis zum entgegengesetzten Horizonte recht deutlich durch die Grundfarben und ihre Gegensätze hindurch, so dass er einem in die Breite gezogenen oder vielmehr in eine Halbkugel ausgedehnten Regenbogen zu vergleichen wäre.

Auf der See ist das stete Beisammensein zweier entgegengesetzter Farben für Jeden sichtbar. Wogen die Fluthen in violetten Grundtönen, so sind alle Lichter aus dem Gelben gemalt. Geht die Sonne roth unter, so braucht man sich blos umzudrehen, um ein ganz grün gestimmtes Bild zu sehen. Nur Blau möchte ich die allgegenwärtige Farbe nennen.

* * *

Sonntag. Nicht Glockenklang und Orgelsang! In den ersten Morgenstunden gedachte ich der deutschen Heimath, der Glocken und Glöcklein, die von Berg zu Thal, von Dorf zu Stadt über den Fluren sich schwingen und klingen. Mein Sonntag war nicht minder schön. Ich sah ihn noch schlummern unter dem goldgestickten Sternenzelte. Doch währte es nicht lange, so sprang die Sonne über dem Horizonte auf, die strahlenumgürtete, nicht müde und schläfrig sich streckend auf Rosenbetten, nein, eilig und in voller Tagesrüstigkeit, denn sie hatte schon viele Länder geweckt, hatte die Heimath, die Aeltern geküsst, und brachte Grüsse, herzinnige Grüsse, und fand mich, halb wachend, halb träumend auf dem Deck eines kleinen Schiffleins, mitten im unbegrenzten, viel tausend Fuss tief lagernden, wellenbedeckten Ocean.

Die Ereignisse des Tages fliegen am Schiffe vorüber und man hat das Nachsehen. Wie gern hätte ich einen der reizenden rosafarbenen 'spanischen Bidewinder', wie sie der Capitain nennt, an Bord, die so selbstständig und verständig knapp über den grossen blauen Wogen ihr kleines Segel zu stellen wissen und wer weiss was für grosse Reisen machen. Auch an zwei enormen Seeschildkröten mit ihren fast vorweltlich plumpen Formen kamen wir heute vorüber. Die eine schien zu schlafen. Sie trieb auf dem Wasser, und ihr Rücken war in der Sonne weisslich trocken geworden. Als sie unser Freudengeschrei weckte, hob sie den Kopf mit einem unbeschreiblich dummen, hohläugigen Blicke in die Höhe, gab sich eine Schwenkung mit den ungeschlachten langen Beinen und tauchte unter, indem sich ihr Körper, wie Alles, was in der dunklen Bläue des Oceans sichtbar wird, mit Perlmutterglanze überzog, der, tiefer und tiefer sinkend, die Phantasie mit hinab lockte in die Wunderschauer oceanischer Tiefe.

Ja, tiefe Bläue des Oceans! Könnten doch diese Worte das mit ausdrücken, was der Beschauer beim Anblicke meilenweiten, reinsten Ultramarins empfindet!

* * *

Ich kann ein seither öfters betrachtetes Phänomen nicht unerwähnt lassen: das Leuchten der See. Es wird erhöht durch einen finsteren Himmel und steigert sich im Kampfe des Windes mit den Wellen. Wenn die Sterne von den Wolken als Zeugen ausgeschlossen sind und durch die tiefe Nacht das Schiff seinen Weg sucht, bietet das Meer dem verlassenen Schiffer einen Ersatz. Dann beginnt in seinen rauschenden Tiefen ein weisses Licht zu schimmern, das sich als ein magischer Fackelschein tief in die Hallen des Oceans hinabsenkt und, der Milchstrasse ähnlich, begrenzt in den dunklen Räumen dahin fliesst. Unberührt von dieser Helligkeit — und das verleiht der mitternächtigen Erscheinung einen besonderen Zauber — strömen die Fluthen als klares Wasser plätschernd darüber hin. Als ein das Ganze krönendes Drittes irren aber nun Myriaden blitzender Silberfünkchen, allerwärts ausgesäet, auf dem durchsichtigen Nass herum. Johanniswürmchen allenfalls vergleichbar, nur von unendlich lebhafterem Temperamente und in ungleich grösserer Zahl vorhanden, fliegen, hüpfen, tanzen diese hellfunkelnden Pünktchen einher, werden von der tobenden See bei Seite geworfen, verfolgt, zerschlagen, tausendmal überholt und begraben; in geisterhafter Vermehrung wächst und steigt ihr Schwarm nur zu tollerem und fieberhafterem Treiben immer wieder auf. Jeden in Schaum zerfliessenden Kamm, jede aufspritzende Welle, jede brechende Woge, von einem wunderbaren, ursprungslosen Lichte zum wasserhellen Körper erleuchtet, durchzittert und durchbebt die unstäte Sternenbrut.

Erst spät verwebt der Schlaf im endlich ermüdeten Zuschauer das aufregende Schauspiel mit den Gestalten des Traumes, und der fluthspaltende Kiel wird dann wohl leicht von den berauschten Elfen einer atlantischen Festnacht getragen.

* * *

Ganz nahebei war eben ein Walfisch sichtbar! Von Zeit zu Zeit tauchte mit weithin hörbarem Getöse die ungeheure Masse theilweise aus dem Wasser hervor, liess eine mächtige Rückenflosse oder sonst eine ungegliederte Fläche des kolossalen Körpers sehen, und erweckte im Beschauer unmittelbar das Gefühl des höchsten Staunens vor den Wundern der Schöpfung. Noch voll von dem kurzen und neuen Anblicke suche ich mir das zu vergegenwärtigen, was ich eigentlich gesehen habe. Der Capitain will die Spritzlöcher, die unter schnaufendem Behagen das Wasser in zwei zerstiebenden Strahlen entsandten, getrennt beobachtet haben. Von einem Pottwale, bei dem die Spritzlöcher, wie bei den Delphinen, aussen zu einer Oeffnung vereinigt sind, kann daher nicht die Rede sein. Eine Rückenflosse habe ich gesehen, auch die Anderen. Da die eigentlichen Wale keine Rückenflossen haben, so muss es also ein Finnfisch, Balaenoptera, gewesen sein. Dass die Schwanzflosse horizontal war, wurde einstimmig, selbt vom Küchenjungen anerkannt. Der Bau dieses Oceaniden zeigte sich bei wiederholtem Auftauchen am schönsten in der Verkürzung von vorn, und erinnerte lebhaft an die glatten schwarzen Wände eines Schraubendampfers.

Da wir einmal bei den Walen sind, zu denen ja auch die Delphine gehören, muss ich des überaus lustigen, komischen und doch grossartigen Anblicks gedenken, wenn eine Escadron dieser

Virtuosen im Schwimmen und Herumtummeln, trotz Wind, Regen und Wellenschlag, herangesprengt kommt, ja herangesprengt kommt in Sätzen, aufblitzend schon in weiter Ferne, in schnellem und lärmendem Heranrauschen. Man könnte sie die Cavalerie der See nennen; denn sie werfen sich beim Sprunge in die Brust wie die Pferde, halten Reih und Glied, machen Schwenkungen von ein paar tausend Mann, jagen über Hals und Kopf in entlegene Felder des Meeres, und, obgleich das Schiff unterdessen viele Knoten gelaufen, defiliren sie ohne eine Spur von Ermüdung munter schon wieder am Bugsprit vorüber. So leben und scherzen diese Thiere in einem Elemente, das uns den Tod bringt, trotzen den Gefahren, welche die stärksten Schiffe zerschellen, schlafen und ruhen über unermesslichen Tiefen, ohne von ihnen verschlungen zu werden. Welche andere Bedingungen der Existenz!

* * *

Aequator. W Länge 25° 35′ Zweiundfünfzig Tage in See. Durchaus keine andere Temperatur, als an einem Sommertage in Europa. Der Wind weht sogar kühl und überaus erfrischend, weil Tag und Nacht, nicht ohne Gefahr für die aufgespannten Segel, Regenwolken vorüber ziehen. Sonnenschein wechselt mit den determinirtesten Güssen. Von Hitze oder gar unerträglicher Hitze haben wir noch gar nichts gemerkt.

Ich gestehe gern, dass ich mich noch nie so frei von physischen und geistigen Anfechtungen gefühlt habe. Der Organismus gehorcht wie ein Schoosshündchen. Wenn gearbeitet werden soll, verhält er sich still, mäuschenstill, um nicht zu stören, und knurrt nach Verlauf von mehreren Stunden nur ein wenig, um anzudeuten, dass Mittag vorüber ist. Dann ist er zufrieden mit weissen Bohnen und Stockfisch, oder Knödeln mit Salzfleisch, und knabbert des Abends wieder dankbar an einem steinharten Schiffszwieback herum.

Aber vor Allem das Ein- und Ausathmen der nie entweihten reinen Luft wünsche ich Allen, welche das Schicksal in einer ungesunden Atmosphäre gefangen hält. Die Südostpassate werden uns vielleicht bald unserer Bestimmung zuführen. Ich sehe die Seereise ungern beendet. Man ist so ungestört und heiter. Des Abends trete ich heraus auf das Verdeck zum Capitain und Steuermann, und höre ihr 'plattdütsches Snaken' und das Plätschern der Wellen. An der Seite dieser harmlosen Schiffer stehe ich oft stundenlang, und sehe die Wolken sich thürmen und sich zertheilen, und sehe den Himmel, die Sonne und dann die Sterne.

* * *

Vor Tagesanbruch weckte mich der Steuermann, um einen Mondregenbogen zu sehen. Er gleicht aber eher einer sich auf der Regenwolke hell absetzenden Scheibe als einem Bogen. Diese riesenhafte, scharf begrenzte, halbe Kreisfläche stand dem zum Horizonte sich neigenden Monde gegenüber und gewährte, da der letztere sich im Rücken des Beschauers befand, einen unbeschreiblichen, ganz geisterhaften Anblick. Einen schwachen Reflex von ihrem Lichte empfing die unheimlich wogende See, empfing der umwölkte Himmel, nur eben so viel, dass man beides als vorhanden erkennen konnte. Das war ein wundersam unfreundliches Nachtgemälde, um so wirksamer, als es der Farbe entbehrte.

Der Sonnenregenbogen ist auf der See von den Spitzen der Masten in der That als vollendeter Zirkel sichtbar. Vor einigen Tagen rief mich der Capitain eines Regenbogens halber auf das Verdeck. Es war Nachmittag. Ich erinnerte mich durch das Gespräch alsbald des obigen Umstandes und stieg auf den grossen Mast, wo ich denn mit Erstaunen gewahr wurde, wie die farbige Pracht des Bogens sich immer mehr, je höher ich stieg, ausdehnte, und als ich bis zum Dreuil hinaufgeklettert war, sich kurz vor dem Schiffe über den tanzenden Wellen des Vordergrundes zum Kreisbogen schloss. War er auch in der Nähe nicht ebenso kräftig als auf dem weiter entfernten Hintergrunde der Luft, so war es doch immer erhaben, Wolken und Meer, diese formlosen vagabunden Elemente, durch eine so gesetzmässige, prachtvolle, lichte Farbenlinie verbunden zu sehen.

Die beiden oben geschilderten Naturerscheinungen werden mir unvergesslich bleiben als zwei grossartige Züge aus jenen öden Gebieten, in denen die Seele, der strengen Diät von Himmel und Wasser unterworfen, empfänglicher als auf dem Festlande gestimmt wird.

* * *

Windstille, vollkommene, seit drei Tagen. Das Schiff wankt und schwankt als ein völlig unbrauchbarer Apparat auf ebenfalls unbrauchbarem Elemente. Derjenige irrt sehr bedeutend, welcher sich mit Windstille ein horizontales, behagliches Schweben über der Tiefe verbunden denkt. Sowohl See als Schiff sind in viel unangenehmerer Bewegung als bei selbst starker Brise. Wenn die Luft windstill oder im Gleichgewichte ist, hört ihr Einfluss auf das Element des Wassers auf, welches, nach meinem Dafürhalten, jetzt erst den Begriff Ocean vor Augen führt. In weit ausgreifenden, sanft anschwellenden Bergen, und in flachen, muldenartigen, sich lang hinstreckenden Thälern entfalten und wälzen sich die ungeheuren Wassermassen, gleichsam sich selbst überlassen, in ihrer ganzen Grossartigkeit einher. In diesem Zustande ist die Oberfläche des Meeres wellenlos, fast spiegelglatt, aber majestätisch und gross. Durch das Streichen des Windes wird dieses Engroswogen geschlichtet, die Berge und Thäler zertheilen sich in Wellen, die mehr unter einem Niveau und in gewissen Grenzen ihr Spiel treiben. Giebt nun der Luftzug dem Wellenschlage einen gewissen Halt, so bedarf das Schiff zur Aufrechterhaltung seines Gleichgewichts und seiner Rudermacht desselben noch viel mehr. Ohne ihn hat die Segelfläche der Masten keinen Widerstand, das Ruder keinen Hebelpunkt, kurz, das Schiff wird unbarmherzig herüber und hinüber, auf und nieder geworfen. Diese Bewegungen begleiten die Segel mit einem einförmigen, wuchtenden Vor- und Zurückschlagen, dabei knarren und knacken alle Befestigungspunkte der Raaen und des Tauwerks auf eine Weise, dass selbst der Capitain, ein nervenstarker Mann, aus der Haut fahren möchte.

* * *

Gestern Abend stieg der Vollmond am reinsten Sternenhimmel auf. Der erste Saum, der aus der schwarzen, geschlichteten Fluth emportauchte, glich einem Feuer in der Ferne, aber bald schwang sich die blutrothe Scheibe in der weiten, schweigenden Einsamkeit der Nacht empor, überstrahlte den Glanz der Sterne und übergoss die Meeresfläche weit und breit mit ihrem blendenden Lichte, so dass in der That nur ein mächtiger Silberstrom das Becken des Oceans zu füllen schien. Die volle Scheibe des Mondes strahlte gleich einer Sonne.

Wir liegen in völliger Windstille, die nur auf halbe Stunden durch das Rauschen des Kiels, einen belebenden süssen Laut, unterbrochen wird. Des fortbewegenden Mittels beraubt, sind wir im weiten Meere völlig abgeschnitten, können uns nicht vor noch zurück bewegen, und sind einzig und allein auf die Hoffnung angewiesen, die durch den kleinsten Umstand, eine aufsteigende Wolke, ein Gefühl kühlenden Luftzuges, durch das Aufschlagen einer Welle geweckt wird. Wolken steigen auf und zertheilen sich, Sterne leuchten und erbleichen, Sonne und Mond kommen und gehen, ohne auf uns zu achten.

In dieser einsamen Verlassenheit starb heute unsere Ente. Sie wurde über Bord geworfen. Obgleich blos Ente, erregte sie doch Mitleid.

Mittags sahen wir das Meer meilenweit von einem kupferrothen, breiten Streifen durchzogen. Als ihn das Schiff passirte, warfen wir einen Eimer an einem Stricke hinaus und fanden dann, mit Hülfe meiner ‘Optik’, wie man meine Loupe an Bord zu nennen beliebt, dass der durch die ganze Horizontscheibe sich hinziehende farbige Gürtel aus einer Unzahl entweder Sternkügelchen oder kleine Fasces bildender Fasern bestand.

Ein Schooner in Sicht, der mit gerefften Segeln nördlich steuert. — Steife Brise!

*
*

Der Himmel sieht so finster und unheilschwanger aus, dass wir einen Sturm erwarten. Die See ist dann — und das mag wohl das Charakteristische des Unheimlichen sein — heller als der Himmel, weiss, bleifarbig, und nur die nach dem Schiffe zu abfallenden Flächen der Wellen lassen das undurchsichtige Schwarz des grollenden Oceans blicken.

Die Oberfläche des Meeres gewährt einen unglaublich wechselnden Anblick. Die blaue, anziehende Durchsichtigkeit des Wassers ist häufig von Lufttönen bedeckt, welche die Farben des Himmels, der am Tage durchweg blass gegen das Tiefblau der See erscheint, der Wolken, des Sonnen-Unter- und Aufgangs oder des Mondlichtes annehmen. Alle Seiten der Wellenpyramide — ich gebrauche diesen Ausdruck nur einstweilen zur Erläuterung — welche vom Beschauer abgewendet, aber für ihn als perspectivische Aufsicht noch sichtbar sind, belegen sich mit diesem die Durchsichtigkeit benehmenden, stets metallisch glänzenden Tone, dessen Gegensatz immer in der vierten, uns zugekehrten Seite zu finden ist. Ist diese dunkelgrün, so sind die anderen metallhell roth, ist sie violett: goldgelb, ist sie schwarz: bleifarbig oder silbern; das Letztere im Mondscheine. Wenn wir doch 'Purpurn' wieder in seine Rechte einsetzen könnten, um die mannigfachen köstlichen Grade der Vermischung von Blau und Roth mit einem Worte zu bezeichnen, dem das dürftige Wörtchen 'Violett' nicht gewachsen ist.

* * *

Wir fahren mit allen Segeln! Im Glanze der Morgensonne liegt vor uns — Land! Wenn man monatelang fast nur bewegliche Wellen, wandelbare Sterne und ziehende Wolken gesehen, und, was noch mehr ist, eben so lange in einer ewig schwankenden Behausung gelebt hat, wo jede, auch die geringste Bewegung den doppelten Kraftaufwand verlangt, erfüllt der Anblick festgegründeter Massen, die steten Berglinien einer Küste mit den freudigsten Gefühlen. Der Anblick ist so lachend, dass unzählige Gedanken und Vorstellungen in einem Augenblicke sich empor drängen, als wollten sie ihre Theilnahme an dem fröhlichen Ereignisse bekunden.

Welcher himmlischen, reinen Freude ist doch die menschliche Seele fähig! Nur wenn alles Böse in uns schweigt und in die Fesseln des aufrichtigsten Verlangens nach rückhaltloser Erneuerung unseres Wesens gelegt ist, sind wir dieser Freude fähig, und der müsste die grossartigste und schärfste Anschauung der Dinge haben, der frei von Begierde, frei von Eitelkeit und Selbstsucht, in ungetrübtem Glanze die Wunder dieser Erdenwelt in sich aufnehmen könnte!

Die Ankerkette wird auf das Verdeck gelegt. Das Wasser ist nicht mehr blau, sondern meergrün. Das kommt vom Grunde unter uns in 150 Faden Tiefe.

* *
*

'O grosse und beschwerliche Gefahren! O Weg des Lebens, nirgends sicher! Dass, worauf die Menschen ihre Hoffnung setzen, so wenig Sicherheit das Leben bietet! — Zur See so viele Stürme, so viel Schäden, den Tod so oft vor Augen! Zu Lande so viel Krieg, Betrug und widerwärt'ges Elend! — Wo kann ein Menschenkind sich bergen? Wo sichert es das kurze Leben? Dass nicht sich waffne und entrüste der heitre Himmel über einen Wurm der Erde so geringe?'

Mit diesen Worten des Camões sage ich, wenn anders ein günstiges Geschick uns die Landung gestattet, dem atlantischen Ocean Lebewohl, die Gefahren und Schicksale des Festlandes eintauschend gegen die des beweglicheren, aber wahrlich weniger gefährlichen Elementes.

Keusches Bereich der Wellen, Ihr seligen Nächte über den Gräbern der Töchter des Atlas, lebt wohl und führt mich dereinst, wie ich Euch verlassen, gesund und glücklich in meine Heimath zurück! Und Du, strahlende Sonne, bleibe mir dieselbe frühe Künderin des Tages! Aber Ihr, Sterne des neuen Himmels, an dem das Zeichen meines Glaubens leuchtet, wachet über dem schlafenden Fremdlinge, und, die Wolken zertheilend, schauet freundlich auf mich herab, mögen dankerfüllte Blicke oder Thränen Euch suchen!

Einfahrt in die Bai von Rio de Janëiro.

Liebe Aeltern!

Aus meinem Tagebuche. Nach Sonnenuntergang wurde gestern die Luft dick. Der Mond brach sich wieder Bahn, aber liess uns lange das 1000 Fuss hohe und daher vielleicht in Nebel gehüllte Blinkfeuer von Cap Frio nicht erblicken. Wir stiegen abwechselnd auf die Masten und hielten 'Ausgück' Ich sass fast eine Stunde auf der Grossbramraa. Die steife Brise sauste gewaltig um die Ohren und veränderte in der Luft den Schwerpunkt abwechselnd über Back- und Steuerbord. Ringsum bis in die äussersten Fernen rauschten die dunkeln Wasserfluthen. Nur das grelle Mondlicht lag in breiter, blendender Strasse über dem mächtigen Nachtgemälde, durch welches das Schiff mit geschwollenen Segeln und vorhinspaltendem Kiele dahineilte.

Die Stimmung wurde erhöht durch den Standpunkt und vorausgegangene Studien in 'Sailing Directions for the Coast of Brazil', welche nicht geeignet waren, uns zu beruhigen. Niemand von uns Allen, weder Capitain noch Steuermann, sind in Rio gewesen. Der einzige Führer unsrer kleinen Brigg, das erwähnte englische Buch, enthält Stellen, von denen eine angenehmer als die andere klingt, z. B.: 'Bei Annäherung von Cap Frio in der Nacht' — unser Fall — 'mit Osten oder Südosten im Rücken' — unser Fall — 'ist grosse Vorsicht nöthig, dass man nicht in die Bai nördlich vom Cap hineinrenne, ein Missverständniss, das öfters und gemeiniglich nicht ohne verhängnissvolle Folgen stattgefunden hat,' oder: 'Des Nachts verlasse man sich nicht auf das Licht des Leuchtthurms, indem er so hoch liegt, dass ihn die auf den Höhen lagernden Dünste den Blicken zu entziehen pflegen.'

Trotz aller Besorgnisse bekamen wir um 10 Uhr das Blinkfeuer — 'it appears like a star only' — zu sehen. Guten Muths legte ich mich zur Nachtruhe auf das Quarterdeck nieder. Als ich die Augen aufschlug, stieg die goldene Sonne am morgenrothen Purpurhimmel auf, und in meiner nachtbethauten wollenen Decke sog ich warm und hocherfreut den Anblick langgestreckter Gebirgslinien in mich auf. Sie umschlossen in ihrem geheimnissvollen, blauen Dufte die ganze nahe Welt meiner Sehnsucht.

Den Tag über steuerten wir bei flauer 'Kuhlte' bis Mittag Süd, gingen dann über Stag, und steuern jetzt Nachts 9 Uhr auf die Insel Raza zu in Erwartung des Blinkfeuers. Der Himmel ist umzogen und finsterer denn je.

Nach Tische wurden zur Orientirung Karten abgezeichnet und das Gepäck in Ordnung gebracht, um morgen durch Nichts im ersten Anblicke tropischer Landschaft gestört zu sein. Man höre unsern Gewährsmann: 'Die Bai von Rio de Janëiro ist eine der prachtvollsten von der Welt. Sie wird gebildet durch steilabfallende Gebirge von majestätischer Erhebung, welche mit dem üppigsten Pflanzenwuchse bedeckt sind. An ihren Ufern liegen inmitten schattiger Bäume Landsitze von elegantem Aeussern ausgestreut, wechseln Dörfer mit Ansiedelungen und Pflanzungen aller Art. Desgleichen zieren und beleben bewohnte und bewaldete Inseln die Oberfläche dieses Binnensees, und es giebt keine schönere Residenz auf dem Erdballe noch irgendwo eine, welche durch ihren Anblick in gleicher Weise überrascht und fesselt.'

69 Tage in See. Am Horizonte zuckten in der vergangenen Nacht Blitze auf und erleuchteten auf Augenblicke weite Strecken der unheimlichen Finsterniss. An den Ufern brannten Feuer. Das eine schien gross zu sein, denn eine rothe Feuerwolke stand darüber. Wir hörten das Rauschen der Brandung und mussten schleunigst wenden. Der Mond wollte nicht kommen, aber früh war Alles wieder freundlich.

Wir haben neue duftige Bergrücken zur Seite, von nicht zu zählenden Palmen überragt. Linker Hand liegt die Einfahrt in die Bai, am Zuckerhute kenntlich. Auch der Corcovado,

2306 englische Fuss hoch, dahinter die Brüder, 'os Irmãos', fast eben so hoch, und die glockenförmige Gabia dämmern schon durch die Morgenluft. Pai und Mãi, die beiden kleinen Eilande, und uns näher ein drittes kleineres, Menina, sind sichtbar. Freundliche Häuser blicken, zwar nur als weisse Punkte, aus den Waldgebirgen heraus, und auf jedem Contour überragende Palmen! Hoch, sehr hoch müssen sie sein, denn wir sind gewiss zwei deutsche Meilen vom Lande entfernt und können doch schon den neuen Schmuck der Wälder erkennen. Die Berglinien sind sanft und schön, durch kühne Ausladungen und zerrissene Formationen dann und wann unterbrochen.

Mir fehlt weiter Nichts, als ein theilnehmender Freund: es ist nicht genug, dass ich allein diese Lust geniesse, zumal wenn ich an die Bai denke, 'the most magnificent in the world.' Denn wenn das ein kalter Seemann sagt, der blos von 'fathoms,' 'light-houses,' 'harbours,' 'landing-places' etc. spricht, und in einem Buche, das die trockenste, topographische Sprache führt, in eine begeisterte Schilderung ausbricht, so muss es arg sein.

Ein günstiger Wind erlaubt uns Nordwest zu steuern. Die Ufer werden höher und höher; sie fangen an, ihre Formen zu entwickeln. Das Boot wird an die Aussenseite gehangen. Ich muss mich beurlauben; auf dem Verdecke ist mehr zu sehen.

Mittags 12 Uhr. Die Bergrücken zertheilen sich in immer sonderbarere und bizarrere Gruppen. Hohe Felswände hängen über ihre Basis fast hinaus, andere scheinen umgefallen oder schief hingestellt worden zu sein und spalten sich in kecken Linien, überall überragt von den weithin sichtbaren Kronen der Palmen. Auf das dunkelgrüne Land hängt dicker Nebel und träufende Wolken herab.

Bereits heute früh hörten wir ein dumpfes Dröhnen, das sich jetzt deutlich als Kanonendonner herausstellt.

Noch in verhältnissmässig grosser Entfernung, zumal vom malerischen Gesichtspunkte aus, gewährt doch schon die über jähen Zerklüftungen thronende Pflanzendecke dem Beschauer weit ab vom Lande ein Bild aufschiessender Kraft in reichbewässerter und unvergleichlich schöner Lage. Das

Fernrohr erschliesst eine reiche Auswahl der pittoreskesten Motive und versetzt inmitten dieser Buchten, Thäler und Höhen.

4 Uhr Nachmittags. Mit starker Brise jagen wir pfeilschnell in unmittelbarer Nähe grünenden Felsenlandes vorüber, das jetzt in voller Farbenpracht hervortritt. Die Wellen spritzen hoch über das Schiff, die schäumende Brandung höher am Ufer hinauf. Der Wind zerzaust den stolzen Haarschmuck der Palmen, und die Könige des Pflanzenreichs müssen sich beugen. Sie erheben ihren schlanken Stamm zu nicht geträumter Höhe. Senkrecht wuchert kletterndes Dickicht an steiler Felswand, deren Gipfel durch tiefhängendes Gewölk dem Auge entzogen wird.

Die Stadt baut sich schon inmitten der Bai herrlich auf. Wir fliegen zwischen Santa Cruz und dem Pão d'Assucar hindurch. Der Anblick ist bezaubernd. Die Flagge wird aufgehisst und flattert, wenngleich die dänische, der langen Gefangenschaft vergessend, lustig im Winde. Das Schiff liegt ganz auf der Seite, so flott weht die Seebrise.

Der Wind weht immer heftiger. Die Festungen und Schiffe im Hafen haben geflaggt: es muss ein Fest sein. Dazu brüllt der Capitain fürchterlich. Aeusserer Klüver, Dreuil, Grotbram-, Vorbram- und Stagsegel sollen festgemacht werden, Alles auf einmal. Fluch auf Fluch. Dem Capitain gehen die Titulaturen aus; bei 'Bauerlümmel ver ..!' schnappt ihm die Stimme über — da donnert uns ein Castell an. Der Schuss galt uns. Wir hatten eine verbotene Linie passirt und noch stand Brigg- und Grotsegel, die andern, kaum aufgekait, tobten grässlich — da donnert der zweite Kanonenschuss. Wir hatten einen dritten, scharfen zu erwarten. Die Segel mussten verlassen werden. Alles stürzt an den Anker. 'Lat gan Anker!' 'Anker vor die Krahn!' und im Nu prasselten Anker und Kette in die Tiefe. Das Schiff war in vollem Laufe. Es gab einen harten Ruck — die Kette hielt.

Noch war weder Gesundheitspass noch Manifest abgegeben worden, und schon befanden wir uns vor der Stadt inmitten der Bai — welcher Bai! Ich glaube nicht, dass die Phantasie des begabtesten Künstlers im Stande wäre, aus Menschenwerken und Naturschönheiten der Erde ein reicheres Bild zusammenzustellen. Mächtige Felsmassen schützen dieses einzige Binnenwasser gegen den atlantischen Ocean und schliessen in einem weiten Kranze einen geräumigen Kreis, dem Auge alle Reize aufsteigender Gebirgszüge und fruchtbarer Thäler bietend. Dazwischen stellen sich Buchten, Landzungen und Inseln, hohe und niedere, so reich an Situationen hinter einander, dass man eben so sehr von der Kühnheit der thürmenden Mächte, als von der waltenden Empfindung derselben für das Schöne betroffen ist. Auf einem Terrain, das architektonische Anlagen trefflich zur Geltung bringt, breitet sich die tropische Kaiserstadt mit ihren zahlreichen Kirchen, mit ihren langen Fronten von Arsenälen und Palästen, mit ihren Klöstern, imposanten Hospitälern und Festungswerken aller Art in bestechender Reinlichkeit aus. Kein russablagernder Winter suchte je diese Bauten heim. Konnte aber auch Jemand eine schönere Einfahrt halten? Tausend und aber tausend Flaggen wehten von allen Thürmen, wehten von hoch und tief gelegenen endlosen Villas, wehten von den Kriegsschiffen so vieler Nationen, wehten vom Hafen her mit seinen Masten.

Bedenkt man den Flaggenschmuck eines einzigen Linienschiffes — eine genaue Zählung ergab 80 Stück — vergegenwärtigt man sich die grossen Staatsflaggen der öffentlichen Gebäude, des kaiserlichen und anderer Schlösser, und nimmt man dazu die Neuheit der Palmen, deren befiederte Wedel desgleichen fahnenartig dem Winde gehorchen, so lässt sich der ungemein festliche Eindruck wohl ahnen, der seinen Höhepunkt erreichte, als um 6 Uhr von allen Castellen vor und hinter uns die Kanonen blitzten und donnerten, und in den steilen Bergschluchten sich zu einem höllischen Festlärme vereinigten. Grosse, schwarze Vögel flattern in der Luft, vom gewaltigen Echo aus ihren Felsensitzen aufgescheucht. Noch tummeln sich Delphine um unser Schiff, als hätten wir sie aus dem Ocean mit hereingebracht.

Wir liegen dicht vor Forte Domingo, einer befestigten, ganz idealen Felseninsel. Bei Ebbe mag sie wohl mit dem Lande zusammenhängen. An ihrem Fusse schäumt die Brandung hinauf und fliesst in kleinen Cascaden wieder ab. Mit einer keck im Wasser stehenden, von Block zu Block führenden Landungsbrücke beginnend, schlängelt sich unter verschiedenen Thoren anmuthig ein prohibirter Weg hinauf. Auf den schroffen Abhängen fusst allenthalben ein dunkelgrüner, undurchdringlicher Filz transatlantischer Gewächshauspflanzen. Darüber lugen die Batterien hervor und entfaltet sich unermüdlich das Reichsbanner. In grünbeflaggten, mit einem Sonnensegel überspannten, wunderniedlichen Booten, welche hinter dem kräftigen Wellenschlage zeitweilig zu ertrinken scheinen, nähern sich die Visiten der Behörden. Die Ruderer sind in der That Afrikaner. Es stimmt Alles. Der Capitain will noch heute Abend mit mir ans Land gehen. Daher bitte ich, mich zu entlassen.

Euer Julius.

Totale Sonnenfinsterniss.

Lieber Vater!

Ilha dos Pinhëiros. So wäre ich denn angelangt auf der andern Halbkugel, wo man mit den Füssen an der Decke geht, und denke erst jetzt daran, mit festem Boden unter mir, zurückzuschauen nach dem Verlaufe der Fahrt.

Mittags 12 Uhr am 12. Mai wurden in Hamburg die Anker gelichtet. Holland, England, Frankreich sahen wir noch mit leiblichen Augen, Portugal und Spanien entzogen sich den Blicken, aber die Phantasie glaubte auf den gleichen Breiten ein Anrecht zu haben, hinüberzuschweben nach dem mittelländischen Meere mit seinem Rom und Griechenland, über Marocco, Algier und die ewig unfruchtbare Sahara. Mit vollen Segeln sausten wir an Madëira und den Capverdischen Inseln vorbei, verlassenen, meerumbrausten Felsen, welche die ungeheuere Wassermasse des atlantischen Oceans zu verschlingen droht. Sie gewähren nicht den beruhigenden, freundlichen Eindruck des Festlandes, zumal des brasilianischen, wie es der Ankommende zwischen Cap Frio und der Hauptstadt zuerst zu Gesicht bekommt.

Wer könnte Rio selbst würdig beschreiben? Was sind zwei Tage in Rio de Janëiro?

Kurz, ich sah mich wieder an Bord, doch diessmal an Bord eines comfortabeln Dampfschiffes und in zahlreicher, sehr südlicher Gesellschaft. Wieder der Anblick wüster Wassermassen, wieder das Stampfen des Schiffes gegen die See. Wem sollte eine solche Seereise nicht gefallen? Fortwährend Terra firma in Sicht und zwar bewaldete, einige tausend Fuss hohe Gebirge; magnifique Tafel, dicht besetzt mit Schinken, Truthähnen,

Rinderbraten, Pasteten und Torten, unbekannten Gemüsen und neuem Obste; täglich Anker geworfen vor lachenden, reinlichen Küstenstädten mit weisswaschenen Gebäuden und rothen Ziegeldächern, wie eingebettet in rundum aufquellende immergrüne Waldungen; vorbei an den lieblichsten Eilanden, vorbei an salutirenden Forts, durch Morgenroth und Abendroth, durch Tag und Nacht an so viel Schönheit der Schöpfung vorüber, jetzt in schmaler Wasserstrasse zwischen majestätischen Hochwaldmauern, jetzt weitab vom Lande vor starrem, schaumumspritzten Felsenkoloss, jetzt im Schutze fruchtbaren, hochanstrebenden Inselgebirges, jetzt in seichter, sandiger Dünenlandschaft, jetzt im Allegro brechender Wellenkämme, jetzt im geschlichtet hinströmenden Fahrwasser breiter, sich öffnender Baien! Das Alles und portugiesische Roth- und Weissweine und beste Cigarren inbegriffen im Fahrpreise! Nichts von Preiscouranten, nichts von Geldschneiderei!

Der Capitain hatte seine Gemahlin mit an Bord und betrachtete die Passagiere ganz als eine und zwar als seine Familie. Mit dieser pflegte er, wo er ans Land kam, Freunde und Verwandte zu besuchen, und diese pflegten wieder ihn auf dem Dampfschiffe zu besuchen, einer den andern in liberaler Bewirthung mit Speise und Trank überbietend. Es war etwas ganz Bemerkenswerthes, was da überall für elegante und schöne Frauen und Mädchen mit zum Vorscheine kamen. Die Herren standen den Damen nicht nach: sie waren alle vergnügt, gesprächig und lebhaft.

Es drängte sich dem Nordländer die Ueberzeugung auf, dass solche Menschen, solche Verhältnisse sich blos unter den Auspicien ewigen Sommers heranbilden können. Das ist Alles unter der Fahne des Ueberflusses aufgewachsen. Niemand von Euch allen, sagte ich zu mir selbst, hat je die Aufdringlichkeit des Winters, je urgirenden Hunger, je die Blässe neidischen Mangels kennen gelernt. Das lachte, und ass und trank, das war eine so rosige Laune in der doch ziemlich grossen 'Familie', dass man glaubte, sich zum wenigsten im goldenen Zeitalter zu befinden. Vier Küstenstädte: Ubatuba, Santos, Cananea und Iguape, hatten so der Reihe nach unter einander gewetteifert, der Dampfschiffgesellschaft den besten Eindruck zu hinterlassen, denn hier — 'o, quae mutatio rerum!' — betrachtet man noch den Reisenden nicht als Last, sondern als willkommenen Gast. Es war eine Art Schlaraffenleben. Wenn man früh die Augen aufschlug, dampfte eine Tasse schwarzen Kaffees unmittelbar unter der Nase, gehalten von einem schwarzen Arme, der einem schwarzen Neger angehörte. Das war bequem und machte munter.

In Paranaguá nahm ich Abschied von der liebenswürdigen Companhia und wurde in einem wohlhabenden brasilianischen Hause noch einen Tag lang von Sclaven bedient. Beim Odysseischen Fussbad, beim Gebrauch der Ilex paraguayensis und der Herba nicotiana verrichtete schweigender schwarzer Dienst die Handreichung. Bei Tische warteten mir rechts und links ein kleiner Afrikaner und eine kleine Afrikanerin auf, deren Köpfchen und Händchen gar possirlich aus ihren langen weissen Hemden hervorsahen. Die schwarzen Aeltern standen mit gekreuzten Armen in fast stolzer Attitude etwas ferner. Was die Herrschaft den Sclaven zu sagen hatte, geschah in einem wohlklingenden und sanften Tone. Vor Schlafengehen kamen alle Dienstboten, jung und alt, in das Wohnzimmer und baten sich vom Hausherrn und der Hausfrau den Nachtsegen aus. Ein freies deutsches Mädchen nahm die höhere Stelle einer Kammerjungfer ein.

Den folgenden Tag, den letzten einer 80tägigen Reise, verbrachte ich im Canoe, in Ermangelung eines Sitzes auf einer Matte ausgestreckt. Breite Meeresarme wechselten mit engen Durchfahrten, ferne flache Ufer mit nahen Manguewäldern. Ueberall, allüberall Wald sichtbar — nirgends Erdreich! Ganz in den Händen zweier schwarzer, aber ehrlicher Gesellen!

So kam ich gegen Abend auf der Insel dos Pinhëiros an. Erst nach zwei gelösten Salven that sich menschliches Leben kund. Der Adressat meiner Empfehlungsschreiben erschien: wir erkannten uns. Bis spät in die Nacht sprach sich gegenseitiger herzlicher Empfang aus. Der Umstand entging mir vor der Hand, dass unsere Unterhaltung nicht einmal durch einen eintretenden dienenden Geist gestört wurde. Auch die Neger, welche ich gemiethet hatte, waren in ihrem Canoe nach der Stadt zurückgekehrt.

Erst am andern Morgen nach dem Kaffee erfuhr ich, dass wir zwei die einzigen menschlichen Wesen auf dieser Insel seien. 'Nous voilà tout seuls sur une île', ohne Kahn, mit einer herrlichen Aussicht, rundum Wasser: im Osten der atlantische Ocean, dessen Anblick uns blos eine Halbinsel, Superaguhy mit Namen, das Territorium eines Colonisationsversuchs, vorenthält, und im Westen das Kaiserreich Brasilien, zunächst vertreten durch eine grössere Nachbarinsel, genannt das Peças.

Aber die Insel war schön. Sie ist inmitten einer Bai gelegen, welche von hohen, duftig aufsteigenden Waldgebirgen eingeschlossen ist. Wald, wo man hinsieht, nicht von éinem nackten Felsen, nicht von éinem unbestandenen Abhange unterbrochen. Einen wunderbaren Frieden verbreitend, spiegelte sich im tiefen Blau des Wassers diese grossartige Waldeinsamkeit, spiegelte sich so seit vielen hundert Jahren des Urwaldes tausendjähriges Wachsthum.

O hättest Du Zeuge sein können dieses ersten Morgens! Der Landwind hatte über Nacht Alles so rein gefegt. Die Berge standen, seitlich von der Sonne beschienen, in der Morgenbeleuchtung da. Das Rauschen des Wassers, das Lispeln in den Fiedern der Palmen, das Zirpen von Heimchen, niegehörte Vogelstimmen schlugen als ebensoviele ungewohnte Laute an mein Ohr. Um die Blüthen der Orangenbäume, welche ich seither noch gar nicht Zeit gehabt hatte unter freiem Himmel zu begrüssen, summten wirklich goldschimmernde Kolibris. Ganz wie ihn Bernardin de Saint-Pierre in Paul et Virginie beschrieben hat, erhob sich vor dem Hause der Melonenbaum (Carica Papaya L.). Im Schatten fremder Baumkronen girrten in bekannten Tönen wilde Turteltauben. Weisse Ibise lauerten auf Beute am Ufer. In den Zweigen der Kaffeebäume erschien dann und wann ein ponceaurother Spatz (Tanagra brasiliensis L.). Wer hätte in diesen fusslangen, weissen Blüthen — in Paranaguá hatte ich sie sogar veilchenblau und gefüllt gesehen (Datura ceratocaula Ortega) — nicht Datura arborea (L.) erkannt?

Welch' andere Vorstellung als die der Heimath konnte in einer so reinen Naturstimmung vor meine Seele treten, welch' anderer Gedanke als der: wann wird der erste Brief an mich in diese ferne Zone der Erde, in diese versteckten Gewässer sich verlieren?

Mit dem Spazierengehen war nicht viel los. Es gab blos einen Weg nach der Quelle, einen freien Platz und einen Garten um das Haus. Sonst allerwärts undurchdringliches Dickicht; ich hatte mir nie vorgestellt, dass das so hindernd und stachelig sein könnte.

Die umwohnenden Brasilianer liessen nicht lange auf sich warten. Wir benutzten sie, um Ausflüge zu machen, und statteten auch einen Besuch auf der Colonie Superaguhy ab, deren Director, Consul Perret Gentil, früher Vertreter der Schweiz in Rio de Janëiro, mir in seiner offenen, biederen Art keinen ungünstigen Eindruck hinterliess. Er sass in einem Empfangslocale vor einer mit Dolchen, Säbeln, Büchsen und Speeren bespickten Wand, und bewirthete uns bald ausgezeichnet. Auf dem Tische hüpfte ein grüner Pfefferfresser (Pteroglossus Aracari L.) umher. Das Essen verdankten wir einer Jungfer Florenza, die in langem schwarzen Haare, eine malerische Erscheinung, sich bemühte, den Tucan von den Speisen abzuhalten. Ein grosses Fabrikgebäude enthielt verschiedene, zum Theil eiserne Maschinen. Das Etablissement des Herrn Perret wird Jedem, der sich die Mühe giebt, inmitten der besiegten Schwierigkeiten ein Urtheil zu fällen, Achtung vor der schaffenden Kraft seines Geistes und den rüstigen Armen treuer Mitarbeiter abnöthigen.

Auf die Insel zurückgekehrt, kochten wir stets unsere Mahlzeiten selbst und holten selbst Holz und Wasser. Das war mir neu. Ein Kahn, dessen Nothwendigkeit für mich mir sogleich eingeleuchtet hatte, wurde gekauft, 2 Fuss breit und 14 Fuss lang, und erst zitternd, bald dreister, Versuche darin angestellt, schliesslich die Insel zum ersten Male allein umfahren. Anfänglich tanzt das Canoe alsbald in reissender Strömung an steilen, weit über Armeshöhe bewachsenen Felsen hin; dann läuft es in eine ruhige Bucht ein; dann hängt

Wald weit über das Wasser von einem Hügel herab; dann kommt Gegenströmung um mächtige Felsblöcke herum, auf deren Haupte ein Rasen von Bromeliaceen nistet, schattige Bäume am Ufer hin, ein Stück Manguewald, wieder glatter, aber schräger Fels, wenige Ellen über dem Wasserspiegel mit Myrthengebüsch bewachsen, und dann ist man, an Unmassen von Austerschalen vorbei, um die Insel herum, und freut sich dieser seiner maritimen That, welche eine halbe Stunde in Anspruch nahm.

Kaum hatte ich Zeit gehabt, mich an dieses Leben zu gewöhnen, kommt in der fashionabelsten Schaluppe, begleitet von einem Adjutanten und acht Matrosen, der Commandant eines brasilianischen Kriegsschraubendampfers an, uns notificirend, dass dieses kleine Felseneiland das Centrum einer in zwei Tagen stattfindenden totalen Sonnenfinsterniss sei, und er im Auftrage Seiner Majestät diese seltene Himmelserscheinung zu beobachten habe. Ein Empfehlungsschreiben aus Paranaguá empfahl ihn überdem, eine freundliche Rücksicht, unserer Fürsorge. Wir thaten unser Möglichstes, die Herren, welche sich sofort an ihre astronomischen Vorstudien machten, so gut wie möglich zu placiren, und hüteten uns selbstverständlich wohl sie zu stören. Die Matrosen, lauter stattliche, grosse und starke Leute in weisser Kleidung mit breitem, auf die Achseln zurückgeschlagenen blauen Kragen, behalfen sich selbst, fingen an Geschirr auszupacken und die Mahlzeiten zuzurichten. Wir kauften ihnen Hühner, Fische, Krebse, Eier und Bananen dazu, soviel wir einhandeln konnten. Es hätte dessen kaum bedurft, denn die Schaluppe war mit Allem versehen. Die Mannschaft zeichnete sich durch ihr kameradschaftlich flinkes Zusammenhantieren aus. Besonders that sich ein hoher, dicker Mulatte hervor durch seine Geschicklichkeit, mit wenig Utensilien vortreffliche Gerichte herzustellen. Ich sah ihn in Verachtung einer Schüssel und eines Ofens aus freier Hand auf einem im Feuer liegenden Orangenstamme ein Brod kneten, gestalten und backen, das in Form, Farbe und Geschmack einem aus einem Backofen gezogenen in Nichts nachstand.

Der Commandant und sein Adjutant bewahrheiteten die Ansicht, dass die gute Gesellschaft überall dieselbe ist. Sie arbeiteten sehr fleissig und machten vor jeder Mahlzeit Toilette. Die Unterhaltung wurde der gegenseitigen Bequemlichkeit halber französisch geführt. Die Herren wunderten sich nicht wenig, uns ganz allein auf der Insel zu finden. In ihren Händen befand sich eine Manuscript-Specialkarte der Bai von Paranaguá, welche der Adjutant, ein blühender junger Mann von jener intacten Schönheit, die uns Sterblichen leider nicht vergönnt ist zu conserviren, mir abzuzeichnen erlaubte. Ich benutzte diese Permission in extremum und liess nicht eher nach, bis ich ein vollständiges Ebenbild vollendet hatte. Mit einem Schlage wurde mir durch dieses schätzbare Hülfsmittel die Orientirung in unseren complicirten Küstenverhältnissen ermöglicht, über welche ich vielleicht sonst nie ins Klare gekommen wäre.

So vergingen die Stunden bis zu dem wichtigen Zeitpunkte. Kostbare astronomische Instrumente hatten sich unterdessen entpuppt. Sie fanden ihre Aufstellung auf einem gegen den Himmel abgeplatteten Felsen auf einer Anhöhe östlich über dem Hause und dem Landungsplatze. Seine geographische Lage wurde vermittelst eines künstlichen Horizontes durch den Quadranten vorläufig auf 25° 23′ 34″ südliche Breite und 5° 06′ 01″ östliche Länge von Rio de Janëiro festgestellt. Ein Stativ trug den blitzenden Tubus. Compass und Chronometer standen nebenan auf einer vorhandenen, wie dazu geschaffenen Felsenbank. Die Spannung nahm zu, als der erste Contact des Mondes mit der Sonne 9^h 36′ 3″ (7. Sept. 1858) annoncirt wurde.

Die Gruppirung der Scene war eine höchst malerische. Um die Leiter der Beobachtung in dunkelblauer Marineuniform sassen und standen einige Schritte ab die gesunden Gestalten der Matrosen mit ihren weissen Anzügen und hellblauen Aufschlägen, gelben Strohhüten und gebräunten Teints. Der Felsen war mit dem Säbel gereinigt worden. Rundum aber kroch noch tropische Vegetation genug, Passionsblumen (Passiflora alata Ait.) und Marantaceen (Thalia geniculata Vellozo), bis an unsere Füsse heran. Auf dem entwaldeten, doch bewachsenen Abhange der Insel zwischen Felsen und See erhoben sich einzelne Palmen, auch ein schlankes, baumartiges Farrenkraut, mit ihren eleganten Silhouetten in die völlig blaue Bai hineinragend. Die Farbe der Pflanzendecke auf der Insel selbst war eine tiefdunkelgrüne mit violett blinkenden Lichtern. Die nächsten, zwischen $\frac{1}{4}$ und $\frac{1}{1}$ Meile entfernten Waldufer erschienen blaugrün abgestuft, Fernen, Himmel und Wasser blau. Gelb war durch Messing und Strohhüte vertreten, Roth durch ein wollenes Hemd und das Ziegeldach des Hauses.

Die Töne fingen an matter zu werden, je mehr sich eine graue Scheibe in die blendende Sonne hineinschob, grau, wie sie wohl Viele in ihrem Leben bei partiellen Sonnenfinsternissen gesehen haben. Es fing an eine bleierne Luft auf der Bai zu lasten. Wie erstaunten wir aber Alle, als plötzlich einen Augenblick lang in den brillantesten concentrischen Nuancen die Farben des Regenbogens — die letzten Farben während 30 banger Secunden — rund um die verschwundene Sonne zusammenschossen — — wie erschraken wir aber Alle, als urplötzlich eine kohlpechrabenschwarze Scheibe am Himmel stand! Es hatte etwas Fürchterliches, das glaube mir Jeder, der es liest, statt der lichtspendenden Sonne das entsetzliche Schwarz am Himmel drohen zu sehen. Ich werde es nie in meinem Leben vergessen. Ein Neger sah hell dagegen aus. Hinter diesem Discus, den Du Dir gar nicht schwarz genug vorstellen kannst, strahlte ein Strahlendreieck in den umflorten Himmel hinein. Weg war alle Farbe von allem Irdischen! Die Landschaft, welche sich eben noch so farbig vor uns ausgebreitet hatte, lag wie von einem Aschenregen befallen da. Wir sahen einer den andern mit grauem Schauder an. Wo war das rothe Flanellhemd hin? Waren die Ziegel auf dem Dache nicht gebrannt? Siebzehn Sterne wurden gezählt. Die Natur sah hässlich aus wie in der Photographie. Gespenstisch flogen die Reiher, welche heute früh so schneeweiss dagestanden hatten, flatternden Schatten gleich, am Ufer hin. Keine Vogelstimmen wurden gehört. Mimosenzweige und Blumen lagen zur Hand: es mochten aber wohl nicht die rechten sein.

Da — o der aufjubelnden Stimmen im Menschenherzen! — flammten wieder die Farben des Regenbogens auf! Verschwunden war das peinliche Schwarz! Wie ein Paukenschlag ging wieder Sonnenlicht vom Himmel aus! Wir fühlten uns alle erlöst von der drückendsten Stimmung. Von $11^h\,01'\,16''\,21'''$ bis $11^h\,01'\,46''\,20'''$ hatte die totale Verfinsterung gedauert. Es währte zwar noch eine ziemlich geraume Zeit, ehe die vollen Farben auf die Gegenstände zurückkehrten und die kümmerliche Luft verschwand, aber das restirende Grau selbst der noch fast ganz bedeckten Sonne war nicht in Vergleich zu bringen mit der eben vorausgegangenen Intensität des Lichtmangels.

Im 8 Legoas entfernten Paranaguá, wo die Sonnenfinsterniss desgleichen, wie auch im 25 Legoas entfernten Curitiba von Astronomen beobachtet worden war, soll die Sonne nicht schwarz geworden, sondern grau geblieben sein. Wir hatten also das äusserst seltene Glück genossen, uns in der kleinen Schattenkegelspitze einer centralen und totalen (nicht ringförmigen) Sonnenfinsterniss zu befinden. Die Officiere hatten jede Secunde so wahrzunehmen, dass ich mir blos zweimal erlaubte in den Tubus zu sehen, einmal vor und einmal während der totalen Eklipse. Das zweite Mal wurde ich gefragt, ob ich die Protuberanzen wohl gemerkt hätte. Es war aber nicht Zeit noch einmal hineinzusehen. Ich sollte nun abzeichnen, was ich gesehen hätte. Meine Unzulänglichkeit war nämlich als Zeichner acquirirt worden, und hatte bereits seit früh 9 Uhr mit einem neuen Faberschen Bleistift und einem reinen Blatt Papier andächtig dagesessen. Die Akademie hatte mich wohl auf menschliche Protuberanzen eingeschult, aber astronomische waren mir böhmische Dörfer. Es blieb mir nichts übrig, als eine möglichst schwarz schraffirte Scheibe in einem nach den Himmelsgegenden gestellten Strahlendreiecke auf einem grauen Grunde zu Papier zu bringen. Die Zeit des Austrittes des Mondes aus der Sonne ist mir verloren gegangen.

Eine heitere Tafel folgte der glücklich absolvirten Mission. Der Commandant sowohl als sein Adjutant waren nun die zugänglichsten Gesellschafter. Sie nahmen herzlich Antheil an unseren Plänen und Bestrebungen, und theilten uns viel des Interessanten und für uns insbesondere Nützlichen über ihr Vaterland wie den Charakter seiner Bewohner mit. Wir tauschten unsere Karten aus und gewannen uns so lieb, als man sich in kurzer Zeit gewinnen kann. Nicht ohne Bedauern sah ich die Vorbereitungen zur Abreise treffen. Es waren drei Tage gewesen, verlebt in der anregendsten Gesellschaft. Der Commandant liess es sich nicht nehmen, bevor er in die Schaluppe stieg, uns ein Gastgeschenk, bestehend in $^1/_2$ Dutzend vielversprechender Blechdosen, zu hinterlassen. Ein letzter Händedruck — — das Segel entrollte sich, der Befehl zur Abfahrt war gegeben. Ein günstiger Wind trieb das Boot mit der feiernden Mannschaft schnell über die Bai, der man schon lange nichts mehr von der totalen Sonnenfinsterniss ansah und auch so bald nicht wieder ansehen wird. Bald entzog gegenüberliegender Manguewald den letzten weissen Schimmer den Blicken.

Wir waren wieder zwei Mann hoch auf der Insel, zufrieden mit der jüngsten Vergangenheit und gefasst auf jegliche neue Laune der Zukunft. Vorerst hatten wir in den Blechbüchsen, welche die Sonnenfinsterniss uns auf die Insel geworfen hatte, einen positiven Anhalt an das noch nicht ganz entschwundene Phänomen. An ihren in Metallschrift abgefassten Titeln war nichts auszusetzen. Sie lauteten: 'Perdrix aux truffes', 'Saucisses de Francfort', 'Filet de mouton aux asperges' etc. etc. und hatten eine Revue aller in Europa besuchten Griechen, Italiener und Delicatessenhandlungen im Gefolge, welche sich dialogsweise während mehrerer Abende äusserte. Wilken's Keller in Hamburg, Seekrankheit, Schiffskost und das Sprichwort: Hunger ist der beste Koch, blieben nicht unerwähnt.

Ausserdem verdankten wir der Sonnenfinsterniss die genaueste Kenntniss unseres geographischen Standpunktes im Lande der Pfefferfresser, verdankten ihr ausserdem eine excellente Karte, deren Studium mich in hohem Grade fesselte. Die unbedeutende Insel dos Pinhëiros liegt in der Bai gleichen Namens da, wo sich letztere in einen südlich verlaufenden Meeresarm verschmälert, der mit dem Ocean in directer Verbindung steht und den Namen Barra (Einfahrt) de Superaguhy führt. Diese bereits erwähnte Halbinsel, auf der sich circa zwölf kaffeebauende europäische Familien angesiedelt haben, begrenzt, östlich von der Zweigbai dos Pinhëiros, die Hauptbai von Paranaguá im Nordosten. Zwischen nordwestlichem Festlande, zwischen dem östlichen Superaguhy und der westlichen, flachen und grossen, blos von Brasilianern bewohnten Insel das Peças breitet sich die Bai dos Pinhëiros, ‘baie des pins’, aus, sendet einen Arm zwischen das Peças und dem Festlande westlich in die Gewässer einer zweiten Zweigbai, genannt das Larangëiras, ‘baie des orangers’, verschmälert sich selbst erst nach und nach nordöstlich, und athmet endlich vor einer Einschnürung des Landes aus, welche in ½ Stunde überschritten ist und Superaguhy mit dem Festlande verbindet.

Die schon einmal versuchte Durchstechung dieses wichtigen Punktes würde fünf Städten: Cananea und Iguape in den Gewässern des Binnenmeeres von Iguape, Provinz São Paulo, und Paranaguá, Antonina, Morretes in der Bai von Paranaguá, Provinz Paraná — die Grenze zwischen beiden Provinzen streicht durch eben diese Landenge nordwestlich — einen gefahrlosen und bequemen Seeverkehr eröffnen, der jetzt auf grossen Umwegen durch den offenen Ocean betrieben werden muss. Hoffentlich werden durch die totale Sonnenfinsterniss just an der Grenze zweier splendiden, sich fast berührenden Binnenwassersysteme die Blicke der Regierung wieder auf die Ausführbarkeit dieses Unternehmens gerichtet.

Um auf unsere Insel zurückzukommen, so wird das ganze kleine Eiland aus drei Hügeln gebildet. Deren zwei machen Front nach Norden. Der dritte liegt dahinter nach Süden. Auf dem östlichen befindet sich die Quelle, ohne welche eine Insel nicht bewohnbar ist; auf dem westlichen eine Partie Araucarien (Araucaria brasiliensis Lamb., portugiesisch Pinhëiro), welche der Insel den Namen geben. An dem Fusse des letzteren liegt auf einer Terrasse vor einem guten Hafen das Haus des Bewohners. Ihm vis-à-vis ragen in Büchsenschussweite einige Manguebäume aus dem Wasser, weissgetüncht vom Aufenthalte zahlloser Seeraben, deren Stimmen merkwürdig laut zusammen klingen. Dieser Theil der Insel wurde schon vielfach, auch von Engländern, bewohnt und angebaut. Er trägt keine ursprüngliche, aber desto undurchdringlichere Vegetation. Auf der südlichen Erhebung jedoch wuchert unberührter, seit Jahrhunderten sich häufender Wald, dessen weitausgreifender Saum, unterhalb durch die Fluth wie horizontal verschnitten, von seiner jähen Felsenunterlage herabzustürzen droht. Bei Ebbe ist gerade soviel Platz vorhanden, dass man mit dem Kahne darunterfahren und den fremden, wetterdachartigen Laubhimmel in unmittelbarer Nähe über dem Haupte anstaunen kann. Was sich da Alles hineingeschoben hat an windenden Farrenkräutern (Lygodium hastatum Mart.), Bambusrohr, Palmen und kletternden Aronstäben, Orchideen und Bromeliaceen, was da hängt an sonderbaren Blüthen — die einen gar holländischen Thonpfeifen ähnlich! (Posoqueria sp. Aubl.) — und an eigenthümlichen Früchten, besonders an Balgfrüchten mit dem prachtvollsten (Tabernaemontana echinata Vellozo) oder überraschendsten Innern (Cynanchum stellatum Vellozo) oder abnormsten Aeussern (Echites thyrsoidea Vellozo), das muss man sehen — unterlasse aber die Aufzählung.

Wiederholt habe ich versucht, über schneidenden Austerschalen hin nur auf einige Schritte das Innere zu gewinnen. Einmal nahm ich mir das Herz und kroch in ein Felsenloch hinein. Hinter einer losgetrennten Steinwand kam ich wieder zum Vorschein und befand mich einer grossen weissen Eule gegenüber, die in dieser endlich einmal nicht verwachsenen Schlucht ihren Sitz aufgeschlagen hatte. Am Boden promenirte ein Volk allerliebster Uruhühner (Perdix guianensis Lath.) mit weissen Perlflecken auf den Schwingen, so zahm, dass man sie fast hätte mit den Händen greifen können. Und doch war die senkrechte Felsfläche, an der ich stand, so der kreuz und quer mit langen starken Wurzeln bestrickt, dass sie mir als Strickleiter dienten und ich bequem hinaufsteigen konnte. Da sah ich über die schönsten, zwar stacheligen, aber mit prachtvoll rothen Hochblättern angethanen Bromeliaceen (Tillandsia unispicata Vellozo und Bilbergia amoena Lindl.) hinweg auf die See und den gegenüberliegenden Wald.

Ein andermal hatte ich das Canoe zwischen zwei Felsblöcken hinein an den Strand gezogen. Kaum habe ich mich aufgerichtet, begegnen meine Blicke einer einzelnstehenden Amaryllis, mit Blumen, wie ich sie schon in Gewächshäusern gesehen hatte, aber nicht mit feuer- — nein, mit rosarothen! (Amaryllis Belladonna L.) O, wie viel anmuthiger sah das Rosaroth als das Feuerroth! Nicht weit davon steht aber ein noch schöneres Liliengewächs nicht einzeln, sondern truppweise: mit schwertförmigen Blättern und grossen, weissen Blüthen, circa 5 auf 3 Fuss hohem Scapus, deren schmale, lineale Saumzipfel unter 6 carminrothen Staubfäden und 1 carminrothen Griffel in 6 Bogen sich auf eine ungewöhnlich lange Perigonröhre zurückschlagen (Crinum undulatum Hook.). Ein Blick in die Schatzkammern des Grossmogul würde mir, glaube ich, nicht so viel Spass machen, als solche kleine Einblicke in den ursprünglichen Haushalt der Natur.

Einmal war ich drei Tage allein auf der Insel. Der Hausherr hatte Geschäfte in Paranaguá. Ich führte den Hausschlüssel. Es lag ein nicht auszudrückender Contrast in der menschenleeren europäischen Einrichtung seines Innern und der sonnigen, kaum in Angriff genommenen Wildniss draussen. Drinnen das Tick-Tack eines englischen Chronometers, draussen das Rauschen der Palmen; drinnen in aufgehangenen Bildern Reminiscenzen an den komischen Verlauf der Welt, draussen eine hehre Stimme der Schöpfung. Auf einem Bücherrepositorium standen die deutschen Classiker; auf einer Thürschwelle hatte sich eine vier Fuss lange Eidechse postirt (Teius Monitor Merr.). Im Corridor hingen Spaten, Aexte, Sägen, Meissel, Bohrer an der Wand, das Wachsthum draussen spottete all dieses Handwerkszeuges. In der Speisekammer bewahrten Schränke, Fässer und Kasten Vorräthe aller Art; draussen gingen Apfelsinen und Pfirsiche schockweise verloren, hafteten Austern genug für ein ganzes Regiment unbenutzt an den Felsen, zum Theil auf, von einem einstmaligen Holzhandel her liegen gebliebenen Mahagony- und Jacaranda-Stämmen, beleckt von der fischreichen Fluth. Auf dem Tische, an dem ich mein Abendbrod eingenommen hatte, lag zur Linken unter anderem auf die Seite Gestellten ein grosses altes Buch. Ich zog es hervor. Es war eine reformirte Bibel von 1500 so und so viel. Ich schlug sie auf und konnte nur eben bei flackerndem Lampenscheine — eine Jalousie bildete den Fensterverschluss — die Worte französisch lesen: Es ist nicht gut, dass der Mensch allein sei — — da löschte ein Luftzug das Licht aus. Ich hatte keine Streichhölzchen und wusste nicht, wo sie lagen. Auch das Feuer war ausgegangen. Da war ich allein in stockfinstrer Nacht ohne Feuer auf einer Insel jenseit des Steinbocks und musste tastend und tappend mein Bett aufsuchen.

Es ist ganz unmöglich, Dir, dem verwöhnten Patricier, einen Begriff beizubringen von unserer Art zu leben. Stelle Dir nur vor: ohne Bedienung, ohne Gesellschaft und, ich will nur sagen, ohne Brod, Butter und Milch auch nur eine Woche leben zu müssen. Und doch, es geht. Die Nahrung, welche der Mensch bedarf, ist auch in andere Namen führenden Stoffen enthalten. Der Körper accommodirt sich Entbehrungen: sie stärken ihn. Hat man diese Uebergangsperiode bestanden, war das Individuum kräftig genug, um sich so harten Entwöhnungen unterziehen zu können, so fängt Geist und Körper an, Kraft aufzusaugen aus dem Thau der Nächte, aus dem Toben des Sturmes, aus der Ermüdung der Arme und Beine; die Lungen athmen voller im feuchten Schatten des Waldes, und die Muskeln stählen sich unter den glühenden Strahlen der Sonne. Man regenerirt sich. Man weiss nichts mehr von launenhaft, verstimmt oder nervös. Mit ungetheilter Sorgfalt wird gearbeitet, mit ganzem Appetite gegessen Alles, von dem es heisst, dass es essbar ist, und trotz Musquitos, Spinnen, Ratten und Vampiren — so nervenstark wird man, dass man auch darum sich nicht mehr bekümmert — vortrefflich geschlafen. Geht dann die

Sonne auf über der immergrünen Waldlandschaft, die von nassem Dufte umhüllt ihr Bild in stillen Wasserspiegeln findet, zieht dann der Morgen einher auf den waldbestandenen freundlichen Höhen der Berge — und ferner und blauer steigen sie bis zum fernsten Horizonte auf — dann erkennt man den hohen Werth, in solcher Umgebung selbst noch jung und gesund zu sein; denn alle diese Wälder und Berge stehen Dir offen zu jeder Stunde. Das schlanke Canoe führt Dich über die blaue Bai, gleitet mit Dir durch alle Schlangenwindungen der schmalsten Flüsse, deren Wasser, von beiden Ufern her überwölbt und krystallrein über goldglitzernden Sand hinfliessend, nicht von den Strahlen der Sonne erwärmt wird. Fast noch die ganze Pracht der Tropen mit ihren Palmen und Farrenkräutern, mit ihren herabhängenden Riesengräsern und den wunderbaren fremden Blumen und Früchten siehst Du dann in morgenfrüher Heiterkeit des Gemüths vor Dir stehen.

Ja, es giebt eine Freiheit, die in dem naturfrischen Amerika doppelt köstlich ist. Es ist die so leicht gemachte Möglichkeit, sein eigenes Innere freizuhalten von so vielen zerstreuenden und zersplitternden Einflüssen. Wohl dem, der sich diese Freiheit hier zu schaffen weiss; für ihn ist dann Alles Freude, Alles Stärkung, Alles Genuss.

Des Abends tummle ich mich gewöhnlich auf der See. Es will gelernt sein, das Gleichgewicht im schwankenden Canoe zu behaupten und die Capricen des Wellenschlags zu begleiten. Dass ich schon mancher Gefahr entgegengesehen, von Wind und Sturm überrascht worden bin, lässt sich denken; aber der Gedanke an Gefahr verliert sich ganz mit dem Besitze der Gewohnheit. Eine seemännische Zuversicht macht knabenhafte Furcht weichen. Durch Vorsicht, Ruhe und Entschlossenheit lässt sich ein Element besiegen, dessen Launen der Tollkühne und Aengstliche ausgesetzt ist. Ich möchte, Du sähest mich zuweilen allein zwischen langgestreckten rollenden Wasserwogen oder an den Felsen unserer Insel in schäumender Brandung mein kleines Canoe führen. Wenn ich je wieder in andere Verhältnisse kommen sollte, so werde ich doch das 'andar na canoa', dieses Kahnfahren, nie vergessen. Es ist gar zu reizend, bei heiterem Sonnenschein mit gespanntem Segel die blauen Wellen zu durchschneiden, oder unter dem blendenden Lichte des Mondes über funkensprühenden Fluthen hinzugleiten. Die Ardentia, das Leuchten der See, ist in diesen Buchten und Flüssen viel stärker als draussen im offenen Meere. Schon auf den nassen Ufern, von denen sich die Fluth zurückgezogen hat, erregt jeder Fusstritt ein weithinschiessendes Funkennetz. Auf dem Wasser selbst aber giebt jeder flachgeführte Ruderschlag der See einen feurigen Perlenregen wieder.

Zuweilen überrascht das Canoe eine Versammlung von Fischen an irgend einem stillen Orte. Wie die Schwärmer fahren sie dann unter den wunderlichsten Luftsprüngen nach allen Seiten auseinander; andere grosse, vielleicht Raubfische, schiessen geradlinig wie die Raketen davon. Das hüpft und plätschert, spritzt und leuchtet, dass man sich seines Lebens nicht sicher fühlt. Der schönste Fall ist aber dann der, wenn ein stattlicher Fisch dabei in den Kahn fällt und nicht wieder herauskommt. Das passirte mir da neulich mit einem Brasilianer, als wir mit der Fackel krebsen gegangen waren. Kaum hört er den Fisch hinter sich im Kahne zappeln, wirft er sich der Länge nach rücklings auf den Kahnboden und hält den Fisch so gefangen, bis er mit den Händen dazu kann. Das nenne ich ein Kunststück.

Ein noch grösseres Fischerkunststück muss jedoch der Tremembó sein. Da treiben sie einen Fischzug, sich dem Ufer nähernd, in die Enge, rudernd, was sie nur rudern können, treten auf die eine Kante des Kahns und schöpfen in dem Augenblicke, wo er das Land berührt, eine Portion Fische ab!

Dein dankbarer Sohn.

Im Hause José Maria's.

Liebe Mutter!

Ich schreibe Dir diessmal von der Insel das Peças, auf der ich mich und zwar an ihrer westlichen, Berdioca genannten Küste im Hause des Districtsinspectors José Maria Perëira das Neves — von Profession ein schlichter Zimmermann — in Pension befinde. Ein temporärer Aufenthalt in einem brasilianischen Hause schien mir für die Erlernung der portugiesischen Sprache geboten.

Grosse Reinlichkeit herrscht in dem luftigen Bereiche dieser südlichen Häuslichkeit. Sie macht auf sandig ebenem Ufer, ungefähr 25 Schritt vom Wasser und $1\frac{1}{2}$ Klafter über dem höchsten Stande der Fluth, Front nach Westen. Ihr Grundriss stellt ein Oblongum dar von 50 Fuss Länge und 30 Fuss Tiefe. Die Wandungen bestehen aus einer Art Stabwerk, indem in den Gebälkrahmen der Wände an perpendiculär eingezapfte Stangen von aussen und innen Latten von Palmenholz horizontal festgebunden wurden, natürlich mit Sipó, unserm gewachsenen Bindfaden, der Zwischenraum aber mit gespaltenen Scheiten ausgefüllt ist. Die Aussenwände sind meistentheils mit Lehm beworfen, der einer sorgfältigen Ebenung unterzogen wurde, wodurch eine Wand bei fünf Zoll Stärke und bedeutender Widerstandsfähigkeit ein einheimisch fertiges Aussehen erhält. Die glatten, silbergrauen, schnurgeraden Palmenlatten, zwei Zoll breit und mit sechs Zoll breiten, gelben Lehmstreifen wechselnd, sind nämlich das einzige, was von der Holzfüllung zu Tage tritt, ausser noch die schwarze Rinde des Sipó, welche auf der Wandfläche horizontalverlaufende Reihen römischer Zahlen bildet. Das

Dach ist mit Palmenblättern gedeckt, eine vollendet ausgeführte Art der Bedachung, die ein besonderes Studium erfordert. Den Scheidewänden des in sechs Compartiments getheilten Innern geht der Lehm ab.

Von den vier Vierteln der südlichen Hälfte des Hauses gehören mir die an den Giebel stossenden zu. Nie stört mich hier bei meiner Malerei die Sonne. Von den beiden anderen ist das hintere eine Gast- und Vorrathsstube, das vordere das Eintritts-, Empfangs- und Audienzzimmer mit der Hausthüre, einem Escritorio und verschiedenen professionellen Instrumenten.

Die nördliche Hälfte ist dem heiligen Feuer des häuslichen Heerdes geweiht. Gewöhnlich haben Fremde dahin keinen Zutritt. Als mich José Maria zum ersten Male hierher führte, sagte er feierlich: 'Agora V. M. é como um filho na minha casa', jetzt sei ich wie ein Sohn in seinem Hause.

Da es wahrscheinlich durch das nie ganz verlöschende Feuer zu warm werden würde, sind nicht alle Aussenwände, die Frontwand vorerst blos bis zur Hälfte von der Hausthüre her, mit Lehm belegt. Nur éin Viertel, das südwestliche dieser Abtheilung, wird durch eine fensterlose, rundumverschlossene Schlafstube weggenommen, wohin der Hausvater mit seiner Gattin und den Kindern sich allnächtlich zurückzieht. Die anderen drei Viertel sind innerlich offen. In dem an das Entréezimmer stossenden steht einerseits unter einem Repositorium für Teller, Gläser und Tassen, andererseits unter einem lichtspendenden Fenster ein Tisch mit Bänken. An ihm nimmt der Hausherr mit mir allein die Mahlzeiten ein, die uns von der Hausfrau direct vom Heerde im nordwestlichen Viertel zu ebener Erde gereicht werden. Der Heerd besteht lediglich aus einem Aschenhaufen mit einem eisernen Dreifuss inmitten, auf dem sich entweder die Chalëira befindet, ein gestieltes kupfernes Gefäss, um Thee und Kaffee zu kochen, oder etwa eine Frigidëira, Bratpfanne, hauptsächlich aber die Panella, ein hemisphärisches, oben offenes Thongefäss mit einer schwachen Einschnürung unter seiner Mündung. In ihr wird das Mittagsessen fertig.

Ueber dem Heerde in Armeshöhe befindet sich der Tupé, ein horizontal aufgehangenes Taquara- oder Rohrgeflecht, unter dem gesalzenes Fleisch und Fische im Rauche hängen, und auf dem Gewürze, Salz und andere, Feuchtigkeit anziehende Gegenstände im Trocknen liegen. Um das Feuer, in dem stets eine Mãi de Fogo (Feuermutter), ein ganzer Stamm und einige gespaltene liegen, stehen zerstreut niedrige Sitze umher, von denen einer ein Rückenwirbel eines Oceaniden ist.

An der Wand, durch deren Stabwerk man ins Freie hinaussehen kann, lehnen die Gamellas, von denen jedes Familienglied eine für sein allabendliches Fussbad besitzt: flachconcave, kreisrunde Holzgefässe von zwei, drei, vier, ich habe sie sogar von sechs Spannen Durchmesser gesehen. Sie sind aus éinem Stück Holz und wundervoll symmetrisch gearbeitet.

Auf einem Gestelle mit thönernen Reservegefässen, welche alle aus freier Hand entstanden sind, thront der Boião, ein Wasserbehälter mit zwei Henkeln von obovoïder, oben offener, des Stehens halber unten abgestutzter Form. In ihm findet sich ein Schöpflöffel vor, dessen Hauptbestandtheil ausser dem Stiele eine aufgesägte Cocosnuss bildet. Es ist gut, dass man in dem glänzend schwarzen Nussoval, aus dem wir das angenehm kühle Wasser blindlings wegtrinken, die Farbe desselben nicht sieht, denn diese ist allerdings auf der ganzen Insel das Peças und in den meisten flachen Gegenden der Umgebungen die eines klaren Braunbieres. Ein Beigeschmack ist jedoch an diesem unsern Trinkwasser durchaus nicht wahrzunehmen: es ist gut und gesund; nur kann die Wäsche nicht darin gewaschen werden. Zu diesem Zwecke müssen Bergquellen aufgesucht werden, die alle weisses Wasser haben.

Eigentlich liegen den einheimischen Gefässen des Haushaltes gediegenere Formen und Farben — sofern diese nicht durch den Russ verloren gegangen, ein pompejanisches Roth z. B. oder ein dunkelrothes Holzbraun — zu Grunde, als der ausländischen Steingutindustrie auf jenem Repositorium, wo unter anderem ein weisser, mit einem grün und rothen Kranze beklekster Kaffeetopf als Garibaldikanne figurirt.

Ein an die funfzig Klaftern langes Netz, zusammengelegt und aufgehangen an luftdurchzogener Wand, repräsentirt den Fleiss und das Vermögen mehrerer benachbarter Familien. Es heisst: 'a rede de lancear', das Netz um Fischzüge abzufangen, und kann blos von einer Association von Menschen gehandhabt werden. Für die Standfische giebt es ein anderes daneben hängendes Netz, die Taraffa. Auf dem Boden ausgebreitet würde es eine Kreisfläche von circa acht Ellen Durchmesser bedecken. In seine Peripherie sind Bleigewichte eingenäht, an seinem Centrum eine Leine befestigt, deren Ende der Fischende in der Hand behält. Dieser bedient sich desselben blos in der Nacht ohne Fackel, indem er es an den Stellen, wo er Fische vermuthet, in einem ausgebreiteten Zustande, welchen er dem Garne durch eine spiralisirende Armbewegung mitzutheilen weiss, in die Tiefe fallen lässt. Die Bleigewichte ziehen den Saum der Taraffa unterhalb der betroffenen Gegenstände wieder zusammen und die Fische sind gefangen.

Angelschnuren, auf eine handliche Rolle gewickelt — Angelruthen sind nicht üblich — und das Krebsnetz, oft gebraucht, haben ihren bestimmten Platz. Letzteres ist ein konisches Netz von etwa vier Fuss Länge und einem Durchmesser von dritthalb Fuss an der Mündung. Es ist zwischen zwei, zehn Spannen langen Stäben befestigt, welche am entgegengesetzten Ende in ihren zehnten Spannen übers Kreuz gebunden sind. Hier greift die Hand des Fischers ein. Ein Faden vom Saume des Netzes nach der Kreuzung der Holzstäbe hält die Mündung des Netzes offen. Man lässt es nun zur Zeit der Ebbe bei Fackelschein in der Nähe der Ufer vom Kahne aus im Wasser am Boden hinstreifen. Die Krebse wollen nach dem Fackelschein, der vom Hintertheile des Kahnes ausgeht, und bleiben im Netze hängen. Man fühlt das durch ein leises Zucken an den Stäben. Glaubt man das Netz genügend gefüllt, so hebt man es aus dem Wasser, stülpt es über dem Kahne um — Alles auf die bequemste Weise vermöge der federnden, gekreuzten Stäbe von seinem Sitze aus — und schüttelt die Krebse ab, die einstweilen in dem mithereingebrachten Wasser auf dem Kahnboden herumschwimmen, bis man sie in einem Korbe sammelt, den Kahn wieder rein schöpfend.

Wir sind ihrer sieben im Hause. Fangen wir, mich übergehend, bei der jüngsten an: Fausta, drei Jahre alt, mit grossen schwarzen Augen, ein Engel von einem Kinde, folgsam den Aeltern, aufmerksam auf Alles, was im Hause vorgeht, und immer beschäftigt. Sie legt die Orangen auf den Tisch, ehe wir uns hinsetzen, und bringt Wasser zum Händewaschen und ein reines Handtuch, wenn wir abgegessen haben, und kehrt die Orangenschalen und andere Reste der Mahlzeit mit ihrem kleinen Besen jedesmal sorgfältig weg und zusammen, wenn wir aufstehn.

Vier Jahre älter ist der Bruder Vicente. Er trägt die schwereren Gerichte auf den Tisch, hält sich nicht viel im Hause auf, begleitet seinen Vater auf seinen Ausgängen in die Pflanzung oder auf den Pesquëiro, den Ort, wo die Fische 'anbeissen', kennt jeden Strauch und jeden Baum, jede Pflanze und jede Ranke der Umgebung des Hauses von Papai, und weiss von jedem Vogel und jedem Käfer, wie er heisst, was er thut, und wo er ist.

Dann kommt Rosa, elf Jahre alt, ein adoptirtes Kind, Tochter eines mit Kindern reich gesegneten Bruders José Maria's. So anmuthig diese noch verschlossene Rosenknospe aussieht, so passiv verhält sie sich im Hauswesen. Sie hat etwas Träumerisches, redet fast nie und sitzt stundenlang Tags und Nachts am Feuer, von Viertelstunde zu Viertelstunde mit einer graziösen Handbewegung das Haar aus der Stirne streichend oder das Feuer anschürend.

Ganz ein anderer ist Antonio, 'um filho enteado', José Maria's Stiefsohn: gefällig ohne viele Worte, äusserst zuverlässig, immer derselbe. Er ist zwanzig Jahre alt, im Vollbesitze seiner Jugendkraft, corpulent, musculös, herangebildet in Sturm, Wetter und Gefahren zu Wasser und zu Lande. Er ist unser Ernährer: die meisten der Mahlzeiten verdanken wir ihm.

Marica! So wird die Hausfrau vom Gemahle genannt. Was je eine Wirthin ihrem Gaste Gutes erwies, das hat dieses treffliche, uninteressirte Herz mir wollen zu Theil werden lassen. Die Verhältnisse waren natürlich nicht die glänzendsten, aber der gute Wille ist ein gar feines Gewürz für die einfachsten Speisen. Und ich behaupte aller Kochkunst ins Antlitz, dass ich nie in meinem Leben besser gegessen habe, als in José Maria's Hause. Hier würde Diogenes seine Laterne ausgelöscht haben.

Welches angenehme Gefühl, sich bei Menschen zu befinden, welche nicht profitiren, nicht nehmen, sondern geben, viel mehr geben wollen, als man ein Recht hätte zu fordern, wenn das Recht des Forderns unter solchen Verhältnissen sich überhaupt begrenzen liesse.

Wir kommen an José Maria, den besonnenen, nicht mehr jugendlich heissblütigen, aber sehnigen, angehenden Greis, der es im Ertragen von Anstrengungen noch mit dem Rüstigsten aufnimmt. Er gehört, wie es scheint, einem verbreiteten Geschlechte an, wenigstens wurden mir seither sieben innerhalb der Bai wohnende Bruder- und Schwesterfamilien bekannt, und er spricht von noch mehr. In seiner Glanzperiode ist er einmal mit dem Kaiser zugleich auf einem Kriegsschiffe gewesen, war in Bahia und im Süden; seine Gesichtskreise sind erweiterte gegenüber solchen, welche die Bai nicht verlassen haben. Er ist spasshaft, von keinem Leiden geplagt, und liebt gut zu leben. Seine Lebensphilosophie spricht sich vielleicht in einem seiner Aussprüche aus: 'O diabo não faz mal para ninguem; quem faz mal é um Christão para o outro.' Der Gottseibeiuns thue Niemandem etwas zu Leide; wer Böses thue, das sei ein Christ dem andern. José Maria ereifert sich nie, und Alles gehorcht ihm. Die Hausbewohner sind stets zuvorkommend gestimmt, sowohl unter einander, als gegen eintretende Auswärtige. Noch schlug nicht ein unwirsches Wort an meine Ohren.

Treten wir vor das Haus. Keine Gosse, keine unsauberen Flüssigkeiten sind irgendwo wahrzunehmen. Hinter dem Hause schliesst sich eine Art Hain von einigen funfzig Bananenstauden an; auch unter ihnen ist der Boden gefegt und sauber. Kaffeebäume runden die Gruppe. Orangenbäume zählen wir etwa funfzehn zwischen den Bananëiras und zu beiden Seiten vor der Front des Hauses, mit Früchten zum Brechen beladen; auch ein Pé de Lima (Citrus Limetta DC.) steht vor dem Hause. Der Stamm ist vom Boden aus verzweigt, und die Krone berührt rundum die Erde. Die Frucht trägt auf dem Scheitel eine kegelförmige Hervorragung und hat ein weisses, ziemlich fades Fleisch, aber unübertroffen ist der Wohlgeruch ihrer Schale. An zweierlei Capsicum-Sträuchern hängen grössere, birnförmige, unreif gelbe (C. umbilicatum Vellozo) und kleinere, ovale, wenn reif, brennend rothe Früchte (C. frutescens W., vulgo Comarim). Ananas sind zahlreich umher gepflanzt. Hühner scharren, Enten schnattern dazwischen herum.

Was blickt uns aus dieser Einzäunung so heimisch an? Eine chamoisrothe gefüllte Nelke! — und Rosmarin und Dill und Suspiros d'Espanha (Chrysanthemum indicum L.). Es ist das Gärtchen der besonderen Werthhaltung der Hausfrau: 'o jardim da sua estimação.' Da werden wohl auch als Seltenheiten Studentenblumen, Immortellen und Rittersporn gezogen, während man in Stockholm Orchideen und Palmen und Musa paradisiaca pflegt. Nichts steht in Reih und Glied, Nichts ist geradlinig angelegt, bewahrt aber eben deswegen einen Hauch der Poesie, einen Anklang an ein glücklicheres Zeitalter, welchen der civilisirtere Staatsbürger seinen noch so schön angestrichenen Spalieren um rechtwinkelig angelegte Rabatten mit gartenkunstgerecht gepfropftem Franz- und Pyramidenobste nie und nimmermehr verleihen kann. Kurz, die Gruppirung von Allem, was man sieht, ist so, wie sie ein Ludwig Richter, ein Schnorr von Carolsfeld, ein Claude Lorrain — denn vom Ufer aus schweifen die Blicke über eine seltene Landschaft — schön finden würde.

Daselbst, der Hausfront den Rücken zuwendend, liegt uns gegenüber der Morro Barbado (morro, franz. morne, Berg), wo Antonio eine Pflanzung hat, und wohin sich Senhora Marica von Fausta und Rosa an den Bergquell rudern lässt, wenn sie Wäsche zu waschen hat; zur Linken bleiben die Inseln dos Pinhëiros und Comprida (die lange Insel); zur Rechten der Morro von Superaguhy, die südlichste der drei Erhebungen, welche die Halbinsel gleichen Namens aufzuweisen hat, während die nördlichste hinter den genannten Inseln zum Vorschein kommt und die mittlere eben unser Vis-à-vis ist.

Auf eine zugänglichere Art als anderwärts fügt sich hier, vielleicht weil diese Küsten schon lange her von Fischern bewohnt wurden, die unterdrückte Vegetation der Wildniss der Wohnung des Menschen an. Kleine mit Moos unterwachsene Rasenteller, auf denen die zusammengezogenen dreikantigen Wedel eines Farrenkrautes, in fingerartig geordnete Sporangienträger endigend (Schizaea pennula Swartz), wie dem Boden entsprossene Filetnadeln dastehen, fassen mannshohe arborescirende Büsche einer Vacciniee ein (Gaylussacia pseudovaccinium Ch. et Sch.), deren zart carminrothe Blüthentrauben zwar unser bescheidenes Vaccinium Myrtillus L. weit übertreffen, deren Früchte jedoch, Camarinhas genannt, unsern Heidelbeeren in Farbe, Geschmack und Grösse täuschend ähnlich sind. Weitere Strecken färbt eine häufig auftretende, gelbblühende Orchidee (Cyrtopodium Andersonii Lamb.), vollständig gelb durch ihre drei bis vier Fuss hohen wurzelständigen Blüthenrispen, neben spindelförmig angeschwollenen, blos in die Blätter auslaufenden Scheinknollen, deren zäher Saft mit Kalk eingerieben einen guten Tischlerleim liefert. Sumbaré (confer Sumarê, C. glutiniferum Raddi) nennt sie und andere Orchideen José Maria.

Seine Aussagen bestätigt Vicente gewöhnlich durch: 'É mesmo' (indeed it is). Papai habe sich sehr spät zum Heirathen entschlossen, deswegen sei das Söhnchen noch nicht grösser, beklagte er sich einmal. Wir sollen ihm folgen, er will uns etwas zeigen. Wir folgen. Er führt uns vor ein niedliches Bäumchen mit kaum zolllangen ovalen Blättchen und mit kleinen feuerrothen Früchten. Das wäre 'a pimentinha da pombinha'. 'Der kleine spanische Pfeffer des Täubchens' müsste man seine Namengebung übersetzen. Durch die Untersuchung erweist sich 'a pimentinha da pombinha' als ein Verwandter des Cocastrauches (Erythroxylum frangulaefolium St.-Hil.).

Ja, wenn ich Alles abbilden könnte, was mir Vicente und Fausta an Blumen bringen! Letztere bemerkte unlängst, als ich mich eben bei ihr für eine pompöse ziegelrothe Susenna (Lilie, Amaryllis Reginae L. f.), der man zuweilen an den Ufern hin begegnet, bedankt hatte: ‘Senhor Blasimana, samambaia não tem flor’, Farrenkraut hätte keine Blumen, für ein dreijähriges Kind eine ganz richtige und gar nicht dumme Bemerkung.

Ueberall zur Hand ausser einem Blechnum (B. occidentale L.) und einer gabeltheiligen Gleicheniacee (Mertensia dichotoma Vellozo) ist ein Halbstrauch mit silberfilzigen, übers Kreuz gestellten Blättern vom weichsten Contact, welche wegen ihrer Behaarung sich als sehr geeignet zur Reinigung fetten Kochgeschirrs u. a. erweisen und täglich Verwendung finden. Er heisst Bracayanamby (Lasiandra Maximiliana Mart.), kein übles Wort. Seine ansehnlichen Blüthen von einem ernsten tiefen Lila über dem Silberglanze der Blätter stimmen gar schön zu den orangenrothen Blüthen einer dieselben Plätze liebenden Orchidee (Epidendrum secundum Jacq.).

Ein blattloser Halbstrauch, Carqueja (Baccharis aphylla DC.), mit geflügelten Stängeln, frappirt das erste Mal durch einen fast cactusartigen, jedoch durchaus nicht fleischigen Habitus. Seine unscheinbaren weisslichen Blüthen lassen ihn sogleich als eine Compositee erkennen.

Nähern wir uns einem geschlosseneren Gebüsche, um zu sehen, auf welche charmante Weise die Natur den Vögeln ihre Speise vorsetzt. Das ist Manjuruvóca (Ternströmia brasiliensis St.-Hil.). Die grünlichen, vom Griffel überragten und von ungleichgrossen weisslichen Kelchblättern und zwei Bracteen gestützten Früchte reissen ganz unregelmässig auf. Aus dieser Zerrissenheit hängen acht bis zehn prachtvoll zinnoberrothe Samen heraus. Das sieht gut aus und wäre ein Modell für eine geschmackvolle Busennadel.

Der nächste Strauch ist nach José Maria’s Angabe ein junger Mangue bravo (Clusia Criuva Cambess.), im Hochwald ein klimmender Baum. Wieder Zinnoberroth! Die innerlich schneeweisse Fruchtkapsel ist auf das Regelmässigste in einen fünfklappigen Stern aufgesprungen. In jeder der etwas concaven Klappen liegt ein rothes Päckchen eingeklemmt, bestehend aus den Samen mit ihren Samenmänteln. Und welche Broche könnte ein geschickter Goldschmied danach bilden: aus Silber, Korallen und grüner Email, denn die Aussenseite der aufgesprungenen Frucht ist noch grün! Was an den Zweigen hinaufrankt, ist Baonilha (Epidendron Vanilla Vellozo), wenn auch nicht die kostbare peruanische, aber doch Vanille.

Schon begegnen die Augen neuem Reize: einem Strauche mit appetitlichen gelb und weissen Früchten, eine jede aufgesprungen in zwei goldige halbe Hohlkügelchen, die ein schneeiges Oval emporhalten, die Vereinigung der Samenmäntel von vier braunen Samen mit vier grünen Keimen (Maytenus communis Reiss.).

O des Geschmacks der Natur in der Wahl der Farben für so 'unbedeutende' Schöpfungen! Wann würde ich fertig werden, wenn ich noch sagen wollte, was Ca·una (Ilex daphnogenea Reiss.), was Jacaré perana ist, jenes schmucke Bäumchen, dessen Blätter blos an der obern éinen Längshälfte des Blattes einen gesägten Rand haben (Laplacea semiserrata St.-Hil.), aber dessen, ungefüllten weissen Camellien (C. maliflora Lindl.) nicht unähnliche Blüthen ganz abscheulich riechen. Und da ist noch Nichts erwähnt von den verschiedenartigen Mimosen, welche besonders durch eine paarig-abrupte Fiederung ihrer Blätter, indem das letzte Blattpaar das grösste ist, eine Art Baumschlag bilden, mit dem ein auf Eiche und Linde eingeübter deutscher Zeichnenlehrer nicht gleich fertig werden würde.

Nicht minder originell gestalten sich die Früchte derselben Pflanzenfamilie. Betrachten wir nur eine Mimose einen Augenblick: die Timbo·uba (Mimosa lusoria Vellozo), deren von der Wurzel abgeschabte Rinde im Wasser Schaum erzeugt wie Seife und als solche verwendet wird. Da die Blüthen in Köpfchen angeordnet sind, bilden die halbmondförmigen, äusserlich schwarzrothen Legumina Wirtel. Ein jedes Legumen schlägt sich beim Aufspringen in zwei gekrümmte Halbmonde auseinander mit crocusgelben Innenseiten, von deren obern Rändern polirte, zur Hälfte weisse, zur Hälfte grüne Samen herabhängen.

An dér Art Wachsthum führt der Weg nach José Maria's Pflanzung vorüber, wo wir uns an einer Maracujá, an der Frucht einer Passionsblume (Passiflora edulis Sims.) erfrischen könnten — wenn Du hier wärest! Es ist mein täglicher Ausgang; etwas mir Neues bring' ich stets heim.

Kommt ein Bach, so liegt ein Baumstamm oder zwei Baumstämme neben einander darüber; man beschmutzt sich weder die Füsse, noch läuft man Gefahr sich zu verirren. Gewöhnlich versteige ich mich dann noch ein paar Hundert Schritt seitwärts in die Capoëira, secundären lichten Wald, von der Höhe etwa dreissigjährigen europäischen Holzbestandes. Das ist ein viel ergiebigeres Feld als der Hochwald für den Botaniker. Wo er hinblickt, sieht er Blumen und Früchte, die er zur Noth erreichen kann. Zwei erdentspriessende, drei Fuss hohe Orchideen ziehen daselbst unsere Aufmerksamkeit auf sich, die eine mit pulverigem Pollen, die andere mit zwei Pollenmassen; die erstere mit bläulich grünen Blättern und erst äusserlich gelblichen, dann lilafarbenen, zwei Zoll langen Blüthen (Sobralia sessilis Lindl.), die zweite mit fünf braun und grün gepantherten Perigonzipfeln und einer weiss und lila getigerten Lippe (Zygopetalum Mackaii Hook.). Nicht selten ist hier auch eine kletternde Begonie mit fast ganzrandigen kahlen Blättern, deren scharlachrothe gespreizte Blüthen- und Fruchtrispen (eigentlich Trugdolden) die Stämme der Bäume in einer gewissen Höhe mit den auffälligsten und graziösesten Capitälern umkränzen (Begonia coccinea Hook.).

Diese Waldform, mit zahlreichen jungen Palmen untermischt, lässt sich so recht als ein Treibhaus für Bromeliaceen bezeichnen, welche letztere in der Spindel ihrer Blüthenstände, wie mir scheint, eine beachtungswerthe Verschiedenheit zeigen. Bald ist diese ganz zurück geblieben und fallen alle Blüthen in eine horizontale Ebene (Canistrum viride Morren), bald ist sie zu einer sechs Fuss hohen Rispe entwickelt, bald bildet sie die Grundlage für eine einfache (Hoplophytum nudicaule C. Koch), einfache einseitswendige*), einfache zweiseitswendige (Encholirion Jonghei Libon) oder zusammengesetzte zweiseitswendige Aehre.

Ganz liebliche Gewächse aus der Familie der ananasartigen Pflanzen sind diejenigen, welche die Brasilianer Rabo de Papagaio (sofern sie in der Nähe der Häuser auf Orangenbäumen vorkommen, meistentheils verkümmerte Exemplare von Vriesea psittacina Hook. *α*), 'Papagaischweif' nennen, eine Benennung, die man erst verstehen lernt, wenn man einmal einen gefangenen Papagai seinen Schwanz ausbreiten sah: da kommen unvermuthet zu beiden Seiten geschweifte Federn mit farbigen Spitzen zum Vorschein, welche die Anordnung der Hochblätter dieser zweiseitswendig zusammengepressten Blüthenstände trefflich charakterisiren, ganz abgesehen von den übrigen Analogien zwischen dem Grün der Blätter und der Hauptfarbe des gemeinen Papagais, zwischen der sich anklammernden, oft gestürzten Stellung beider u. s. w. Die schönste Art Rabo de Papagaio findet sich in der Capoëira auf der Erde, kleine feuchte kaum einen Fuss hohe Kissen bildend. Die Blätter sind an ihren Basen sämmtlich dunkellila, die Spitzen der Hochblätter rosaroth; sonst ist das ganze Gewächs, inclusive der Blüthen, welche, etwas gekrümmt, nach und nach alle auf ein und derselben Seite des Papagaischweifes hervorbrechen — maigrün!

Ja, da ist bald ein Tag hin, wenn man solche Pracht des Paradieses zu sehen bekommt. Jede Nacht eröffnet neue und schönere Blumen.

---

*) Ueber die Bromeliacee, welche ich hier im Sinne hatte, schreibt mir Professor Morren in Liége, der diese brillante Pflanzenfamilie für die Flora brasiliensis bearbeitet: 'Une espèce à fleurs jaunes, sans noms, ni aucune note, mais fort bien analysée, est très remarquable et probablement nouvelle. Si vous la permettez, je lui donnerai votre nom. Nach ihm, dem grössten gegenwärtigen Bromeliaceenkenner, ist Tillandsia concentrica Vellozo = Canistrum viride Morren, Tillandsia unispicata Vellozo = Hoplophytum nudicaule C. Koch. Wohl selten wurde eine Monographie mit solchem allgemeinen Interesse erwartet, als die über die ananasartigen Pflanzen, lange schmerzlich entbehrt von allen Blumenfreunden!

So menschenfreundlich ist aber der Wald blos, wo früher einmal eine menschliche Pflanzung stand. Will man über das Bereich dieses einstigen Ackers hinaus, da muss man bald still stehen; denn da kommt entweder ein so urwüchsiger Bromeliaceenbestand, dass man darin vollständig verschwinden würde, wenn man überhaupt durch die stachligen Blattränder hindurchdringen könnte, oder ein Bambusröhricht, in dem man nach wenigen Minuten muthlos den verdorbenen Säbel fallen lässt, gebietet mit seinen kieselharten hohlen Internodien ein gebieterisches Halt, oder dicke mannshohe Baumfarrenstämme mit nichts weniger als graziösen, sondern steifen vegetirenden und verwelkt steif herabhängenden Wedeln (nicht Cycadeaceen) stehen einer wie der andere so ernst und mahnend da, dass man solche Bereiche gern andern Bewohnern überlässt und sich als Mensch zurückzieht.

José Maria hält es für ein Ding der Unmöglichkeit, die Insel zu traversiren, und glaubt nicht, dass es jemals Jemand zu Wege gebracht habe. Weder zu Fuss noch im Canoe sei das von unerreichbaren Tapiren bewohnte und mitunter von einem Jaguar revidirte Innere zu gewinnen. Auf der Karte sind zwölf Flüsse verzeichnet, welche aus der, ungefähr 6 □Legoas grossen Insel das Peças in die See münden. Es müssen aber mehr sein, oder ansehnliche Bäche sind nicht mit gezählt. In beide zieht sich von der Mündung Manguevegetation und Salzwasser herein.

Eine eigenthümlich verlassene Stimmung herrscht in diesen mit eintretender Fluth zugänglichen Flussbetten. Hohe Schlammufer lagern zu beiden Seiten, auf denen dann und wann sich ein Krokodil sonnt, und darüber steht rechts und links der einförmige Manguewald, in den scheue Saracuras (Aramidĕs cayennensis Gmel.), kaum bemerkt, sich zurückziehen. Auf dem still dahin fliessenden Wasser scheint etwas zu schwimmen. Du näherst Dich und erkennst — Auge und Nase eines Jacaré. Ein anderes gleitet fast geräuschlos vom Ufer ins Wasser, seine ganze Länge zeigend und durch seine Nähe überraschend. Man sieht sie nicht liegen, bevor sie sich nicht bewegen; so haben sie die Farbe des Schlammes, auf dem sie leben: feuchte, kalte Creaturen, und doch sonnenscheinbedürftig, wie man sich die frierenden Kinder des Uranus vorstellen möchte. Das erste Mal, als ich mit Hülfe Antonio's die reelle Panzerechse unter freiem Himmel in Augenschein nehmen konnte, bedurfte es dessen wiederholten Hinweises auf eine Entfernung von kaum zehn Schritt: 'Olhai, olhai lá para diante de V. M.!' (voyez, voyez là en avant de vous). Eine weissliche Masse, die mir als ein Baumstamm erschienen war, fing an sich zu bewegen, erinnerte, interessante Verkürzungen bietend, an den Salamander, und schon war blos noch in geschwungener Linie über dem Wasser Kopf und Rücken sichtbar.

Antonio hatte sich vorn im Kahne gekauert und lockte es, mit der Stimme einen ureigenthümlich grunzenden Ton hervorbringend. Ich legte an und schoss. Eine vehemente submarine Schwenkung machte das Wasser hoch aufspritzen. Selbst gut getroffen, taucht der Cadaver, von Ebbe und Fluth hin und her geführt, nicht sogleich auf. Mit ziemlicher Bestimmtheit findet man ihn einige Zeit darauf neben Struve'schen Sodawasser-, East-India-Pale-Ale-Flaschen und anderen von der Betriebsamkeit Europas erzählenden Industrieproducten am offnen Strande über der Brandung; denn 'das Meer behält Nichts', sagt José Maria. Da kann man sich den Bau des Jacaré: die Querleiste vor den Augen, die konische Spitze über dem obern Augenlide, die vier knöchernen Nackenschienen, die halben Schwimmhäute an den Hinterfüssen und das Fehlen derselben an den Vorderfüssen, wie die Grube am Rande der Oberkinnlade zur Aufnahme des vierten Unterkieferzahnes, recht genau ansehen (Alligator sclerops Cuv.). Die Brasilianer lieben die schönen, weissen, kegelförmigen Zähne zu Halsbändern aufzureihen.

Bei allen seinen Ausflügen, sowohl kleineren als grösseren, hat man — aber! — immer wohl nach der Zeit und dem Himmel auszuschauen. Ich will nicht sagen täglich, aber sehr häufig streichen, zumal im Januar früh am Nachmittag, Gewitter über uns hin, wie sie nicht schrecklich genug geschildert werden können. Man zittert für die, welche sich auf der Bai befinden könnten. Palmenbäume, deren elastischrunde Stämme sonst kerzengerade dastehen, werden tief gebeugt. Um und um, durch und durch wühlt der Sturm ihre stolzen Kronen, peitscht die lautrauschenden Wedel in den wildesten Linien zum Himmel auf. Es ist ein gewaltiger Anblick, eine Palme so gedemüthigt, so behandelt zu sehen. Diese tropischen Unwetter brechen plötzlich und mit solcher Wuth herein, dass die Wellen, kurz vorher verführerisch friedlich dahinfliessend, in schäumender Ueberstürzung von dem über das Wasser fliegenden Orcan förmlich zerfetzt werden. Unter massenhaft herabstürzenden Regengüssen in thatsächlicher Vermischung rast Luft und Wasser hin.

Am 1. März gegen Abend zog nach einem sehr heissen Tage ein Gewitter auf, so drohend und unheimlich im blossen stillen Heranziehen, dass auf offenem Meere auch dem muthigsten Seemann bei solchem Anblicke das Herz vor die Füsse fallen müsste. Auf einem fast schwarzen Himmel, in dem sich tief graublaue Wolkenschichten gährend hin- und herzogen, stand, die ganze Breite von Osten nach Westen einnehmend, ein ungeheurer weissgrauer Bogen radial ineinander gekeilter Wolkenflocken. Die Bai lag schwarz wie die Nacht da. Wie von einer unsichtbaren Macht bewegt, brachen sich auf ihr bei völliger noch mittagsheisser Windstille grellweiss vereinzelte Häupter kleiner Sturzwellen. Die gegenüberliegenden Berge, aller Lufttöne verlustig, setzten sich ohne Sonnenschein unnatürlich hellgrün ab; ja die nahen Orangenbäume der Umgebung steigerten dieses lichte Grün zu einer solchen Höhe, dass mir die Spitzen ihrer Zweige weiss erschienen.

Noch rührte sich kein Blättchen, noch verharrte die Natur in dem angstvollsten Schweigen. Fausta und Vicente schmiegten sich weinend an ihre Aeltern. Der tiefgehende weisse Wolkenkranz hing in erdrückender Nähe, man glaubte ihn greifen zu können. Alle Luftperspective war aufgehoben. Ein donnerndes Getöse und Rauschen drang an unsere Ohren, Wellen drängten sich als fliegende Vorboten über die Bai, ein Blätterregen kam aus Süden: im nächsten Augenblick deckte ein dunstiges fegendes Grau alle Gegenstände, ein sturmschnelles Vorüberjagen alles Sichtbare. Im schützenden Hause verharrten schweigend die angstvollen Gemüther, und auch dem Manne, der draussen in der Gefahr nicht den Muth verliert, ist gestattet in der Sicherheit zu bangen — er denkt an die unglücklichen Arme, welche gegen solche Wuth der Elemente ankämpfen müssen — — er denkt nicht an sich. Der Pampero, der schlimme Gast des Südens, flog über unsere Häupter. Auf dem Dache rasselte ein anhaltender Regen von abgerissenen Zweigen nieder. Als wenn Felsen zerrissen würden, schmetterten die Donner an unsere Ohren, krachten sie sinnbetäubend um uns herum. Nacht trat nach Sonnenuntergang hinzu. Man hörte die Meereswogen laut auf der Bai sich zusammenthürmen. Ein ganzes Orchester von Blasinstrumenten flog in dem Sturme einher: so gelle, schrillende, pfeifende, trompetende und posaunende Töne, dass man an Geister glauben musste, die in diesem nächtlichen Höllenlärme mitwirkten. Hagel und Regen strömten herab. Das Feuer hatte ausgelöscht werden müssen: wir sassen um den Heerd im Dunkeln. Tageshelle, jene matte, rosige Tageshelle des Blitzes, wechselte mit gegenstandsloser Dunkelheit. Man erinnere sich der Beschaffenheit der Stacketwände, welche den Blick ins Freie gestatten. Noch absolute Nacht: jetzt der Anblick, der herrliche Anblick sturmdurchzauster Palmen, im Regen triefender, mit dem Andrange des Sturmes kämpfender Bananenstauden, deren junge Blätter, breit und lang, zum ersten Male sich spalten, deren alte, schon vielfach zerrissen, den gefiederten Wedeln der Palmen gleichen. Diese grellbeleuchteten Bilder waren so momentaner Art, dass dem Auge kaum vergönnt war, die Eindrücke der Seele zu überliefern. Der Aufruhr der Natur theilte sich unwillkürlich dem Beobachter mit. So stürmten von allen Seiten Eindrücke auf ihn ein. Dazu das ununterbrochene, dem Dröhnen eines Wasserfalles ähnliche Strömen des Regens — das Klagen der Kinder!

Aber bald rollte der Donner ferner, der Regen rauschte sanfter auf das Dach von Palmenblättern, welches eine schwere

Probe glänzend bestanden hatte, und das Feuer konnte wieder angezündet werden. Wir sassen wieder im traulichen Gespräche um die glimmenden Baumstämme, bis der Vollmond, ‘der grosse Revolucionario, der sich mischt in wie viel Dinge es giebt’, wie ihn José Maria nennt, die Wolken zerstreuend, siegend am Himmel stand und sein helles Licht auf die wieder beruhigten, noch tröpfelnden Blattscheiben der Bananen goss, treue Schildwachen der menschlichen Hütte in weiten, wüsten Wildnissen.

Kaum hatten sich die Wogen nur etwas gelegt, so stach José Maria und Antonio, begleitet von einer ganzen kleinen Flotille eintreffender Nachbarn, im schaukelnden Canoe mit dem grossen Netze in See. Wirklich kehrten sie den andern Mittag mit 1300 Paratis (Mugil brasiliensis Spix) zurück, die nach der Anzahl der verschiedenen Parteien alsbald abgezählt und in Besitz genommen wurden.

Da gab es zu thun im Hause für die wenigen Arme; denn ein paar Hundert Fische auszunehmen, ihnen den Kopf abzuschneiden, die Flossen zu verstutzen, sie auszuwaschen, nach Beibringung der herkömmlichen Incisionen mit Salz zu bestreuen, der Sonne auszusetzen, hereinzunehmen, herauszuhängen, je nachdem es die Witterung befiehlt, bis sie schön trocken und ‘chëirando’ sind, worunter der Kenner einen aller Fäulniss fremden, lieblichen Geruch versteht, erfordert Umsicht und Arbeit.

Jedem Fische wird, nachdem der Kopf abgeschnitten ist, behufs der Entfernung der Eingeweide nicht der Bauch, sondern vermöge eines kräftigen Schnittes längs des Rückgrates hin der Rücken aufgeschnitten. Der Fisch stellt jetzt, mit der Schuppen- und Bauchseite dem Boden zugekehrt, ein flaches Oval dar. Dieses Oval wird noch verbreitert, indem zwei Schnitte, von der Mitte nach den Rändern geführt, zu beiden Seiten zwei Klappen lösen, von denen die eine die Auskleidung der Bauchhöhle und die Rippen, die andere ganz dasselbe und das Rückgrat enthält. Die fleischigsten Partien dieser jetzt herzförmigen Ausbreitung des Fisches erhalten noch bestimmte Längsschnitte zur Aufnahme des Salzes, das in einem feinpulverisirten Zustande mehr eingerieben als aufgestreut wird. Die Menge des Salzes soll durchaus nicht den glücklichen Erfolg garantiren. Sind sie trocken, werden sie je zwei und zwei mit Bast zusammengebunden und zu Viertelhunderten, Hunderten und Tausenden gesondert, gesammelt und gelegentlich verkauft.

Kennt der brasilianische Fischer sein Handwerk ausserhalb des Hauses, so versteht seine Lebensgefährtin dasselbe innerhalb desselben. Aber nicht alle sind so glücklich, eine 'kalte' Hand zu haben, eine Hand, unter der kein Fisch verdirbt. Diejenige welche das Unglück hat, eine 'warme' Hand zu haben, lasse sich bei solchen Gelegenheiten womöglich gar nicht sehen, denn ihre blosse Anwesenheit soll den Process der Conservirung stören. 'Senhora Marica tem uma mão fria' (a une main froide), und wenn ihre Hände nicht ausreichen, wird nach Hülfe ausgeschickt.

Wir haben Nachbarn, wie Du bereits gesehen hast, gefällige, nördlich und südlich längs der Küste hin. Da wohnt drei Häuser, oder wie man hier sagt, drei Landungsplätze nördlich eine alte Negerin, Anna Lizarda, aus den Zeiten der Engländer, ihrer einstigen Herren, welche eines Tages einen sehr strengen Befehl von ihrem Governo erhalten hätten, alle Sclaven augenblicklich zu entlassen, ein Befehl, dem sie und zwei Töchter, Belbiana, eine Mulattin mit einem stämmigen Jungen, und Rita, eine schwarze Jungfrau, die Freiheit verdanken. Ihre Besuche sind mir, abgesehen von dem Interesse, das ein jeder Mensch am andern Geschlechte nimmt, insofern gar nicht gleichgiltig, als sie fast nie ohne ein Geschenk ankommen. Bald ist es ein Körbchen voll Krokodileier, bald eine Schüssel brasilianischer Heidelbeeren, bald ein gedrängt blendend gelb blühender Ipézweig (Tecoma speciosa DC.), oder eine Lima, oder eine Tangerina, dargereicht von einer oder der andern; letztere eine kleine deliciöse Orange mit fast mehligem und mennigrothem Fleische (Citrus Aurantium Risso 3. Laranga Tangerina pequena). Ein ganz liebenswürdiges Temperament hat Rita: sie lacht stets, denkt laut, und ist, wie alle ihrer Farbe, immer heiter.

Da haben wir einige Landungsplätze südlich — längs der mit allerhand Gewächsen verpallisadirten Küste hin giebt es wohlverstanden von Zeit zu Zeit strandartige Sandanflüge von mehreren Klaftern Länge, die Basen von ebensoviel vereinzelten Hausständen — einen andern Nachbar, den Mulatten Ignazio, einen aufgeweckten und unterhaltenden Kopf. Er war es, der Deinen letzten Brief brachte, bei welcher Gelegenheit die Sprache auf das Hochland kam, während ihm zum Danke eine Tasse Congonha, Paraguaythee, zubereitet wurde. Und ich staunte ob der Lebhaftigkeit und Anschaulichkeit seines Vortrags. In der Erzählung immer ein Merkmal: einen Baum, einen Felsen, eine Serra vor Augen habend, sich dann rechts und links wendend, einen Fluss überschreitend, sprang er mit funkelnden Augen vor uns hin und her, entfaltete einen Pantomimenvorrath, der anderwärts für ein fünfactiges Schauspiel ausgereicht hätte, und fesselte in der That seinen Zuhörerkreis. So schilderte er eine gefährliche Passage an steilem Gebirgsabhange, wo selbst das Maulthier sich ängstlich an den Felsen schmiegt, ausgleitet und in der tief unten liegenden Lautlosigkeit der Wälder verschwindet — meisterhaft. Unvergleichlich komisch wirkte seine Ankunft vor einem heissen Quell, der irgendwo der Erde entsprudelt sei: 'etwas Niegesehenes und Niegehörtes; er habe mit offenem Munde davor gestanden.' Dabei stierte er 'bocca aberta' vor sich hin, von Zeit zu Zeit durch einen Naturlaut den Sprudel nachahmend.

Ich übergehe andere Nachbarn, die Albinos, die Martins, die Coreas, über dem Wasser die Rodrigos, die Adottos, weisse brasilianische Familien von mehr oder weniger entfernter europäischer Descendenz und zu zahlreicher Nachkommenschaft, als dass man mit der Schilderung der einzelnen Glieder fertig werden könnte. Sie führen durch die Bank ein musterhaftes Familienleben. Man ist überall willkommen, muss aber dafür auch in seinen vier Pfählen willkommen heissen, was einem, der ein Tagewerk absolviren will, nicht immer passt. Indessen wird ein verständiger Mann auch diese Umstände sich bald nach Wunsch einrichten.

Der Naturforscher kann keine besseren Zubringer finden, als diese mit ihrer Heimath so ganz vertrauten Landeskinder. Ueberhaupt fehlt es uns nicht an täglichen Besuchen, wenngleich nicht immer aus dem Menschenreiche. Zu diesen gehören die Schwärme kleiner grüner Papagaien, Piriquittos genannt, mit langen, keilförmigen Schwänzen (Conurus guianensis Briss.), welche unsere Orangenbäume und die reif schwer herabhängenden Fruchtstände der Jerovápalmen (Cocos Romanzoffia Cham.) tagtäglich besuchen, ohne sich vor den Hausbewohnern im geringsten zu geniren. Unter lautem .Geschrei fallen sie ein. Während der Mahlzeit selbst verhalten sie sich still, in allen erdenklichen Stellungen bald mit dem Kopfe oben, bald mit dem Kopfe unten an den begehrten Früchten herumkletternd, dem suchenden Auge trotz ihrer Nähe durch die Chlorophyllfarbe des Gefieders immer wieder entschwindend. Nur ein schwaches Zwitschern verräth dann und wann ihre Gegenwart. Auf einmal fällt es ihnen wieder ein aufzufliegen. Alle stimmen mit Jubel ein und fort sind sie. Man kann sich ihnen mit einer Stange nähern, an deren Spitze eine Schlinge befestigt ist. Der Intentionirte sieht weder die Spitze der Stange noch die Schlinge, und bald zappelt er, ein Gefangener, den Aufbruch der anderen veranlassend. Nur sein Kamerad kehrt nicht mit zurück in den Wald: er läuft gramvoll hin und her auf dem Zweige, wo er den Lebensgenossen verlor, den Gemahl oder die Gattin, tagelang, wie Vicente sagt, wenn man aus Barmherzigkeit ihn nicht auch fängt.

Ebenso hat man oft Gelegenheit grössere Papagaien in ihren Bewegungen zu belauschen. Sie sind scheu, obgleich häufig und sehr laut, und sollen jeden Abend den Wald des Festlandes verlassen, um auf denjenigen Inseln, auf welchen keine Raubthiere sind, zu übernachten. In der That sieht man vor Sonnenuntergang zahllose hochfliegende Papagaien aus der Richtung des Festlandes vorüberziehen, laut schreiend und immer paarweise im Zuge gesondert. Andere sich regelmässig hören lassende Stimmen aus der Stundenuhr der Naturlaute sind die der Tucanos, welche die durchdringendsten, kreischendsten Töne anhaltend von sich geben.

Von welcher Wirkung Farben sein können, das erfährt erst, wer so einen Vogel angeschossen in den Händen gehalten hat. Solche Farben schreien den Jäger förmlich an: das glänzende Schwarz des Gefieders, das kostbare Orangenroth der Brustfederspitzen über goldig gelbem Grunde, der nach unten in das herrlichste Carmin übergeht, das anklagende Himmelblau der Augen, das Citronengelb der breiten Binde am Grunde des Schnabels, das brennende Zinnoberroth der unbefiederten Augengegend und des kolossalen Rachens geben ein vor den Augen herumtanzendes Farbenconcert ab, fast von eben so starker Wirkung als der ohrenzerreissende Abschied der Sprachorgane des Tukan von Tag, Sonne und Leben (Ramphastus Temminckii Wagl.). Metallisch dagegen, rein und weithinschallend, tönt in längeren Zwischenräumen der Ruf der Guaraponga (Chasmarhynchus nudicollis Temm.), welche wohl verdient, die Glocke des Waldes genannt zu werden.

Einen eigenthümlichen, hochansetzenden und ohne Unterbrechung in die Tiefe gehenden Pfiff giebt ein in mehreren Farben metallisch schimmernder, Surucuá (Trogon viridis L.) genannter Vogel von sich. Spechte, ein gelbhaubiger (Celeus flavescens Gmel.) und eine andere Art mit rothem Hals und Kopf (Campephilus robustus Freyr.) pochen laut an die Stämme. Ja unser Eichhörnchen (Sciurus aestuans L.), Serelepe geheissen, haben wir, in Stimme und Manieren ganz das deutsche, und einen sehr schönen, aber ziemlich stummen, rothbraunen Kukuk mit langem Schweif, welcher letztere sich gar graziös ausbreitet und schwarz und weisse Querbinden sehen lässt, wenn sein rothäugiger Besitzer sich von Zweig zu Zweige schwingt (Coccygus cajanus L.). Er hält sich gewöhnlich in den Ufergebüschen auf und bewegt sich merkwürdig geräuschlos und leicht. Die wenigstens zwölf Zoll langen Schwanzfedern scheinen den Vogel im Dickicht durchaus nicht zu belästigen. Man nannte mir ihn Sirigaita und Alma do Gato.

Bezüglich der Schmetterlinge habe ich, abgesehen von sieben Zoll klafternden, ultramarinblauschillernden (Morpho Menelaus L.) oder in weissem, dann und wann vom Reflex des Himmels bläulich blinkenden Atlaskleid (Morpho Laertes L.) dahinschwebenden Faltern, schon gemerkt, dass Brasilien auch seine Schwalbenschwänze, Distelfalter, Perlmutter, Eulen und Bären hat, denen, wie man glauben möchte, altbekannte Raupen und Puppen entsprechen.

Es ist wahr, die Tropen ziehen Ausserordentliches heran und gipfeln sich in Palmen, Vielhufern und Anacondas; aber hundert andere Thatsachen erinnern bei jedem Schritte daran, dass die Erde bis in die fernsten Länder aus éinem Sinne geschaffen ist. Die Fliegen, die Wespen, die Libellen, die Fledermäuse — wir haben auch kleine Fledermäuse, und das sind die schlimmsten Blutsauger —, die Mäuse, die Ratten summen, bauen und fliegen, flattern, knabbern und lärmen nächtlich gerade wie zu Hause. Da grüsst ein Zeisig; dort erkennt man einen Finken. Das ist ein Zaunkönig, und das war ein Drosselschlag!

Mehr noch die äussere sowohl als die innere Uebereinstimmung in den Blüthen und Früchten der Gräser, der Binsen, der Scheingräser, in den Sporangien und Sporangienhäufchen der Farrenkräuter, die Begegnung mit einem Knöterich, mit einem Sauerklee, mit einer Schwertlilie, benahmen mir schon nach den ersten Ausgängen alles Gefühl der Fremde und liessen mich sogleich heimisch werden trotz Bambusrohr und Baumfarren. Nimmt man dazu, dass die drei Hauptträger alles Sichtbaren: Wasser, Himmel und Erde, das Wasser mit seinem Wellenschlag, seiner Spiegelung, der Himmel mit seinen Wolken, seinen Sternen, die Erde mit ihren Höhen und Thälern, im grossen Ganzen genau denselben Eindruck hervorbringen — ich wette darauf, dass mir kein Mensch mit blossen Augen bei zwei Meilen Entfernung einen brasilianischen Wald von einem deutschen Waldbestande, oder bei vier Meilen Entfernung einen europäischen Gebirgszug von einem amerikanischen unterscheidet exceptis excipiendis: so sehr ordnet sich das

Detail den allgemeinen irdischen Formen unter, eine Ueberzeugung, die übrigens durch die Photographie längst fast trivial geworden ist. Worin liegt der Unterschied? Ich weiss es wohl. Sobald aber diese geknüpft sind, die geistigen Bänder, welche eine Seele an eine Familie, an eine Gemeinde, an einen Staat binden, so bedarf es blos der Arbeit einer Generation, um dem Menschen eine Heimath wiederzugeben.

In derartige anheimelnde Betrachtungen fällt freilich mitunter ein durchaus nicht heimathliches Ereigniss mitten hinein. Lass Dir erzählen. War eben im Begriff, eine grasgrüne Gottesanbeterin (Mantis vitrea Burm.), welche mir Vicente auf mein Zimmer gebracht hatte, näher zu betrachten und dachte in meinen Gedanken: also selbst die giebt es hier — ruft Antonio:‹ 'Uma Jararaca guaçu no largo!' Eine grosse Schlange auf der Bai! Das Gewehr zur Hand nehmen und ins Canoe springen war eins. Wir waren kraft unseres Ruderns schnell an Ort und Stelle und trafen bereits zwei Canoes an, zwischen denen ein gelber Gegenstand schwamm, alsbald als wüthende Schlange erkannt, getragen von den Wellen, armstark, mit aufgerichtetem Kopfe und verschlungenem Körper. Wir hielten uns, ein Dreieck bildend, in scheuer Entfernung. Ein gutgezielter Schuss streckte den Corpus auf das Wasser: sieben Fuss lang, acht Zoll im Umfange, fast sammetschwarz mit gelblicher Zeichnung.

Es gewährte nun ein hohes Interesse in dem erlegten Ophidium nächst der Klapperschlange die grösste und gefährlichste Giftschlange Brasiliens (Lachesis rhombeata Pr. Max.) zu constatiren. Die ganze Länge des Rückens von der Schwanzspitze bis zur Nase ist mit zugespitzten, gekielten, an der Basis knotigen Schuppen bedeckt; die Seitenflächen des Kopfes sind mit Schildern, die ganze Länge des Bauches mit einzelnen, die Unterseite des Schwanzes mit paarigen Schildern belegt. Letzterer endigt in einen $1/2$ Zoll langen hornigen und spitzen Stachel. Inmitten des Rückens verläuft eine Reihe schwarzbrauner sammtiger Rautenflecke,

Die Nasenlöcher sind deutlich seitlich, die längliche Pupille ist senkrecht gestellt; zwischen beiden befindet sich beiderseits die tiefe von Schildern umgebene Grube, welche der Familie den Namen Grubenottern giebt. Welche Giftzähne! Zwei Stück, fein wie eine Ahle und fast zolllang in einer weiten Scheide des Zahnfleisches versteckt. Ein wahrer Rachen ohne Schluss in den Gelenken der Kiefern! Der Kopf ist dreimal breiter als der Hals und erfüllt durch seine Hässlichkeit mit Widerwillen. Die Stirn vertieft! Wenn überhaupt Formen sprechen können, so findet sich hier aller Gegensatz des Schönen und Göttlichen. Nur mit Unbehagen kann man die kleinen Augen fixiren.

Es soll übrigens gefährlich sein, die Jararaca im Wasser anzugreifen, da sie das Canoe zu erreichen suche. Durch einen horizontal geführten Streich mit dem Ruder — ein Gewehr habe man nicht immer zur Hand; auch sei ein Schuss vom schwankenden Kahne aus niemals sicher — den aufgerichteten Kopf im Genicke treffend, könne man sie tödten. Das erzählte mir hinterher José Maria. Ich fragte, was man zu thun habe, wenn dieser Gast in den Kahn komme. Er antwortete, man müsse sogleich in das Wasser springen und könne sich neben dem Canoe, ohne es preiszugeben, schwimmend erhalten; sie verlasse es nicht wieder, in der Meinung, es sei Land; bei Nacht aber würde man von ihr gebissen, ehe man sie gewahr würde. So klingen die Sachen im Gespräche. Da bilden sich Gespenster, die beim endlichen Begegnen in der Wirklichkeit zu ganz kleinen Objecten zusammenkriechen, denen man ihre Gefährlichkeit fürs erste gar nicht ansieht.

Eine Abhaltung — —

Soeben habe ich zwei schöne schwarzgraue Wasserhühner erlegt, kaum dreissig Schritt von meiner Arbeit. Rosa rief vor dem Hause: ‘Senhor Julio, duas gallinhas d'agua!’ Mit dem Gewehre in der Hand aus dem Hause springend, sah ich sie ganz nahe vorüberschwimmen, schoss und sprang ins Wasser meiner zappelnden und tauchenden Jagdbeute nach, Rosa, Vicente und Fausta hinterher. Der eine Vogel war angeschossen und flüchtete sich in die Manguebäume, unter denen gerade die hohe Fluth stand, wo wir, von Wurzelbogen zu Wurzelbogen nachkletternd, ihn endlich zum allgemeinen Gaudium einholten. Der andere schwamm todt auf dem Wasser und wurde im Canoe herbeigeschafft.

Zwei prächtige Vögel von eigenem Aeussern zwischen Ente und Huhn: mit dem kleinen Schnabel des Huhnes und dem dichten, ein feistes Aussehen gebenden Gefieder der Ente von schönem Schiefergrau bei schwarzem Halse und Kopfe. Nur unter dem ganz kurzen Schwanze zeigen sich einige weisse Federspitzen, sowie eine feine weisse Linie vom Flügelbuge über den Eckflügel am Rande der äussersten Schwungfedern hinläuft. Die Zehen, mit breiten Lappen gesäumt und mit langen Nägeln versehen, sind anderthalbmal so lang als der kurze Lauf und wie dieser grüngelb, welche Farbe über der Fussbeuge, wo das Gefieder beginnt, einen gummiguttiröthlichen Anflug nimmt. Dasselbe Gummiguttiroth tritt noch einmal als entschiedener Fleck auf der gebogenen Firste des gelben, stark zusammengedrückten Schnabels auf, der in die Stirne eine hellgelbe Platte sendet und durchgehende, in einer Grube liegende Nasenlöcher hat. Die Flügel sind kurz; das Gefieder ist auf Brust, Hals und Kopf plüschartig.

Dieses dem deutschen (Fulica atra L.) so ausserordentlich ähnliche Wasserhuhn (Fulica armillata Vieill.) ist mir wieder ein neuer Beweis, dass unter gleichen Bedingungen gleiche Gestaltungen des Pflanzen- und Thierreichs aufzutreten suchen. Nur unter ausserordentlichen, in ihrer Art einzigen Verhältnissen erlaubte sich der Schöpfer von der Einheit seines Systems abzuweichen und Absonderliches zu schaffen, der Sahara exempli gratia einen Strauss, ein Kameel zu geben. Er musste wohl in dem wurzelhohlen, ameisenreichen Boden südamerikanischer Wälder mit kräftigeren Werkzeugen ausgestattete Nager und Myrmecophagen ausdenken, konnte aber in den dem Ocean nahen Verbuchtungsbezirken das auf der Grenze von Salz- und Süsswasser lebende Wasserhuhn beibehalten. Am andern Ufer in einer Bucht unter dem Morro Barbado habe ich neulich z. B. einen Taucher geschossen, der einem europäischen Podiceps auf ein Haar ähnlich sah; nur war er bedeutend kleiner gerathen (Podiceps dominicus Lath.).

So ist aber das Jagdglück: zuviel an einem Tage! Kaum habe ich meine Wasserhühner etwas in Augenschein genommen, kommt Senhora Marica mit einem lebenden Tatu aus dem Walde zurück. Wie leicht schreitet das Thier in seinem Panzer umher, der mir bei den todten Exemplaren, noch dazu vom Mondeo, der Falle, breitgedrückt, immer erschrecklich steif vorgekommen war. Er fügt sich seinem Charakter auf das passendste an und erweist sich, wenn das Thierchen herumläuft, sich rechts und links wendet oder schnüffelnd an der Wand erhebt, als ein magnifique zugeschnittenes Kleidungsstück. Es liegt etwas Byzantinisches in dem Knochenschilderschmuck, etwas das an die kunstreich zusammengefügten Rüstungen der frühesten Ritter erinnert, die uns sicher ganz anders vorkommen würden, wenn wir uns einen leibhaftigen Träger dazu verschaffen könnten. Der mit Knochenringen bedeckte Schwanz ist fast so lang als der übrige Körper, welcher von der Grösse eines vierwöchentlichen Spanferkels sein mag. Zwischen dem Kreuz- und dem Schulterpanzer sind neun Querbinden zu zählen, wie die Panzer- und die knöcherne Schwanzbekleidung aus kleinen Knochenschildern zusammengesetzt (Dasypus longicaudus Pr. Max.).

Vor einigen Tagen war aber etwas noch viel Anziehenderes in José Maria's Hause zu sehen als ein Tatu. Die Familie einer seiner Brüder aus der Nähe von Guarakeçaba, einer dorfartigen Vereinigung von mehreren Häusern in der Bai das Laranjëiras, war gekommen, bestehend aus den Aeltern und einem zweijährigen Kinde mit so wunderbar ruhigen und schönen Augen, dass Fausta und Vicente es bei seiner Ankunft ordentlich mit Ehrfurcht behandelten, lange voll der höchsten Bewunderung ansahen und erst nach geraumer Zeit schüchtern zu streicheln wagten. Auch die Mutter, welche das Kind auf dem Schoosse hielt, hatte einen so edeln Ausdruck, dass man sich des mächtigen Einflusses reiner Schönheit auf Gemüth und Stimmung nicht erwehren konnte. Wäre ich nicht von jeher ein zu ungeübter Historienmaler gewesen, ich hätte mich zu einem Madonnenbilde verleiten lassen können. Es gehört die Einsamkeit solcher Wälder, die ungestörte Harmonie des Nervensystems durch Generationen hindurch dazu, bevor sich die geerbten Züge zu dieser Höhe des Ausdrucks veredeln, bevor sich innere Seelenruhe in Gesicht und Augen in so hohem Grade ausspricht.

Des Abends gehe ich nicht selten mit José Maria 'camaroar', krebsen, um den Camarão (Palaemon Guaricuru Fabr.) einzuheimsen, eine wohlschmeckende brasilianische Garneele. Auch heute werde ich mir nicht nehmen lassen, da Mond und Ebbe noch passt, ihn zu begleiten. Er bereitet eben den Facho, die Fackel, vor. Blos aus monokotyledonischem Holze können solche Normalfackeln hergestellt werden. Sie sehen gut aus und brennen gut. Ein Stück Palmenstamm von etwa 10′ Länge bei 4″ Durchmesser wird rundum mit der Axt zersplittert, indem der Zurichtende die auf dem Boden liegende, mathematisch cylindrische Walze mit dem Fusse hiebweise festhält und dreht. Sie fällt deswegen noch lange nicht auseinander, hat aber nunmehr oben, wo sie angebrannt wird, einen grösseren Durchmesser als am intacten unteren Ende, wo zuletzt der Fuss stand. Die Härte des Aussenholzes hält das Feuer im Zaume, die Spalten geben der Luft Zutritt, und das weiche Innenholz der Flamme Nahrung.

Wie gesagt, schon oft habe ich José Maria begleitet, und ich muss gestehen, dass diese Abende auf dem Wasser an auf hohen Stelzen stehenden Manguewäldern hin, welche das einfallende Fackellicht in gähnende Tempelhallen mit geisterhaft vorüberziehenden Galerien zu verwandeln scheint, während der Kahn selbst fortwährend von einer unruhigen Schaar grellbeleuchteter camarão-gieriger Vampyre umflattert ist, welche in dem Dunkel der Nacht kommen und verschwinden, ohne dass man sie zählen kann — ich muss gestehen, dass diese Abende mir bis jetzt die mit am meisten fremdländischen Eindrücke hinterlassen haben.

Die erwähnte Fledermaus (Phyllostoma hastatum Geoffr.) ist eine der grössten Brasiliens. Ich habe eine mit dem Ruder herabgeschlagen, aufgespannt, sorgfältig abgezeichnet, wenigstens den Kopf, und untersucht, soweit es mir möglich war. Der Körper ist nicht gerade gross, aber misst mit den langen Armen von einer Flughautspitze bis zur andern zwei Fuss.

Erst gestern waren wir aus. 'It was a lovely night!' Der Facho theilte der dunkel hingleitenden Fluth seine rothe Gluth um den Kahn herum anlockend mit, und José Maria zog einmal über das andere das volle Netz aus dem Wasser. Die Sterne, unter ihnen das südliche Kreuz, das ich aus meinem früheren nach Norden gelegenen Logis nicht sehen konnte, blickten auf uns herab, in der Ferne glommen die Fackeln anderer Fischer, und bald entstieg auch der Mond leuchtend der Stille der Nacht.

Wenn wir dann wieder zu Hause angekommen sind, bratet uns Senhora Marica die bläulich-grünlich-röthlichen, frisch aus der See kommenden Camarões über glühenden Kohlen, Fausta reicht sie unserm hungrigen Magen dar, wie wir am Feuer sitzen — für das Abendessen bedarf es des Tisches nicht — und in Wahrheit, es kann kaum ein besseres Gericht geben.

Darauf spendet José Maria, das Messer hervorziehend, ein Stück sorgfältig aufbewahrten, famosen, irgendwo weitab aufgegabelten 'Fume'! Die jedesmalige Güte der etwa zollstark strangförmig zusammengewickelten Tabaksblätter spielt im Verkehr der hiesigen Landbewohner mit dem Handelsstande eine unglaublich grosse Rolle, und hat Zulauf und Abfall der ganzen Kundschaft fortwährend im Gefolge. Rosa röstet die feinen schwarzen Scheibchen, in welche das Stück zerschnitten wurde, sie in einer erwärmten Thonschale herumrührend: 'que o chëiro está rescendendo na casa!' (dass das Aroma das Haus erfüllt) wie sich die wortkarge liebliche Erscheinung wohl dann äussert, und übergiebt das Resultat dieser Operation im Zustande türkischen Tabaks feuchtheiss ihrem Pflegevater, der reichliche Prisen davon in ausgewählt dünnhäutiges Maisstroh wickelt, um sich, mich und Vicente mit Cigarritos zu versehen. Rosa, Fausta und Mamaia bedienen sich der Pfeife.

Das ist die wahre Spückezeit der Tradition. Da hört man von der grossen Fluth und der grossen Ebbe, die darauf gefolgt sei. Da hört man, dass der Thurm zu Babel 'como um parafuso', wie eine Schraube in die Höhe gegangen sei; dass die Neger dabei verbrannt seien vom vielen Lehmtragen, 'de tanto carregar barro'. Da hört man von der grossen Brücke Mandira. Was nur Troje sein muss? Da bin ich schon drei-, viermal gefragt worden, ob ich wüsste, wo Troje läge, ob das eine grosse Stadt sei? Da kann doch unmöglich Troja gemeint sein!

Auch manche spasshafte Geschichte kommt mit zum Vorschein. Ich werde so frei sein, zum Schluss eine Thierfabel in das Deutsche zu übertragen, die, von Vicente auf Wunsch seines Vaters erzählt, mir der Exportation nicht ganz unwerth erscheint.

'Der Jaguar (Felis Onca L.), bekanntlich auch ein Freund von Fischen, liess eine Botschaft ergehen an die Thiere des Waldes: er wüsste einen Teich mit Fischen; sie möchten kommen und ihm beistehen, denselben auszuschöpfen. Nach vollbrachter Arbeit würde jedes einen gerechten Theil davontragen. Und sie kamen an dem bestimmten Tage einer nach dem andern und nahmen Platz um den Teich. Es fehlte weder das Eichhörnchen, noch das branntweinliebende Gambá (Didelphys aurita Pr. Max.), noch das Aguti (Dasyprocta Aguti Erxl.), noch die Paca (Coelogenys Paca Cuv.). Der grosse und der kleine Tamanduá (Myrmecophaga jubata et tetradactyla L.), das Cuati (Nasua socialis Pr. Max.), der Bugio (Mycetes fuscus Geoffr.), der Macáco (Cebus Fatuellus L.), das Irara (Galictis barbara Wagn.) und wie sie alle heissen, alle kamen, selbst die Anta (Tapirus Suillus Blum.) kam, und fingen an auszuschöpfen; aber keinem war recht wohl ums Herz so nahe dem Jaguar, und es entstand ein Gemurmel am Ufer hin, dass mit den Händen kein Ausschöpfen sei. Da nahmen sie sich einer nach dem andern ein Herz und traten vor und sagten: Majestät, mit den Händen ist kein Ausschöpfen; wir haben zu Hause Schüsseln und Kannen, die wollen wir holen, dann wird es ein Leichtes sein, den Teich auszuschöpfen; von der gerechten Vertheilung der Fische sind wir überzeugt. Nur das Reh ‘o veado’ (Cervus rufus Illig.), im Vertrauen auf seine Schnellfüssigkeit, blieb bis zuletzt, nähert sich dem Jaguar und sagt ihm ins Gesicht: Weder Fische noch Wildpret! — “Lá foi se embora!” Fort war es!’

Dein dankbarer Sohn.

Zweiter Aufenthalt auf der Insel dos Pinhëiros.

Lieber Vater!

Nachdem ich glaubte im Umgange mit José Maria und seiner Familie genug portugiesisch gelernt zu haben, begab ich mich wieder, wenn auch nur interimistisch, auf die Insel dos Pinhëiros, wo ich seit neun Monaten drei Zimmer kraft eines Contractes mein nennen kann. Ich bin aber im wahren Sinne des Wortes aus dem Regen in die Traufe gekommen.

Im dritten Monat meines Miethverhältnisses hat ein Unwetter den Baulichkeiten meines Miethsherrn leider schwer mitgespielt. Kaum dass ein Plätzchen übrig blieb, die werthvollsten Effecten im Trocknen zu erhalten. Just am Charfreitag war es, wo, wenn wir einen Schlott gehabt hätten, er vom Dache gestürzt wäre. Es war eine Nacht wie im Macbeth. Der Aufenthalt auf einer kleinen Insel mitten im Meere unter dem entsetzlichsten Krachen des Donners und dem blendendsten Lichte eines die ganze Luft erfüllenden elektrischen Zuckens wurde beunruhigend. Es concertirten fünf Gewitter zu gleicher Zeit. Bald hier, bald dort brach furchtbar der Donner schmetternd aus den verschiedenen Gründen des Theaters. Nie sah ich die Blitze so zu Dutzenden geworfen werden. Ich wurde unwillkürlich an die Hand Jupiters erinnert, welche, die Waffen seines Zorns umfassend, den Ausgangspunkt der zuckenden Strahlen bildet. Heere von Blitzen verfolgten sich durch die erhellten Räume des Himmels. Man hätte sich eine Schlacht himmlischer Heerschaaren darunter vorstellen können.

Das Finale dieser ergreifenden Natursymphonie, deren Aufführung wahrscheinlich gleichzeitig mit der der grossen

Bachschen Passionsmusik in der Thomaskirche zu Leipzig vor sich ging, war selbstverständlich ein wolkenbruchartiger Regen. Wahre Wasserstrassen rauschten an den Wänden herunter. Bäche, in senkrechter Richtung aus dem sich auflösenden Dache niederstürzend, bohrten sich in den durchwühlten Fussboden. Hinter dem Hause sah man, ein seltener und um so eigenthümlicherer Anblick, mächtige Erdschollen herabgleiten, ja ganze Abhänge in Brei zusammensinken. Unter der grünen Pflanzendecke der Felseninsel dröhnten tausend neuentstandene Wasserfälle. Es waren Motive, um eine Sündfluth zu malen.

Da Reparaturen hier nicht so schnell und leicht ausgeführt werden können, wie in Europa, bin ich, so oft es seitdem regnet — und schon drei Tage lang giesst es fast ohne Unterbrechung wieder wie mit Kannen vom Himmel — leider dem indiscretesten Getröpfel auf meine Person ausgesetzt. Herr Melly, dessen unerschütterlicher Gleichmuth einen blossen Staubregen sehen will, ist zur Stunde über mir beschäftigt, die Regengüsse in die hohlen Ziegel zu leiten. Das Wasser spült sie ihm aber aus den Händen und es droht allgemeiner Einsturz. Er ruft mir ganz heiter zu: 'Mon cher monsieur Platzmann, je voùs recommande de vous retirer à la cuisine, le toit a visiblement penché, et je ne voudrais pas qu'il vous arrivât un malheur.'

Hier ist es denn in der That, wo ich unter einigen stark duftenden gesalzenen Fischen und fast über den einen beissenden Rauch verbreitenden Bränden des Heerdes, als dem einzigen Flächeninhalt von wenigen Spannen, an dem es nicht tröpfelt, ein Brett und einen Sitz aufgeschlagen habe, um zu schreiben.

Als ich heute früh, eine lichtere halbe Stunde wahrnehmend, ausging, um ein Canoe flott zu machen, kam ich mir sans comparaison wie Noah auf dem Berge Ararat vor. Die ganze Landschaft in ihrer gewaschenen, noch die Spuren des Bades tragenden Reinheit erinnerte an das tiefempfundene Bild von Joseph Anton Koch auf dem Leipziger Museum.

So sieht die Scene gegenwärtig aus, anders war es zu Anfang des Jahres. Dem nunmehrigen Ueberflusse war ein empfindlicher Wassermangel vorausgegangen. Alles Wasser, so viel zum Trinken und Kochen nöthig war, musste von der benachbarten Insel Comprida im Canoe herbeigeholt werden. Zehn Tage lang zeigte der Thermometer Mittags im Schatten bis über 30, in der Sonne bis 42° Réaumur.

Um nicht selbst kochen zu müssen — die mit dem Zeichnen und Malen sich wohl am wenigsten vertragende Beschäftigung — habe ich eine Brasilianerin engagirt, Senhora Anna Maria do Carmo mit Namen, genannt Naninha. Sie ist aus der Tibicanga, der Nordküste der Insel das Peças, Wittwe, Mutter von vier Kindern und Grossmutter von fünf Enkeln. Vor ihrem Hause stand, als ich sie abholte, eben ein hoher Lorbeerbaum in vollster Blüthe. Einer meiner früheren Nachbarn aus der Berdioca, Bento Martim, hatte mir von ihr gesagt, dass sie vielleicht die einzige Frau in der Bai wäre, welche infolge ihres Wittwenstandes Senhora de si, Herrin über sich selbst sei. Ich liess mich von ihm hinfahren. Wir trugen unser Anliegen vor. Sie war in Gesellschaft ihrer verheiratheten Tochter Gertruda — ich hörte aber stets Ajitrud — und ihres ledigen Sohnes José, ausserdem noch umgeben von drei Knaben, ihren Enkeln. Obgleich schon aus der ganzen Familie eine hochedle Race sprach, so habe ich doch selten zwei Kinder auf eine so liebe und gewinnende Weise mit ihrer Mutter verhandeln hören.

Zuerst sprach José, ein blonder junger Mann: 'Liebe Mutter, Sie wissen, dass dieses Haus Ihnen gehört, und dass, so lange diese meine Arme gesund bleiben, sie nicht ermüden werden für Sie zu arbeiten. Aber jeder Mensch geht seinem Vortheil nach. Glauben Sie wo anders sich besser zu befinden, so will ich nicht derjenige sein, der Ihnen davon abredet.'

Dann sprach Ajitrud: 'Liebe Mutter, thun Sie, was Sie für das Beste halten. Gefällt es Ihnen auswärts nicht, so wissen Sie, wo Ihr Haus sich befindet, und ich möchte denjenigen in dieser Welt sehen, der Sie abhalten dürfte, zu Ihren Kindern zurückzukehren.'

Nun erschien noch ein zweiter Sohn, Maneco, circa zwölf Jahre alt, der wollte nicht, dass seine Mutter fortginge; auf seine Stimme wurde jedoch kein grosses Gewicht gelegt.

Schliesslich entschloss sich Naninha mitzukommen. Ihre Körbe und eine Kiste wurden in den Kahn geschafft, und ich nahm mir einen Zweig von dem blühenden Lorbeerbaume mit, den Maneco auf Befehl seiner Mutter erklettern musste.

Die Rückkehr auf die Insel dos Pinhëiros war nicht ohne Gefahr. In das schwerbeladene kleine Canoe schlugen die Wellen. Die See ging hoch, das Canoe tief, und schwarze Nacht lag über der bedenklichen Breite des Wassers.

Tags darauf fand ich denselben Lorbeerbaum auf unserer Insel. Die Brasilianer nennen ihn Canella branca (Nectandra oppositifolia Nees). Ich habe einen Blüthenzweig mit den Analysen der Blüthen während mehrerer Tage hindurch abgebildet. Die Unterseite der gegenständigen, herabhängenden Blätter, die Blattstiele und die Aussenseite der äusseren Perigonzipfel ist mit einem zimmetbraunen Indumente überzogen. Die Innenseite des zur Blüthezeit horizontal ausgebreiteten Perigons ist milchweiss und kahl, so die drei Staubgefässe, von denen sechs nach innen und drei nach aussen sich in je vier Klappen öffnen. Dem ebenen Felde zwischen ihnen entwächst ein Ring von sechs niedrigen knopfartigen Erhebungen. Aus der Mitte ragt die rothe Narbe und der Griffel des zwar versenkten, aber freien, eineiigen Fruchtknotens. Die Klappen der Antheren, einmal offen, bleiben stehen und verleihen den Staubgefässen unter dem Mikroskop das Aussehen von Jahrmarktsbüdchen, die goldene Kügelchen feilhalten. In dieser zierlichen Staffage promenirten geschäftige Thierchen eifrig auf und ab, sich mit den eingekauften Schätzen schleppend. Man sah da in eine ganz neue kleine Welt hinein.

Kaum war ich mit der Erkenntniss dieser Laurinee fertig, so meldete mir Herr Melly die Entdeckung eines Fundes, den ich unbedingt sehen müsste. Ich folgte ihm, der sich weder vor Schlangen noch vor Dornen fürchtet, auf dem was er Weg nannte. 'Suivez-moi, suivez-moi toujours, voilà le chemin!' Dabei versanken wir aber beide fortwährend so im Dickicht, dass keiner vom andern etwas zu sehen bekam, wiewohl wir keine fünf Schritt auseinander waren. 'Nous y sommes!' Allerdings, das war der Mühe werth. Wir standen vor einem monokotyledonischen Busche von wenigstens zehn Fuss Höhe und dreissig Fuss Umfang, aus dessen zahllosen beblätterten Sprossen rosaangehauchte, fusslange weisse Blüthentrauben endständig heraushingen mit gelb und ponceau getigerten Labellen der einzelnen, in weitaufgeblasenen Deckblättern lose nickenden Blüthen! Auch dieses Gewächs wurde bestmöglichst auf zwei Tafeln wiedergegeben. Naninha nannte es Zerumbet (Alpinia nutans Rosc.).

Sodann widmete ich eine Woche zwei Winden, die eine mit herzförmig zugespitzten ganzen (Ipomoea carnea Jacq.), die andere mit palmatisecten Blättern (Ipomoea palmata Forsk.), um Dir dereinst zu zeigen, dass hier eine Winde gar nicht viel anders aussieht als bei uns, und vertiefte mich noch vor Pfingsten in eine Nyctaginee, von den Brasilianern Boa Noite, gute Nacht, oder Bonina, Maasslieb genannt, deren unerschöpfliche, zarte Blüthen sich erst in der Kühle des Abends öffnen (Mirabilis dichotoma L.). In der Tibicanga traf ich die Corollen roth, auf der Insel dos Pinhëiros weiss an.

Am zweiten Feiertage erhielten wir den Besuch von José, Ajitrud und Maneco, welche sich von dem Wohlbefinden ihrer Mutter überzeugen wollten. Ajitrud, vierundzwanzig Jahre alt, ist selbst nach dem Urtheile des polytropen Herrn Melly — er war in Nishnij Nowgorod, Moskau, St. Petersburg, Neapel, London, Paris, New-York, Rio, Rio Grande do Sul und weiss ich wo noch — schön und, wenn schon Mutter von sechs bis zehnjährigen Söhnen, blühend und frisch wie ein Mädchen. Ihr Kopf erinnert, ohne dessen schmerzlichen Ausdruck zu besitzen, auf das Lebhafteste an den der Niobe, welchen ich insofern zu kennen glaube, als er, die unvermeidliche Studie im Gypssaale der Academie, à deux crayons auf Tonpapier von mir gezeichnet worden ist.

Ein natürlicher angeborner Anstand, ein heiterer ungezwungener Gesprächston macht die Besuche so einfacher Leute zu einer wahren geselligen Erholung. José hatte einen selbsterlegten Jacu guaçu, Maneco eine junge Fischotter, die sie unterwegs eingefangen hatten, und Ajitrud ein Körbchen Bëijus oder Mandiocakuchen mitgebracht. Sie verliessen uns — Maneco blieb — erst spät am Abend und vertrauten ihr Leben dem Canoe und dunkler Nacht an; während wenige Stunden später, aber sicher nach ihrer Ankunft am jenseitigen Ufer, ein vernichtender Pampero unter donnerartigem Sausen und Brausen Wald und Wasser um und um kehrte.

Von nicht geringem Interesse war mir die lebendige kleine Fischotter. Der grosse Kopf, über den das Thierchen fortwährend purzelte, mit den kaum wahrnehmbaren Augen und dem verhältnissmässig noch zu kleinen, plüschweichen Körper, der in die niedlichsten Schwimmfüsschen und einen am Ende flachgedrückten Schwanz ausging, gab ihm das possierliche Aussehen eines jungen Hundes. Nachdem es in allen Winkeln seines neuen Quartiers herumgekrochen war, legte es sich, jede dargereichte Nahrung refüsirend, schlafen, um leider nicht wieder aufzustehen.

Die brasilianische Fischotter (Lutra brasiliensis Pr. Max.) unterscheidet sich von der kleineren europäischen hauptsächlich durch eine behaarte Nasenspitze und den flachen Schwanz. Man begegnet zuweilen ganzen Gesellschaften. Sie richten sich hoch auf im Wasser und fletschen die Zähne. Einmal in der Dämmerung glaubte ich schon vier grosse Schlangen auf mich zuschwimmen zu sehen, und erschrak — so lächerlich es ist — ganz entsetzlich ob der schlangenartig schlanken Lontras!

Dem Jacu guaçu (Penelope cristata Gmel.) geht der weisse Federbusch, der blaue Schnabel des Jacu tinga (Penelope Pipile Gmel.) sowie die grossen weissen Flecke auf den Flügeln des letzteren ab. Sein tiefschwarzbraunes schillerndes Gefieder ist fast über und über spärlich weiss gesprenkelt, die nackte Augengegend schwarz, die nackte Kehle roth. Röthlich sind auch die Beine. In dem über einen Fuss langen Schwanze liessen sich zwölf breite, gleichlange Federn zählen. Der ganze Vogel mass $2\frac{1}{2}$ Fuss in der Länge und lieferte uns einen guten Braten.

Nie hätte ich geahnt, dass das eigne Haushalten so ganz meinem Wesen entspräche. Jeden Abend wird Kassenabschluss gemacht, und die grossen brasilianischen Kupfermünzen auf das Gewissenhafteste gezählt. Dadurch entsteht in einem besondern Büchlein ein finanzielles Tagebuch, welches, obgleich in portugiesischer Sprache verfasst, Dir dereinst ein genaues Bild meiner Lebensweise im Besondern, und ein interessantes der südamerikanischen überhaupt geben wird, welche wenig mit der europäischen gemein hat, mir aber anfängt täglich lieber und gewohnter zu werden.

Die Erkenntniss der auf Feuer, Salz und Wasser ruhenden Fundamente einer Wirthschaft, die Einsicht in die Vertheilung der Lebensmittel auf die Monate und Jahreszeiten, die weise Verwendung der Vorräthe mit Benutzung des vom Tage Gebotenen beschäftigt Deinen Sohn auf das Angenehmste, der erst jetzt im geordneten Hergange der Tage und Mahlzeiten sich in seinen Beruf zu vertiefen beginnt.

Auf unserm Speisezettel stehen nicht selten Dir ganz unbekannte Gerichte. Da habe ich Dir noch gar nichts vom Aguti, den andere Gutia (Dasyprocta Aguti Erxl.) nennen, gesagt. Es ist ein gelbhaariger Nager aus der Familie der Halbhufer — etwa so gross wie ein Hase — mit vier Zehen und Daumenrudiment an den Vorder-, und zwei Zehen an den Hinterfüssen, mit muschelförmigen, fast nackten Ohren und so gut wie keinem Schwanze. Nach der Croupe zu werden die Haare gegen vier Zoll lang und zeigen beinahe safrangelbe Töne. Geschmack: wohl cum laude.

Auch Tapirfleisch ist mir zu wiederholten Malen in grösseren und kleineren Quantitäten zugeschickt worden, immer mit dem zugehörigen Stück Fell, da ein Aberglaube dem Jäger verbietet, die Haut im Ganzen abzuziehen. Die Farbe der Behaarung, welche mit der des Winterpelzes der Pferde eine gewisse Aehnlichkeit hat, war entschieden immer eine kastanienbraune ohne einen Schimmer von Graubraun. Ich habe die vier Viertel und den Kopf eines solchen kastanienbraunen frischerlegten Tapir und einen gefangenen graubraunen Tapir in einem Gehöfte von Paranaguá gesehen — letzterer ganz übereinstimmend mit dem Tapir der zoologischen Gärten Europas (Tapirus Suillus Blum.) — und bin zu der Ueberzeugung gekommen, dass wir zwei Arten haben. Der kastanienbraune möchte bedeutend grösser sein. Die Knochen des Tapir, dem, wie man sagt, die Galle fehlt, sollen massiv sein und kein Mark haben. Aus einem Tapirschädel, den ich an einer Küste im Grase fand, ergab sich das Gebiss als aus $\frac{6}{6}$ Schneidezähnen, $\frac{1-1}{1-1}$ Eckzähnen und $\frac{7-7}{6-6}$ Backzähnen bestehend. Die Brasilianer halten den Tapir in allen seinen Theilen für heilkräftig, bewahren die Klauen und tragen Gürtel aus den Gedärmen gegen Kreuzschmerzen u. s. w. Das gebratene Fleisch verbindet die Vorzüge des Rinder-, Hirsch- und Schweinebratens, soll aber demjenigen, der schlechte Säfte im Leibe hat, übel bekommen.

Für das beste Wildpret gilt die Paca (Coelogenys Paca Cuv.), wieder ein Nager aus der Familie der Subungulata, mit fünf Zehen an allen Füssen, Daumenrudimenten, und Taschen an der Innenseite der Wangen, von der Grösse des Dachses. Ihr Haarkleid macht einen durchaus grauen Eindruck. Zu beiden Seiten des Rückens laufen vom Halse fünf Reihen weisser Tüpfel herab, welche das Aussehen haben, als wären sie mit den Fingerspitzen beider Hände gemacht.

Viel bin ich im Canoe unterwegs. Bald will das Mandiocamehl ausgehen, bald der Zucker, bald die Beleuchtungsstoffe, bald der getrocknete Fisch, und dem muss vorgebeugt werden, denn wenn schlechtes Wetter eintritt, ist man auf einer Insel isolirt.

Maneco unterstützt mich. Wir können schon manches Geschichtchen erzählen. So heute vor acht Tagen. Wir waren in Superaguhy gewesen, um Einkäufe zu machen, und wollten nach der Insel dos Pinhëiros zurückkehren. Ein drohendes

Gewitter stand schon am Himmel und brach mit tropischer Furchtbarkeit los, als wir mitten auf dem Wasser waren. Ein Sturm, vor dem sich eine Barke hätte fürchten können, peitschte die Wogen unserm Canoe entgegen. Manuel, fortwährend von dem aufspritzenden Eintauchen der Proa in die heranrollenden Wellen übergossen, ruderte am Bug, ich an der Popa, das Canoe gegen die See haltend. Wir fühlten, dass wir für unser Leben ruderten. Das Unwetter blies uns fast von unserm Standpunkte. Ein Platzregen, wie Du ihn Dir nimmer vorstellen kannst, drohte den gegenüber der Wuth der Elemente winzigen Nachen zu füllen. Ausschöpfen und Rudern musste mit möglichst wenig Zeitverlust gewechselt werden. Dazu war uns die Fluth entgegen. Schon merkten wir unsere Kräfte schwinden. Aber Gefahr und Nothwendigkeit schafft ein neues Stadium der Kraftentwicklung. Es war peinlich, die Insel so fern zu sehen, welche, grünlich durch gelblichhellen, wüstesten Regenschauer hindurchschimmernd, einzig unsere Hoffnung belebte und stärkte. Völlig durchnässt und erschöpft kamen wir endlich auf Pinhëiros an. Naninha freute sich ihres Sohnes. Ich hätte nicht mögen allein zurückgekommen sein.

Auf einer Excursion in den Rio Sibui wurde mir eines Tages das Glück, einen Macucu (Trachypelmus Tao Licht.) zu schiessen. Ich war, den Kahn verlassend, ein gutes Stück den Fluss hinaufgewatet, schwelgend im Anblicke der noch ungewohnten Baumfarren, deren weiche, transparente Kronen, sich maigrün gegen den dunkeln Wald absetzend, an beiden Ufern nicht selten waren. Ein zweisylbiges Pfeifen war schon ein-, zweimal an mein Gehör gedrungen. Auf einmal sehen Dir meine Augen auf einem Baumstamme quer über dem Flusse in Schiessbudenschussweite einen langhalsigen, hochbeinigen, breitbrüstigen kleinen Strauss! Ich vorsichtig unbemerkt anlegen — detoniren und — — der Vogel lag im Wasser. Das Gefieder, welches sich bei näherer Besichtigung an den Schenkeln und auf dem brauneren Rücken dunkler quergewellt erweist, bringt unter freiem Himmel im Allgemeinen eine lilafarbene Wirkung hervor. Der Macucu erreicht über 1½ Fuss Länge und legt zwei himmelblaue Eier von der Grösse des Gänseeies!

Sogar ein Capybara (Hydrochoerus Capybara Erxl.) habe ich bereits gesehen, nicht blos unser, sondern das grösste Nagethier der Erde. Ein Brasilianer hatte es todt im Kahne. Es mass netto drei Fuss in der Länge. Die Behaarung erscheint graubraun bis graugelb. Von einem Schwanze sieht man wiederum sehr wenig. Die Schwimmhäute erreichen nicht die Spitzen der Zehen, deren sich an den Vorderfüssen vier, an den Hinterfüssen drei zählen lassen.

Da wir José und Ajitrud hatten versprechen müssen, ihren Besuch zu erwiedern, so nahmen wir eine Zeit mit schönem Wetter wahr und blieben fast einen ganzen Tag in der Tibicanga. Während Ajitrud, hocherfreut sich einmal wieder mit ihrer Mutter ausplaudern zu können, von den holzspaltenden und helfenden Jungen bedient, die Mahlzeit vorbereitete, ging José mit mir in den Wald, um mir sein neues Canoe zu zeigen, an dem er zimmerte.

Stelle Dir nicht etwa so ein Canoe als einen plumpen Kasten vor. Im Gegentheil, als wir in Rio einfuhren, äusserte der Capitain, er habe noch nie so schön geformte Kähne gesehen, als diese Canoes. Diese den Fischen abgelauschten Modellirungen des mit einer ausserordentlichen Geschicklichkeit oft bis zu ein, ja ein halb Zoll Wandstärke ausgehöhlten Kahnkörpers zeigen meistentheils eine Gesammtform von einer Vollendung, dass, ich bin fest überzeugt, selbst ein akademischer europäischer Bildhauer oder Holzkünstler daran Freude empfinden würde. Zur Bemessung der Stärke des abzuarbeitenden Holzes werden die Wandungen in regelmässigen Zwischenräumen angebohrt; die dadurch entstandenen Löcher lassen sich später leicht durch Holzpflöcke wieder schliessen.

José's Canoe war aus dem Stamme des Baumes Guapirubu (Cassia Parahyba Vellozo) gezimmert, das Holz leicht wie Kork, und so weich, dass man mit dem Nagel hineindrücken konnte. Die Blätter des Guapirubu sind doppelt gefiedert, die kegelförmig-zusammengeflächten Legumina —

beides lag am Boden umher — etwa sechs Zoll lang und einsamig.

Indessen José arbeitete, konnte ich con amore mich etwas umsehen. In der Nähe standen viele weibliche Bäumchen der Herba Cidrëira (Hedyosmum brasiliense Mart.: fruticulus dioicus, masculus tantum detectus). Die Bracteen der ♀ Blüthen verwandeln sich zur Zeit der Fruchtreife in milchglashelle, saftig-fleischige Schuppen, welche, die eigentlichen Früchtchen bergend, ein ziemlich sichtbares conglomerirendes Fruchtgebilde simuliren. Männliche Exemplare waren mir schon wiederholt, aber noch nie weibliche zu Gesicht gekommen. Ich pflückte einen tüchtigen Strauss Herba Cidrëira und brachte ausserdem zwei Loranthaceen mit nach Hause, deren eine ihre Wurzeln wie die Mistel in die Rinde der Nährpflanze versenkt (Phoradendron latifolium Griseb.), während die der andern extracortical bleiben, nur hier und da sich ansaugend (Struthantus vulgaris Mart.). Bedauerlicherweise fiel die beabsichtigte Wiedergabe nicht nach Wunsch aus, weil Alles gar zu schnell verwelkte, respective schwarz wurde.

Meine Pflanzenabbildungen vermehrten sich zunächst durch die Darstellung des Fruchtstandes der Tucumpalme (Bactris setosa Mart.). Wenn die starre, stachlige Scheide nicht wäre, man könnte dieses gelungene Naturproduct reif für eine blaue Weintraube halten. Nur ist es vorerst nicht ganz leicht, sich ihrer zu bemächtigen, denn die kleine Tucumpalme — bei zollstarkem Stamme erreicht sie eine Höhe von vielleicht vierzehn Fuss — ist so heimtückisch bewaffnet, dass man sich ihr, die gesellig lebt und niedrige Dickichte bildet, kaum nähern kann, ohne verwundet zu werden. Aus ihren Fiedern wird ein apfelgrüner Flachs gewonnen, der für den besten gilt, den es im Lande giebt. Ich werde eine Portion davon mitbringen, um seiner Zeit das competente Urtheil eines deutschen Seilermeisters darüber einzuholen. Das Pfund kostet in Paranaguá über 20 Silbergroschen oder 1 Mil Rëis.

Sodann wurden eines Morgens die Blüthen des Embiruçu (Pachira alba Walp.) erobert. Vom Wege nach der Quelle sah ich an einem blattlosen Baume weisse Riesenblumen hängen. Wie ich hinaufkam, weiss ich selber nicht. Ich warf mich in das Dickicht, versank in einem Meere von Gras, und arbeitete mich an dem glatten Stamme, jeden Vortheil, den der Augenblick gewährte, benutzend, in die Höhe. Da stand ich hoch oben vor den wunderbaren Gebilden, die fremde Form und Anordnung der Theile mit den Augen verschlingend. Unterhalb eines nach allen Seiten ausstrahlenden, fast spannenlangen Staubgefässapparates, der einen wohl neun Zoll langen Griffel einschloss, hingen aus napfförmigem Kelche, dessen Basis äusserlich ein Kranz zinnoberrother Impressionen zierte, ihre schmettenfarbigen Innenseiten nach aussen kehrend, die spiralig zurückgerollten Blumenblätter in gelocktem Zustande herab! Nebenan dunkle, sammetgrüne Knospen, auf denen weisse Längsnähte auffällig abstachen! Der hohe Standpunkt auf dem im Winde sich bewegenden, schlanken, nackten Stamme über dem grünen Walde, hinter welchem der Wasserspiegel und weiterhin sonnige Inseln und Berge hervorblickten, gewährte übrigens eine herzerquickende Aussicht.

So gestaltet sich die Woche. Des Sonntags wird, wenn irgend möglich, ein Ausflug ins Werk gesetzt.

Naninha hat eine verheirathete Schwester im Rio Barigui. Sie hatte uns sagen lassen, dass wir sie besuchen sollten: sie würden ein Schwein schlachten, wenn wir kämen. Das zog. Wir wählten den nahen Johannistag und setzten Compadre Alexandro, Naninha's Schwäher, davon in Kenntniss. Er ist der einzige Anwohner am Flusse, Vater von zwei Prachtjungen und einer dreizehnjährigen Tochter, die einer tüchtigen deutschen Hausfrau an Grösse und Corpulenz in keiner Weise nachstand. Wir wurden herzlich willkommen geheissen, und dem Borstenträger wirklich der Garaus gemacht. Das ganze Haus war voll Reis. Man trat auf Reis, man sass auf Reis, und man ass Reis mit frischem Schweinefleisch, auf soviel Wildpret und Fisch eine angenehme Abwechslung.

Die Tochter des Hauses, die doch entschieden nie Unterricht gehabt hatte, zeichnete so gut wie manches Fräulein, das viel Geld für Zeichnenunterricht ausgegeben hat. Sie wurde deshalb von ihrer Familie in hohen Ehren gehalten. Ihre Brüder rühmten von ihr, dass sie jedes Thier und jeden Menschen, den sie gesehen, wiedergeben könne. Ihre Mutter brachte Stickereien von ihr, die von einem seltenen Sinne für Arabeske zeugten und ganz wie Spitzen aussahen, obgleich die Muster blos durch Entziehung von Fäden und Benutzung der restirenden entstanden waren. Die ganze Thür war beklebt mit ihren Malereien. Die Farben hatte sie wahrscheinlich aus dem Walde zusammengesucht. Von ihr modellirte und selbst gebrannte, mit eigenthümlichen Constellationen von Eindrücken versehene Pfeifenköpfe; ihr Zuckergebackenes — phantastische Vögel, Eidechsen u. s. w., Stück für Stück anders — trugen einen so entschieden amerikanischen Charakter, dass ich durch sie an vor Jahren gesehene mexicanische Alterthümer erinnert wurde.

Nachdem uns Compadre Alexandro noch seine Reispflanzung gezeigt hatte, in deren Mitte ein überaus kolossaler Baum stehen geblieben war, aus dessen Krone die beutelförmigen Nester des Japu (Cassicus albirostris Vieill.), umlärmt von ihren geschwätzigen Bewohnern, in Unzahl herabhingen — das Merkwürdigste daran aber ist, dass kein Orcan diese luftigen Gewebe zu zerreissen vermag! — dachten wir an den Heimweg und erhielten zum Abschiede das halbe Canoe voll Reis geschüttet. Der Reis machte die Reise nach Pinhëiros fast gefährlich.

Nach einer Reihe schöner Tage, im Monat Juli, während welcher die Landschaft, Wasser sowohl als Berge, ganz blau, blau in unendlichen reinen und zarten Abstufungen erschien, trat wieder unbeständiges Wetter ein, begleitet von häufigen, äusserst nassen Niederschlägen, welche die sonst angenehme Wohnung in eine Art Jammerthal verwandelt haben. Ueberhaupt, führte ich nicht zufällig grosse Quantitäten Wachs-, respective Malerleinwand mit mir, meine Effecten gingen von vornherein alle verloren.

Für botanische Zwecke war indessen schon längst Festland als bei weitem ausgiebiger erkannt worden, und der Gedanke hatte sich bei mir von Monat zu Monat mehr befestigt, im Norden der Bai am Fusse der gegenüberliegenden, nicht unbewohnten Terrafirmaberge inmitten ihrer waldigen Gelände ein Logis zu suchen. Ich fuhr auf gut Glück in den Rio Poruguara — die Flüsse Poruguara, Barigui und Sibui ergiessen sich in derselben Reihenfolge von Süden nach Norden in die Bai dos Pinhëiros und zwar auf deren nordwestlicher Seite — und fand denn auch wirklich ein Häuschen wie für mich geschaffen, sauber gearbeitet, gut verschlossen, und den Besitzer, einen jungen Wittwer Namens João Lopez, zu Unterhandlungen geneigt, da es nach dem Tode seiner Frau ihm gar nicht mehr wohnlich vorkommen wolle. Wir wurden Handels einig. Er überlässt mir sein Haus miethweise auf zwölf Monate mit der Bedingung, dass die Miethe in den Kaufpreis des Hauses trete.

In drei Canoes, mit Kisten, Brettern, Matten und anderm Hausrath, der sich wider Willen ansammelt, zum Versinken beladen, wurden meine Sachen bereits hinübergeschafft, begleitet und geleitet von Maneco, Naninha und dem Mulatten Ignazio.

Ich selbst bin auf dem Sprunge in die Stadt zu reisen, um die mir gütigst ausgesetzte Rente zu berühren, und rückkehrend ipsissimus im Rio Poruguara einzuziehen, von dessen Festlandhochwald ich mir Grosses erwarte. Quod bonum felix faustum sit!

Bei Regen bin ich mir jetzt ganz klar, wie Braunkohle entsteht. Die diessjährigen Güsse waren so stark, dass — sic! — der Wald von vielen Bergen heruntergerutscht ist. Verschwunden ganze grüne Waldabhänge! Stellen, die in der Nähe sicherlich — man kann nicht immer hin — Hunderte von Klaftern breit und entsprechend hoch sind, auf denen gestern noch Tausende der kräftigsten Bäume standen, treten heute dem vom Canoe getragenen Wanderer als nackte rothe Lehmerde entgegen. Wo sind aber die vielen mächtigen Stämme mit ihren Aesten hin? Verschwunden! Unsichtbar! Am Fusse der entblössten Böschungen unter der nachrollenden Erde begraben! Da sieht man recht, wie selbst der üppigste Pflanzenwuchs hauptsächlich blos im

Humus haftet. Der wird vom Regen erweicht, dazu tritt ein enormes Gewicht an Wasser, welches Blattwerk, Moos und Epiphyten auf den Bäumen suspendirt halten. Schliesslich kommt der Zeitpunkt, wo das Ganze, eins das andere mit sich fortreissend, von seiner Basis abgleitet und bergab herunterdonnert. Wenn das gegenwärtig noch geschieht, was kann da nicht vor unserer Zeitrechnung geschehen sein!

Dein dankbarer Sohn.

Der siebente September.

Liebe Mutter!

Drei Goldstücke, jedes von der Grösse eines Thalers, hat mir die Camara municipal von Paranaguá für ein zur höchsten Zufriedenheit ausgefallenes Transparentgemälde ausgezahlt! Das Geld habe ich glücklich in der Tasche und es fordert es auch Niemand zurück, denn ich hatte tüchtig gearbeitet, wie allgemein anerkannt wird. Aber es war doch ärgerlich! Mein Werk ging, wahrscheinlich infolge einer zu splendiden Illumination, gerade als die Spannung des harrenden Publicums culminirte, in Flammen auf! Und wie schön angezogen stand ich davor, mit neuen, feinsten Casimirbeinkleidern, seidener Weste und Bibi auf dem Kopfe, als es abbrannte!

Du siehst aus diesen tragischen Zeilen, dass mein Waldleben eine Störung erfahren hatte. Der siebente September ist der Jahrestag der Unabhängigkeit Brasiliens. Vor mehreren Monaten war von mir in Paranaguá eine Aquarellskizze zurückgelassen worden, welche einen patriotischen Gedanken aussprach. Am heiligen Kreuze — für Brasilien um so bedeutungsvoller, als es sich ‘o Imperio da Santa Cruz’ nennt — glänzte das gefällige brasilianische Wappen, die Weltkugel in einem Sternenkranze von zwanzig Provinzen. Aus den zusammengerollten Enden einer darunter ausgespannten Papierrolle ragte links eine Lanze, rechts ein Ruder, beide mit flatternden Bändern geschmückt. An ersterer stand, als am Zeichen der Herrschaft, der Genius Europas, umgürtet mit dem Schwerte, an das Wappen den importirten Kaffeezweig haltend. Letzteres, das Ruder, Symbol eines wandernden Volkes in flussreichen Landen, umfasste, mit der andern Hand die Tabakstaude darreichend, aus Gold- und Federschmuck stolz und wild herabsehend, ein mit Pfeil und Bogen ausgerüsteter, schmucker, junger Indianer. Zwischen beiden lächelte, mit der Hacke, Attribut der arbeitenden Klasse, neben ausgegrabenen Mandiocawurzeln in halbunterdrückter Stellung sitzend, ein schalkhafter Negerknabe: die Repräsentanten dreier Continente, Europäer, Amerikaner und Afrikaner, in ihrem gegenseitigen Verhältnisse unter dem christlichen Kreuze zum Kaiserreiche Brasilien vereinigt. Das Ganze war in Kreisform gebracht worden und von einer ultramarinblauen, wirksamen griechischen Kette umzogen. In die Mitte hatte ich geschrieben: 'Viva Dom Pedro II Imperador e Defensor Perpetuo do Brazil!'

Etwa vierzehn Tage vor dem Feste hatte der hochwohllöbliche Magistrat von Paranaguá an mich schreiben lassen und bot mir ohne alle Umschweife 100 Mil Rëis — 1 Mil Rëis zur Zeit = 22,6 Ngr. — für die lebensgrosse Ausführung jener Zeichnung unter der Inschrift: 'Viva a Independencia do Brazil!' Ad Acta gebrachter Kammerbeschluss. Ich sagte A, um B sagen zu müssen, machte die Augen zu und ging an die Arbeit.

Ich kam ins Malen. Der Pinsel flog. Es standen bald Figuren voll Feuer und Leben vor mir. Die Grossen der Stadt, der Bürgermeister, geistliche Herren in langen seidenen Röcken mit rothen Strümpfen, lauschten von früh bis Abends hinter mir und konnten sich nicht satt sehen an meiner Arbeit. Es war zum Stolzwerden.

Dazu welches Local hatte man mir angewiesen! Das Rathhaus, die Antichambre des Sitzungssaales. In dem Boden war ein Luftloch, da sah man in ein Gefängniss hinab. In den brasilianischen Rathhäusern pflegt das Parterre von der Wache und den Localitäten für die Detinirten eingenommen zu sein.

Jeden Morgen kam ich arbeitslustig die Strasse daher, grüsste unten freundlich die guitarrespielenden Gefangenen am grossen, luftigen Gitterfenster, wie ich es vom Bürgermeister und den anderen Herren gesehen hatte, und sprang dann munter die Stufen hinauf in den Sitzungs- und Malersaal. Kurz und gut, ich kam mir ungeheuer heraufgekommen vor, und ging schon mit mir wegen der Anschaffung eines zeitgemässen Beinkleides zu Rathe.

Das Bild stand wirklich recht farbig und lebensvoll da. Der schillernde Mäander darum machte die Augen flimmern, welche dadurch ganz an das Centrum gefesselt wurden. Der wackere Chirurg Klöppel aus Dresden kam täglich mehrere Mal einen Sprung herauf, um das Stadium des vielbesprochenen Werkes im Auge zu behalten. Nebenbei rühmte er sich einer sichern Hand, wie solche sein Beruf mit sich bringe, und wollte mich fortwährend durch Mitmalen davon überzeugen. Der Tischler Schwantach hatte den Kasten abgeliefert. Die Lichter wurden aufgesteckt, der Präsident und mehrere Kammermitglieder zur Probe und Uebergabe eingeladen. Wir, Schwantach, ein Schlesier und ich, zündeten die schönen baierschen Stearinkerzen an. Da fiel auch nicht das Geringste vor. Es ging Alles vortrefflich. Der Präsident nahm das Gemälde in Empfang und war noch so gnädig, vom Balcon mit höchsteigener Hand ein Dutzend Raketen zu Ehren des Künstlers steigen zu lassen.

Des andern Tages holte ich mir auf den Rath des Herrn Klöppel bei Zeiten meine Zahlung. Nach Tische brachte das Dampfschiff Deinen lieben Brief von Ende Juli. Ich ging hinaus auf den Campo, um ihn im Angesicht der weiten grossen Landschaft recht ungestört zu lesen. Bevor ich ihn erbrach, wurde ich noch Zeuge einer gewaltigen Scene. Es weideten hier gar stattliche Stiere. Ihrer zwei sollten mit dem Lasso eingefangen werden. Ein gewandter junger Brasilianer warf ihm so geschickt, dass die Schlinge der langen, aus Lederstriemen geflochtenen Schnur sich gerade unter den Hörnern zuzog. Nun muss er laufen, der Bursche, und der Ochse läuft auch, da zur Zeit beide kerngesund sind. Im Laufen fangen den jetzt zwischen Menschenhand und Stieresstirn schleifenden Lasso vorhandene Pfähle auf. Alsbald schlägt der Brasilianer einen Haken und zieht den Ochsen an den Pfahl heran, an welchem dieser in demselben Augenblicke durch das unfehlbare Messer eines Kameraden in das Herz den Todesstoss erhält. Das Blut strömt. Der Ochse steht, er steht noch, noch steht er, er wankt, er springt auf, er brüllt, er schäumt, er fällt, und schon kann er nicht mehr aufstehen, sich nur noch kraftlos in dem verschütteten Lebenssafte wälzend.

Ich ging ein Stück landeinwärts, um den blutigen Eindruck loszuwerden, und erbrach dann Deinen Brief, der in meiner Seele so freundliche Bilder wie die unsers Sachsens weckte. Ich griff unwillkürlich nach dem selbstverdienten Gelde in der Tasche und hätte sie Dir gar zu gern gezeigt, die schönen brasilianischen Unzen.

Noch dachte Niemand an die Katastrophe des folgenden Abends, welche Du nun schon aus dem Anfange meines Briefes kennst. Das Transparent war oben vor dem Rathhause in einem architektonischen Gerüste, das mit mehrern Hundert Lampen illuminirt wurde, aufgestellt. Es leuchtete farbiger als je herab. Man hatte die Leitern weggezogen: ich konnte nicht mehr hinauf. Raketen stiegen. Die Wirkung war festlich. Das Volk hatte sich versammelt, erst stumm, dann theilnehmend. Die Stimmung war begeistert. Als die Lichter schon eine Stunde gebrannt hatten, fing ich an besorgt zu werden und fragte vergeblich nach einer Leiter. Die Menschen drängten sich immer mehr. Die Deutschen der Stadt gratulirten mir. Wie gestern noch dem Anblick des kraftvollen Schlachtopfers plötzlich der grelle Blutstrahl entgegenquoll, so schlug heute aus der prangenden Schöpfung des Künstlers ach! noch unerwarteter eine Alles verzehrende Flamme, die sich auch ganz ausschliesslich auf mein Transparent beschränkte und durchaus weiter keinen Schaden verursachte. Ich verliess den Schauplatz wie Napoleon den Kreml.

Der von alledem nichts ahnenden Naninha, welche mein Bild doch auch hatte sehen wollen, kommt ihr Sohn halben Weges auf der Strasse mit den Worten entgegen: ‘Zu spät, Mutter, sie haben es schon losgelassen!’ Sie tröstet mich noch heute damit, Viele hätten gemeint, das habe sich so gehört — eine neue Art Feuerwerk.

Von der Ueberzeugung geleitet, dass die Wiederholung eines Unfalles durch vorsichtige Aufstellung vermieden werden kann, gedenke ich für den zweiten December, den Geburtstag des Kaisers, dasselbe Transparent mit seiner ursprünglichen Inschrift wiederherzustellen. Die Camara municipal muss für ihr schönes Geld doch etwas Positives in den Händen behalten.

Ich habe noch einen andern Plan, um bei einem voraussichtlichen Plus der Ausgaben das finanzielle Gleichgewicht nicht zu verlieren. Bis dahin werden meine botanischen Studien fleissig fortgeführt werden.

Zur Zeit bin ich wieder im Rio Poruguara, wo ich in einem Miethschlitten, nachdem ich Tag und Nacht gefahren war, eintraf.

Dein dankbarer Sohn.

Kaisers Geburtstag. Weihnachten.

Lieber Vater!

Du erkundigst Dich selbst schon nach dem Erfolge meiner Weihnachtsausstellung. Ich habe sie ausgeführt. Sobald ich in Paranaguá angekommen war, miethete ich ein Haus, nahm den Sohn Naninha's als Farbenreiber an und begann die am siebenten September verunglückte Composition wieder herzustellen. Als das Bild vollendet war, wurde es der Camara municipal übersandt. Man antwortete mir schriftlich in den ehrendsten Ausdrücken, pries die Handlung und nahm die Offerte gnädigst an. Die Adresse war von den geachtetsten Bürgern der Stadt unterzeichnet. Im officiösen Journal von Curitiba, Hauptstadt und Regierungssitz der jüngst creirten Provinz Paraná, wurde darüber berichtet.

Der zweite December führte dem Publicum mein Werk wieder vor dem Rathhause vor. Drinnen eine Treppe hoch war das Portrait des Kaisers geöffnet, umstellt von allen Kostbarkeiten in Silber, Gold und Porzellan aus dem Privatbesitz der Einwohner, welche von Dunkelwerden an, alle im grössten Glanze der Garderobe, hinaufzuströmen begannen. Diese Huldigung, Homenagem, findet, so viel ich weiss, an diesem Tage in allen Städten des Reiches statt. Die Elemente waren diessmal der Feier günstig.

Sofort wurde nun die Weihnachtsausstellung in Angriff genommen. Mein Schlafzimmer im Rio Poruguara habe ich mir durch Aufhängung des Weltgerichts von Cornelius sammt dessen Kreuzigung und Geburt Christi decorirt. Letztere gefiel mir in meiner Waldeinsamkeit so gut, dass ich beschloss, die Jungfrau Maria, wie sie mit dem Christuskinde nebst St. Joseph, Ochs und Esel unter dem wohlgefügten Stallgebäude sitzt, herauszunehmen und als grosses Transparentgemälde auszuführen; desgleichen als Seitenbilder zwei schöne psalmirende Engel aus derselben figurenreichen Composition. Die Rahmen wurden angefertigt, der grössere fünf Ellen hoch und vier breit, die zwei kleineren je drei im Geviert. Sie wurden bespannt, bezeichnet und bemalt. Als das Weihnachtsfest nahte, waren die drei Bilder so weit vorgeschritten, dass sie ausgestellt werden konnten.

In der Stadt befindet sich ein verlassenes Jesuitencollegium. Der eine Theil desselben, in gutem Stande, enthält einen sehr geräumigen Saal; der andere, zerfallen, liegt vor dem ersteren, eine romantische Kirchenruine ohne Dach mit einer Thür auf die Strasse. Konnte sich ein einladenderes Local zu meiner Ausstellung finden? Der Tischler Schwantach schlug mir vor der Kirchenthür aus Brettern ein gothisches Portal zusammen, welches mit Lämpchen illuminirt wurde und die transparente Inschrift 'Exposição do Natal' trug. In der Ruine hatte ich eine Palmenallee pflanzen lassen, zwischen den Palmen Ananasstauden, aus denen an Stelle der Fruchtstände auf Drähte gesteckte bunte Papierlaternen dämmerten. So wurde man geraden Weges in das Ausstellungslocal geführt. Hier war vor der dem Eintretenden gegenüberliegenden Wand des Saales ein gezimmerter, mit dunkelblauem Zeug beschlagener freistehender Giebel aufgerichtet, in ihm die Bilder, von funkelnden orientalischen Bordüren eingerahmt, symmetrisch vertheilt worden. Dahinter ein Beleuchtungsapparat mit circa funfzig Lichtern, darüber ein Kreuz, davor Blumen und Blätter ausgestreut, eine Barrière und zahlreiche Stühle für das Publicum. Nicht zu vergessen, dass seit mehreren Tagen Anschlagezettel die Zeit der Ausstellung, den Ort, und den Preis des Eintrittsgeldes für Erwachsene, Kinder und Sclaven verkündet hatten. Die Beleuchtung war vortrefflich. Nicht der kleinste Unfall störte die feierliche Stille des heiligen Abends.

Die ersten Besucher erschienen. An dem mit feinem weissen Sande beworfenen Wege in der malerischen

Kirchenruine ohne Dach stand ein Tisch, die Kasse. Da sassen wir, ich und ein blutjunger Schwede, der sich gerade in Paranaguá befand und noch Chile, Australien und China bereisen wollte; da sassen wir unter Palmen, unter dem tropischen Sternenzelt, in warmer Sommernacht, uns der nordischen Heimath erinnernd. Und doch war die Situation zu ungewohnt, als dass wir nicht herzlich gelacht haben sollten. Der Kreisdirector, Delegado, hatte uns schwarze Polizeisoldaten zur Aufrechterhaltung der Ordnung gegeben. Von Zeit zu Zeit wurden einige Kinder, welche die Illumination am Eingange förmlich belagerten, gratis hereingelassen. Die Messen in den verschiedenen Kirchen hielten die Stadt fast die ganze Nacht auf den Beinen. Um zwei Uhr endlich wurden die zweimal erneuerten Lichter ausgeblasen und die Kasse heimgetragen.

Wir, die Deutschen von Paranaguá, haben soeben eine Landsmännin zur Erde bestattet, die Tochter des Capitains einer Hamburger Barke, welche vor wenigen Tagen hier eingelaufen war. Vier mit kräftigen blonden Burschen bemannte Boote brachten unter feierlich langsamen Ruderschlägen den mit der wohlbekannten Flagge bedeckten Sarg an das Land. Demselben folgte tiefbewegt der Vater der Verstorbenen zwischen seinen beiden Söhnen; dann kamen wir Deutsche, der Doctor, der Chirurg, der Maler, der Bäcker, der Tischler und der Schuhmacher von Paranaguá, und die Mannschaften von drei Schiffen. Der Zug ging durch die Stadt über den Campo.

Grossartige Gewittermassen hatten sich rings über den azurblauen Gebirgen, gewaltige Haufen bildend, zusammengethürmt. Die tiefstehende Sonne schien unter den Wolken und zwischen den Bergen hindurch, und goss weit und breit auf den grünsten Wiesenplan ein potenzirtes smaragdgoldnes Grün. Dazu das hochrothe wandelnde Leichentuch mit seinen weissen Thürmen, die kleine Schaar von Fremdlingen, der fremde Boden — es hatte etwas Wunderliches.

Heute früh hat mich mein Nachbar Camillo aus dem Rio Poruguara besucht; mein Häuschen sei in gutem Stande.

Gerade davor, zwischen dem Flussufer und meiner Wohnung, hat sein Schwiegersohn João Lopez während meiner Abwesenheit eine Onça erlegt. Das Fell misst ohne den Schwanz acht Spannen. Den Schuss hätte ich auch thun können.

Ein Brasilianer hat die Güte gehabt, mir ein treffliches botanisches Werk zu borgen: 'Eléments de botanique et physiologie végétale par Achille Richard.' Drei feiste Bände. Das ist Nahrung für mich! Nun geht es wieder hinaus in den Wald, in den frischen grünen Wald mit seinen geschwätzigen bunten Vögeln, wo die Palmen nicht erst gepflanzt zu werden brauchen. Der Steamer steht im Begriffe abzugehen. Ich muss schliessen.

Dein dankbarer Sohn.

Taquaruçu.

Liebe Mutter!

Dank den Leistungen der Photographie, welche die Erinnerung soeben aus dem Schlafe geweckt, sonst könnte man schier vergessen, dass es einen andern Welttheil giebt, wo ausser spanischen Wänden, pappernen Piedestalen und anderem 'Schein, der sich selber fremd ist', liebe treue Herzen existiren, deren innerer Werth die Erscheinung weit übertrifft.

Die Kiste mit dem heissersehnten Succurs an Farben, Zeichnenutensilien und Papieren, dem Du gütig ein neuestes Lehrbuch der Botanik beizulegen gedachtest, ist auf einem Hamburger Schiff in Rio eingelaufen; ich habe sie mit nächstem Dampfschiff zu erwarten.

Mit dem grössten Vergnügen würde ich Dir zu jeder Zeit den Einblick in mein Domicil gestatten, in dem Du mich sieben Stunden täglich zeichnen und malen, und zwei Stunden Abends, von acht bis zehn Uhr, studiren sehen würdest, mit Ausnahme versteht sich der Sonntage. Auch in mein Gärtchen führte ich Dich gar zu gern ein, obgleich Deine Blicke mehr auf den umstehenden Palmen und Bananen, auf einem süperben blühenden Zerumbet (Alpinia nutans Rosc.) und einem Farrenkraut mit einfachgefiederten Wedeln und fussdickem Stamme (Lomaria capensis Willd.), als auf meinem Stolze, den mit manchem Bückling ausgemessenen und abgezirkelten Rabatten verweilen würden, von denen mehrere geradlinig dem Bedürfniss der Küche, einige curvenlinig der Recreation des Manufacturer dienen sollen. Wohin ich Dich aber dann zu führen hätte mitten im Garten?

An einen Guajavabusch (Psidium Guajava Raddi). Und wenn Du dann davor ständest, würdest Du auf einmal gerade vor der Nase — siehst Du ihn noch nicht? — in der Achsel eines Zweiges einen goldschimmernden Kolibri (Trochilus colubris Wilson) entdecken, der auf dem niedlichsten, aus Silk-cotton, Farrenkrautspreublättchen und Flechten zusammengesponnenen und überklebten Nestchen brütet, und Dich vertrauensvoll ansieht und sich nicht stören lässt. Ein ganz allerliebster Anblick! Was doch so ein Thier selbstständig ist und seine Sache versteht!

Als ich neulich früh nach meinen Beeten sehen wollte, bewegte sich etwas zwischen den Bananenstauden in niegesehenen Geberden heraus — ein Ameisenbär! Mit unterdrückter Stimme wagte ich kaum 'a espingarda!', das Gewehr, in das Haus zu rufen, um das interessante Schauspiel nicht aus den Augen zu verlieren und mir das Thier in seiner langsamen trägen Art recht ansehen zu können. Erst als der Rückzug in Frage kam, fiel der tödtliche Schuss. Es richtete sich auf, streckte die Arme aus mit den furchterweckenden Krallen, fand nichts, an das es sich anklammern konnte, und stöhnte in einem durchdringenden kläglichen Tone sein Leben aus. Du musst wissen, dass der Tamanduá, das ist sein brasilianischer Name, im Kampfe mit einem Gegner ihn umschlingt und ihm seine langen spitzen Nägel eindrückt, klammerkräftig, ohne wieder loszulassen. So wird der Myrmecophag selbst dem Jaguar fürchterlich, den man vom Ameisenbär umklammert im Walde todt gefunden hat. Beide starben in der Umarmung. Den Jagdhunden, welche das scheinbar harmlose Thier muthig anklaffen, ist die Begegnung zumal gefährlich, da selbst der herzueilende Jäger mit dem Abhauen der Handknochen seinen eigenen Hund gefährdet. Die Krallen der mittleren Zehen sind die grössten: an ihrer Basis fast zollstark, messen sie, jenachdem sie dem grossen (Myrmecophaga jubata L.) oder dem kleinen (M. tetradactyla L.) Tamanduá angehören, gute zwei bis drei Zoll in der Länge, genug um eine Umarmung zu würzen. Eine Waffe, welche so die Grenzen der Maasse, denen man gewohnt ist sie unterworfen zu sehen, überschreitet, kann man wohl in ihrer Art schrecklich nennen.

Eine grosse Anregung ward mir unlängst zu Theil durch das Eintreffen einer Bestellung. Taquaruçu (Schizostachyum Blumii Mart.), das ist es, das hatte ich bestellt, das traf ein, unser grösstes Gras. Könntest Du es nur wägend in die Hand nehmen, dieses gigantische Bruchstück einer Graminee, welches auf meinem Schreibtisch liegt! Könntest Du sie nur sehen, wie sie an der Wand lehnen in meinem Quartiere, jene beiden Enden zweier sprossenden Halme, wahre, formidabel zugespitzte Speere, deren Stärke und Gewicht Staunen einflösst. Wenn man sie schüttelt, hört man es dumpf plätschernd darin anschlagen. Das ist Wasser, klares, trinkbares — wenn die Sage nicht lügt, ein neuer Beleg für *ΑΡΙΣΤΟΝ ΜΕΝ ΥΔΩΡ* — haarwuchsverleihendes Wasser, das die Natur in die rundum verschlossenen Internodien hineingezaubert hat.

Der Junge, der sie brachte, hat sie aus den höheren Regionen des Rio von Guarakeçaba bezogen, wo sein Vater — beiläufig José Pequeno mit Namen, zu deutsch Joseph Klein, er ist aber nichtsdestoweniger der grösste Mann der Gegend — Canoes aus dem Walde herausschlägt. Er entschuldigte sich, dass er keine grösseren 'gomos', Internodien oder Sprossen, gebracht habe. Diejenigen, die er bringe, habe es schwer genug gehalten abzuhauen. 'E custa de carregar isso no mato!' Und es hielte schwer, das auf den Schultern durch den Wald zu tragen. Ein Büschel Blätter, respective beblätterter Zweige, die er nicht vergessen hatte mitzubringen, war mir eine sehr erwünschte Zugabe. Auch Naninha versicherte, dass sie schon doppelt so starke Stücke gesehen habe.

Also schwache Taquaruçustengel habe ich vor mir. Nichtsdestoweniger wiegt ein Stück von dritthalb Ellen Länge zehn portugiesische Pfund bei zehn Zoll Umfang. Die Stärke des Holzes, welches die Röhre des Grashalmes constituirt, beträgt über einen halben Zoll. Die Röhren als solche sind durch die Knoten unterbrochen, wodurch das darin enthaltene Wasser in verschiedenen, schliesslich sehr bedeutenden Höhen über dem Boden erhalten wird. Von einem Zwischenknotenstücke habe ich durch Anbohrung etwa ein Nösel voll Wasser abgezapft; es schmeckte vorzüglich, war sehr frisch und hatte gar keinen Beigeschmack. Dass es Haarwuchs verleihen soll, sagen die Leute. Die Entfernung von einem Knoten zum andern beträgt hier im einzelnen Falle $3\frac{1}{2}$ Spanne oder $31\frac{1}{2}$ Zoll, soll aber im Allgemeinen mehr, ja sechs Spannen betragen. Die, wo sie zum Vorschein kommt, schön dunkelgrüne glatte Aussenseite des rein cylindrischen Culmus verhüllt zum grossen Theil ein mächtiges, auf dem untern Knoten sitzendes, mit den unbewimperten Rändern weit über einander greifendes scheidenartiges Blattgebilde, welches nach aussen mit einem beim Angreifen in den Händen sitzen bleibenden feinen Stachelsammet überzogen ist. Diese Stachelchen, dunkelbraun, erschienen im Vergrösserungsglase sehr scharf und spitz, glänzend und hart. Die grösseren, etwa ein Millimeter lang, waren nach oben, die kleineren nach unten niedergelegt. Die den Füssen gefährlichen Stacheln hingegen, welche das Gehen im Walde, wo und wenn dieses Riesengras vorhanden ist, selbst dem Brasilianer ungemein erschweren, befinden sich an den mir vorliegenden Probestücken blos an den secundären, die Blätter tragenden, übrigens sehr schwachen Verzweigungen, und bestehen, wie sich recht deutlich wahrnehmen lässt, aus fehlgeschlagenen tertiären Ramificationen, deren schon äusserst kleine Internodien, von Scheiden en miniature gestützt, sich rapid verkürzen und, nachdem sie zumeist eine von der Ursprungsaxe abspringende Richtung angenommen haben, dornartig erhärten. Die so gebildeten Spitzen, oft zu mehreren einem Knoten in divergirenden Richtungen entspringend, erhalten sich lange an den verwelkten, wiederholt drei- und viergabeligen Verzweigungen, die schliesslich ab und zu Boden fallen, gefährliche Fussangeln, überdeckt und versteckt von darauf fallendem Laube. Die Blätter des Taquaruçu, über der Blattstielscheide gegliedert und kurz gestielt, sind aber im Verhältniss zu den kolossal langgestreckten, vier bis fünf Zoll im Durchmesser führenden primären Stengeltheilen klein. Die Blattscheibe, langlanzettlich-zugespitzt, misst einen Zoll in der Breite und über neun in der Länge. Die Benervung könnte man fast bogennervig nennen, wie auch bei anderen Taquarablättern mit drei oder vier eigenthümlichen, dem geraden Mittelnerv parallelen Längsbrüchen oder Falten, welche geradlinig über die Bogen der andern Nerven weg am Blattrande jede für sich auslaufen.

Zu den Standorten des waldversperrenden Taquaruçu — es tritt erst bei 1000—1300′ über dem Meere auf — welches selbst der mächtig drängenden Brust des Tapir Widerstand leistet, habe ich mich noch nicht verstiegen, werde es aber vielleicht noch thun. Die längsten Stengel sollen, was von St.-Hilaire bestätigt wird, 50—60, die Blüthenrispen 15—20 Fuss messen.

Am Taquaruçu stillt der Jäger seinen Durst in einer Höhe, wo Quellen schon seltener sind, kocht in den Internodien desselben sein Essen, fertigt aus ihnen Schöpfeimer oder Behälter für Oel und Sämereien zu Nutz und Frommen des Haushaltes. Aus den stärksten Halmen werden Leitern gemacht, die unsern Leitern an Länge nichts nachgeben, dabei leicht und solid, wiewohl hohl sind. Aus den jungen Sprossen lässt sich, ähnlich wie aus jungen Palmenblättern, eine flexible Faser gewinnen, geeignet zur Fabrikation von Kopfbedeckungen.

Hier unten am Fusse der Berge haben wir einen Stellvertreter des Taquaruçu im Taquarubu (Bambusa Tagoara Mart.). Seine Blätter sind viel breiter, die Ränder der Scheiden fast auffällig weiss bewimpert, und seine Internodien etwas kürzer. Das habe ich blühen sehen. Es gewährt einen imposanten Anblick, goldgelbe Rispen, die ungefähr doppelt so viel Fuss lang sind, als die Rispe unseres Hafers Zoll hat, aus dem dunkelgrünen Wirrwarr der Dickichte niederhängen zu sehen. Die endständige Inflorescenz setzt der Vegetationsperiode aller Halme ein Ende. Blätter und Stengel, weit in die Bäume des Waldes hinaufragend, werden dann gelb, wie bei uns die Getreidefelder im Sommer. Es bedarf jedoch mehrerer — die Leute sagen sieben — Jahre, bevor das Bambusrohr blüht. Dass das ganze Taquara einer Gegend zu gleicher Zeit absterben soll, wie ich behaupten hörte, möchte wohl nicht an dem sein. Aus Taquarubu werden die meisten Körbe geflochten, aus seinen äussersten Enden wird geraucht.

Einmal hingen beim Wechsel der Wäsche nach dem Nachhausekommen aus dem immer nassen Walde meinem Beinkleide zwei, mit den Spelzen und der Granne über zwei Zoll lange Grasfrüchte an. Die äussere Kelchspelze ging bei beiden à la Schweinsschwänzchen in eine lange korkzieherartig gedrehte Spitze aus, vermittelst deren sie wahrscheinlich auch den Pelzen der Ameisenbäre, Cuatis u. a. anhängen, die nicht unterlassen werden, sie in ihren Lagern unbewusst zu pflegen und zu pflanzen. Ich möchte wohl wissen, welcher hiesigen Taquaraart diese sonderbar umhüllten Caryopsen angehören (Streptochaeta spicata Schrad.).

Die Jäger unterscheiden im Walde noch ein Taquapenema, das die besten natürlichen Pfeifenrohre liefert. Leider bin ich nicht in der Lage, etwas Näheres darüber anzugeben.

Kleinere, aber auch schon bambusartige Grasformen sind unser Taquamirim (Merostachys speciosa Spreng.) mit unverzweigten, in Fascikeln den Knoten seitlich entspringenden Zweigen und einseitswendigen Aehren an den Enden der blühenden Zweige, so wie, wenn ich das einheimische Wort richtig gehört habe, Taquahypoca (Olyra glaberrima Raddi) mit einzelnen weiblichen Blüthen an den Spitzen der Verzweigungen der Blüthenrispe und mit tieferstehenden männlichen Blüthen.

Ein anderes Gras, das die Brasilianer Krisiuma*) nennen, habe ich noch nicht untersucht.

Fast überall steht Hirse (Panicum horizontale Meyer et aliae species), Capim genannt, gutes Viehfutter, auch oft

---

*) Das Wort Krisiuma kommt in v. Tschudi's Reisen durch Süd-Amerika IV. 2. S. 288 als Name einer Botokudenansiedelung vor.

noch über mannshoch, und an einigen Orten ein Stenotaphrum (St. glabrum Trin.; species in Brasilia unica) mit den Blüthen versenkt in der dicken Spindel des Blüthenstandes.

Das fromme Coix (C. Lachryma Willd.) findet sich nicht selten, wohl gepflanzt, in der Nähe der Häuser. Seine grauen, polirten, von Natur durchbohrten Perlen, versteinerte Hüllen der Blüthenstände, sind in der ganzen Welt bekannt.

Der Stolz unserer Gramineen ist und bleibt jedoch, was Schönheit der äussern Form anbelangt, das Ubá (Gynerium saccharoides Kunth).

Vierundzwanzig Stunden später. Sturm und Gewitter haben die Abreise des Senhor Camillo, der meinen Brief mit in die Stadt nehmen wollte, verhindert. Und das war gut und lässt mir eben etwas Zeit übrig, Dir die letzten politischen Neuigkeiten zukommen zu lassen.

Als ich gestern Abend in das Kolibrinest sah, befanden sich zwei märchenhaft kleine hülfsbedürftige Junge darin, an denen es schwer hielt, die zukünftigen Formen ihrer beschwingten Aeltern zu errathen.

Darauf sprach ein junger Brasilianer mit seiner jüngeren Lebensgefährtin bei uns ein, um von Naninha, Tante des lieblichsten Femininums und Pathe des kräftigsten Masculinums, ihr Hochzeitskleid zur Wiederholung des Zweckes, dem dasselbe vor einigen zwanzig Jahren gedient hatte, zu borgen. Ich weiss nicht, ob ich ihrer schon erwähnte; es waren dieselben, welche vor einigen Monaten auf ihrer Flucht in den Wald en passant sich von Tante und Pathe eine, wie es schien, ihnen vollkommen ausreichende Absolution geholt hatten, als derselbe (Homo sapiens L. ♂) dieselbe (Homo sapiens L. ♀) nur eben erst aus dem Hause ihrer Angehörigen geraubt hatte. Man hat mir unter dem Siegel der Verschwiegenheit anvertraut, dass hierzulande ein forscher Bräutigam seine Braut mit Gewalt entführen muss, auch wenn die betreffenden Familien mit der Partie einverstanden sind. Es ist so more gentlemanlike.

Sie verliessen uns alsbald, um die Nacht über auf der Bai im Canoe dem Fischfange zu huldigen. Diese Nacht aber sollte es stürmen. Ein Südsturm mit allen seinen Trompeten, begleitet von jenen niederpeitschenden, rasselnden, lautaufprasselnden Regengüssen, wie wir sie hier kennen, machte mein kleines Haus erzittern, veranlasste aber zugleich das obenerwähnte Pärchen an der Tibicanga, die sie glücklicherweise noch vor Thorschluss hatten erreichen können, im Hause des älteren Sohnes Naninha's Schutz zu suchen. Sie, um die wir natürlich besorgt gewesen, waren wieder, als ich heute früh den Laden öffnete, das Erste, dem meine Augen begegneten, und brachten — wer hätte das gedacht? — eine Nachricht, die sich ganz für einen Sonntagsmorgen schickte, die Nachricht, dass 'uma caixa de pinho', eine Kiste von Nadelholz, für mich sich in den Händen José's befinde, der sie mir in Bälde zustellen werde. In der Meinung, diesem 'in Bälde' vorgreifen zu können, schickte ich den Botschaftbringer sofort nach der Tibicanga — da kommt er, wie ich durch die offnen Fenster sehe, schon zurück! Da kommt sie, die weitgereiste Kiste! — Grausamer Irrthum! Er kam, Sebastião, aber sie, die Kiste, noch nicht, indem Laurinda, José's Frau, in Abwesenheit des Gemahls sie ihm nicht hatte aushändigen wollen. Aber er hat sie zum wenigsten gesehen, ihr Gewicht geprüft und konnte schon eine Beschreibung von Grösse und Aussehen geben. Paciencia!

Der Regen floss den ganzen Tag in Strömen herab. Der Kolibri sass auf seinem Neste, es durch Ausbreitung seines Gefieders überdachend. Von Zeit zu Zeit schüttelte er die Flügel. Der Wind brauste in den schaukelnden Zweigen des Guajavastockes, aber mein Kolibri liess sich nicht stören, hatte er doch dem heftigeren Sturme der Nacht muthig die Stirn geboten. Welch kleines Herzchen der Mutterliebe schlug hier warm über den sicherlich vielgeliebten Jungen! Vor welchem frühen Lebenssturme hatte es dieselben schon bewahrt! Wenn man näher hinzutrat, sah man das Gefieder des Kolibri sich zitternd bewegen. War es noch die Angst der überstandenen Gefahr, oder Sorge für die Erhaltung der Brut, welche das kleine Thierchen durchbebte? Sei ruhig, lieber Kolibri, die sonnigen Tage werden nicht ewig ausbleiben, wo Du, schwirrend von Blume zu Blume, Honigseim für Deine hungrigen Kleinen sammeln kannst!

Der Tag neigte sich regnend zu Ende. Vor Abendwerden nahm ich den Sohn des Nachbars Manoel de Farias in Dienst, um Naninha mit den gehörigen Vollmachten ausgestattet zur Habhaftwerdung der Kiste nach dem Hause ihres Sohnes zu fahren — und bin nun zur Stunde hier ganz allein, harrend der Dinge, die da kommen sollen — — stütze die Hand vor das Gesicht — — — und fange an einzuschlafen.

P. S. Nachts nach zehn Uhr. Jetzt kommt sie aber in Wirklichkeit, die ersehnte Pilgerin, nämlich die Kiste, ohne Selbsttäuschung. Ihre ersten Worte sind: ‘Freude, schöner Götterfunken, Tochter aus Elysium!’

Dein dankbarer Sohn.

Das Dach von Palmenblättern.

Lieber Vater!

Erst gestern erlöste mich die Rückkehr Naninha's wieder einmal von einem mehrtägigen Selberkochen, Selberholz- und Wasserholen. Nur diesem Umstande hast Du es zu verdanken, dass ich mich heute mit reinlichen Händen an einen Brief setzen kann.

Im März blühen hier hohe Polygalasträucher.

Zwei bewunderungswürdige Acanthaceen (Aphelandra variegata Morel; Justicia carnea Lindl.) ist ein Ding der Unmöglichkeit zu übersehen. Die eine, aufrechten Wuchses, wird blos mannshoch. Sie hat zapfenartige, scharlachrothe, scharf vierkantige Blüthenstände; aus den Kanten brechen schwefelgelbe Blüthen hervor. Ein herrlicher Thyrsusstab steht sie da in des Waldes Dämmerlicht, als wartete sie, dass ein Bacchuszug vorüberziehend sie mitnähme. Wohl streift der Panther ihre Blätter, aber Bacchus hat ihn noch nicht in sein Joch gespannt. Die andere dagegen erhebt ihre schwachen, knotig gegliederten Stengel wohl dreissig Fuss hoch. Sie unterscheidet sich durch zartere, aber vollere Blüthenköpfe mit rosarothen Blumen in ungefärbten Kelchen und grünen Hochblättern.

Hoch zinnoberroth schmücken den Wald auch in diesem Monat die zusammengedrückten, zweiseitswendigen Blüthenstände einer Bromeliacee (Vriesea psittacina Hook.), deren steife, entweder ganz rothe (var. α) oder an den Spitzen gelbe Hochblätter (var. β) vor dem Aufblühen schwertförmig zusammenhalten und sich fast an allen Baumstämmen bemerkbar machen. Die Blüthen selbst sind schreiend gelb. Soviel Lila der Lufttöne, soviel Grün der Blätter verlangt diese immerhin geringen Quantitäten reinen Rothes und Gelbes. Die Wirkung ist köstlich. Man möchte sich immer wieder fragen, ob da Anstalten zu einem Feste gemacht worden wären, so bunt und prächtig hängt es überall herum.

Auch gar geschmackvolle Fruchtgehänge sind an der Zeit, ähnlich den Dolden des Epheu, nur mit kugelrund angeordneten, grünen unreifen und reifen schwarzen Früchten von der Grösse der Weinbeeren. Das ist Inhupecanga, ein Smilax, im Schatten ungleich kräftiger als im Sonnenschein.

Dabei liegen solchen und anderen Decorationen nicht etwa aussergewöhnliche, sondern höchst gemüthliche, ich möchte fast sagen Salondistanzen zu Grunde, in denen auf den Wandel des Menschen Rücksicht genommen zu sein scheint.

Das Schönste in dieser niedlichen Unterholzwelt aber sind gewisse kleine Palmen. Die Staubfäden ihrer Blüthen sind an der Spitze zweizinkig und tragen daselbst je zwei Staubbeutel, welche wie die Klingen eines Federmessers in der Knospe nach innen eingeschlagen sind, während der Blüthezeit aber sich aufrichten. Das ist das Reizendste, was man sehen kann. Diese Palmchen wölben sich wie ein Tempelchen in einem Tempel gerade über dem Kopfe, so dass man, ohne sich zu bücken, darunter hinweggehen kann. Die Blätter sind an der Spitze zweispaltig, zuweilen ganzrandig: originelle zweizackige Wedel, meistens einige Mal zerrissen. Die Leute brauchen sie und keine andern zum Decken der Häuser und nennen den Stock, der sie liefert, Guaricanna (Geonoma parciflora Mart.). Das geringelte, fingerstarke Stämmchen wird nur mannshoch, während doch andere unserer Palmen hundert Fuss hoch aufsteigen. Die Natur liess die Guaricanna nicht höher wachsen, als hätte sie unseres Armes Länge gekannt, die wir hier die Blätter dankbar sammelnd abbrechen als den besten Schutz gegen den Regen, den unendlichen Regen des Jahres.

Unter diesen Bogengängen hast Du Dir die brasilianischen Liebespärchen zu denken, wenn sie in den Stand der Ehe treten wollen. Das ist ihr erstes Uebereinkommen. Sie gehen eines Morgens in den Wald — das muss ein idyllischer Tag für sie sein! — und kommen des Abends mit Palmenblättern beladen zurück. Ihre Last banden sie vorerst geschickt in tragbare Bündel. Mit dem Bau des Hauses wird es nicht so streng genommen; wenn nur das Dach bald fertig ist, so kann der Ehestand beginnen. Ein Dach genügt manchem brasilianischen Pärchen für die ersten Jahre vollkommen. Wozu auch Wände ohne Winter?

Es ist um so mehr am Platze, Dich mit diesen Dächern bekannt zu machen, als mein eigenes Häuschen im Begriff steht, eine solche neue Bedachung zu empfangen, und alles Dazugehörige, mittelst Tagelohnes vorbereitet, daliegt.

Es versteht sich, dass ein simpler Dachstuhl Grundbedingung ist. Auf ihm werden beiderseits in parallelen Zwischenräumen von anderthalb Spannen von unten an sich deckende Geflechte, sogenannte Estëiras, bis sie am Giebel sich schliessend begegnen, aufgehangen. Bei meiner Wohnung genügen die Längen zweier Geflechte für jede Lage. Jede Dachstuhlseite zu zwölf Lagen macht im Ganzen achtundvierzig Geflechte. Eine einzelne Estëira pflegt zwölf Fuss lang und drei bis vier Spannen breit zu sein. Es gehört dreierlei zur Anfertigung derselben: eine Latte, Ripa, vegetabilischer Bindfaden, Sipó, und Guaricannablätter.

Die Latte, an der die umgebogenen Stiele der Blätter festgebunden sind, bildet den oberen Rand des Geflechtes; dicht unter ihr verläuft eine fortlaufende Unterbindung aller Blattstiele durch den Sipó, nach unten hängen die sich von einer Seite her deckenden Blattflächen. Die Latten werden einer Palme, Jiçara (Euterpe oleracea Mart.) mit Namen, entnommen, derselben, die uns den Palmenkohl liefert. Ihr monocotylisches, peripherisch hartes Holz spaltet sich schnurgerade, und das Handbeil entfernt mit Leichtigkeit, so den Latten die gewünschte Stärke verleihend, das weichere Innenholz. Zum Flechten einer Estëira wird nun eine solche Ripa an zwei irgendwo herabhängenden

Fäden in Brusthöhe horizontal aufgehangen. Der Davorstehende nimmt drei Palmenblätter, legt sie genau auf einander und hält sie ausserhalb senkrecht unter das linke Ende der Ripa, an dem er beginnen will, biegt die von ihm her aussen über die horizontale Jiçaralatte in die Höhe ragenden drei Blattstiele — es waren drei Blätter — zusammen nach innen um, so dass sie auf den Mittelnerv des untersten und innersten Blattes zu liegen kommen, und unterbindet sie einen Finger breit unter der Latte, eine Schlinge um die nun doppelt liegenden Stiele ziehend, ohne den Sipó abzuschneiden. In einer Entfernung von drei Zoll weiter nach rechts wird dasselbe Experiment wiederholt. Eine Unterbindung ist von der andern weit weniger entfernt, als ein halbes Blatt der Länge nach breit ist; daher verdecken von jetzt an vom Standpunkte des Arbeiters immer die linken, einwärtsfallenden Längshälften der zuletzt angebundenen Blätter die zunächst vorher befestigten Blattstielenden. Diese letzteren, ziemlich lang, sind aber elastisch genug, um sich wieder hervorheben zu lassen, und ebnen nunmehr, straff zu Tage aufliegend, auf eine überraschende Weise die Innenseite der Estëira. So wird fort geflochten — die Leute nennen es nun einmal 'tecer', flechten — von links nach rechts, indem aller drei Zoll übereinandergelegte Palmenblätter auf die besagte Weise aufgehangen und festgebunden werden, bis die Latte zu Ende ist. Sodann werden die Geflechte mit Sipó, bekanntlich den langen Luftwurzeln einer Aroidee (Philodendron de Imbé Schott), auf dem Dachstuhle befestigt, was keiner Beschreibung bedarf.

Diese Art der Bedachung ist gar nicht so übel und sieht zumal von innen sehr nett aus, korbartig. Der Ankömmling möchte sich den Kopf zerbrechen, wie das gemacht ist. Man versteht's auch nicht, bis man es einmal hat machen sehen. Wenn es Dir nur nicht auch so geht! Aber trotz der Zeichnung kann ich den Hergang mit dem besten Willen nicht deutlicher schildern.

Nachdem die Blätter ihr Grün verloren haben, nehmen sie die schöne Farbe eines eben nur erst angerauchten Meerschaumkopfes an, unter der es sich leben liesse, wenn das Ganze zu seiner Erhaltung nicht des leidigen Rauches bedürfte, der ihm mit der Zeit eine glänzend schwarze Farbe verleiht. In diesem Zustande hält eine solche Decke den Wechsel von Sonnenschein und Regen zwanzig Jahre lang aus. Die Blätter müssen aber dann an gewissen Tagen zwischen den Mondphasen abgeschnitten, in Salzwasser und ich weiss nicht was noch gelegt worden sein, sonst kommen Würmer hinein.

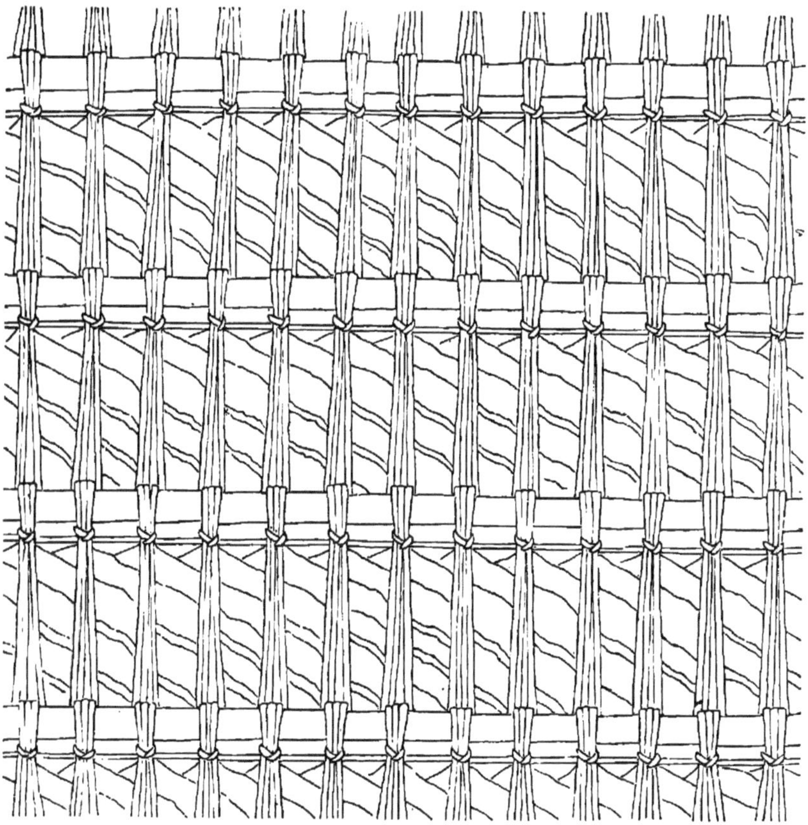

Damit nun Sturm und Wind diese Geflechte nicht aufheben können, werden grosse und schwere Palmenblätter, die Wedel der Palme Indaiá (Attalea compta Mart.), paarweise zusammengebunden über das Haus gehangen, indem die Enden der Stiele sich über dem Giebel kreuzen. Ein oberflächlicher Beobachter könnte meinen, in diesen paar

Dutzend Palmenblättern bestehe die ganze Bedachung. 3600 Guaricannablätter gehören dazu — so viel und mehr liegen vor meinem Hause — um eine kleine Wohnung von 24 Fuss Länge und 18 Fuss Breite zu decken.

Um übrigens ganz genau zu sein, darf ich nicht unerwähnt lassen, dass sich zwischen den Indaiá- und Guaricannablättern auch noch eine einfache Schicht Jiçarablätter befindet, um die Anfangs aufpauschenden Blattschichten der Geflechte niederzulegen. Die Indaiáblätter werden noch mit querliegenden Balken beschwert. Dann ist aber das Dach jedem tropischen Unwetter gewachsen, ohne dass ein Tropfen hindurch kann.

Für diessmal bin ich zum Palmsonntag — an einem solchen schreibe ich — wenigstens reichlich mit Palmenblättern versehen. Hoffentlich sitze ich zu Ostern unter einem neuen Dache.

Die letzten Regen waren die heftigsten, die man sich nur vorstellen kann. Ach, und der verrätherische Blattschirm fing an, einem gestirnten Himmel zu gleichen! Solche Löchlein im stockfinstern Dachraume, durch die der helle Tag hereinblinzt, nennt der Brasilianer wirklich ganz naiv Estrellas, Sterne. Das war ein Getröpfel! Und ganz allein im Hause beim kolossalsten Regenwetter! Die Wasser donnerten von allen Seiten. Die Fluth stieg bis wenige Schritte vor die Thüre. Der schlammige Fussboden bot nur einige trocknere Inseln, die Sprung- und Operationspunkte bei den häuslichen Verrichtungen.

So starker Regen hat etwas Betäubendes: man denkt an den schmalen Zipfel des Festlandes, der sich bis Cap Hoorn hinabstreckt, an die rings anschlagenden Fluthen der Oceane, an die Entfernung von der Heimath, und fürchtet, das vorherrschende Element möchte die ihm gesteckte Grenze überschreiten und Alles mit hinunter spülen.

Norden und Süden kämpften hier in unvermittelten Gegensätzen um die Oberherrschaft.

Jetzt ist das Wetter das angenehmste und der Boden längst wieder trocken. Du hast Dir mich unter dem freundlichsten Himmel zu denken, der von nun an jenes köstliche Gemisch von Frische und Wärme ausgiesst, das Eurer Zone fehlt und jede Klage bannt.

Die ganze Schöpfung athmet Wohlbehagen. Im feuchten Schatten des Waldes spriessen nächstens schneeweisse Schwertlilien auf, deren zarteste Blumenblätter, nur am äussersten Rande rundum gelb gesäumt, am Grunde gelb und braun, gegen das Centrum der Blume hin auch noch blau getigert sind (Ferraria elegans Salisb.).

Eine andere Iridee von Grenadierhöhe — habe genau gemessen — treibt himmelblaue, himmlisch himmelblaue grosse Blüthen (Cypella caerulea Seubert).

Noch andere, niedrige Pflanzen aus derselben Familie haben kleine gelbe Blüthen (Lansbergia Caracasana De Vriese) mit straffen Blumenblättern wie die Tulpen, was uns auffällt, die wir an das Herabhängen der äusseren Perigonzipfel bei dieser Pflanzenordnung gewöhnt sind. Das ist Bareriçó, ein bewährtes Hausmittel.

Hervorgezaubert aus vorher nicht gesehenen Standpunkten erfüllen gleich darauf im April tausend und aber tausend Cambarásträucher (Lantana Camara L.), deren Blüthen blassviolett per lentem ganz en miniature Kornblumen ähneln, die Luft mit den balsamischsten Wohlgerüchen, und färben alles Busch- und niedere Laubholz, das, ein schnell aufsprossender Nachwuchs, durch die Axt dem Walde entrissen, sich ihm eilend wieder zu vereinen sucht, mit ihren reichen Blüthensträussen lila.

So entfaltet hier jeder Monat anderen und neuen Glanz. Nimium mortali!

Dein dankbarer Sohn.

In Agostinho's Gesellschaft.

Liebe Mutter!

Schon am vergangenen Mittwoch wollte ich meine Studien unterbrechen, um den Obliegenheiten unserer Correspondenz nachzukommen, als mir ein so verführerischer und interessanter Fruchtzweig gebracht wurde, dass ich mich der Seltenheit des Gegenstandes halber wieder festsetzte. Er gehört der Jaracatiá (Carica dodecaphylla Vellozo), einer wilden Papayacee, an*).

Sah ich je einen lieblicheren Fruchtzweig? Auf langen, sanft sich herabneigenden Stielen strahlen beschattende Sterne von zwölf und mehr glänzend schwarzgrünen Blättern mit grünspanbläulicher Unterseite. Zwischen den Basen der Blattstiele entspringen gleichfalls sehr lange, schlaffe, zuweilen sich verzweigende Fruchtstiele, an ihren Enden goldene, milchsaftstrotzende Früchte tragend, Früchte, wie man sie nur träumen kann. So vergeht fast keine Woche, ohne dass etwas vorher nie Gesehenes ankommt.

Es ist nicht zu sagen und auch nimmer auszuerforschen, wie formenreich und dabei wie farbig näher dem Aequator die Schöpfung unter dem sonnigen Himmelszelte dasteht. Die Zweige der Jaracatiá sind mit Dornen bewaffnet, nicht so der

*) Diejenigen möchten sich meines Erachtens in einem beklagenswerthen Irrthum befinden, welche meinen, Vellozo könne schon jetzt entbehrt werden. Dieser hochverdiente Naturforscher wird im Gegentheil den Botanikern auf lange Zeiten hin noch manche Nuss zu knacken geben; auch liegt ein Etwas von zutreffender Naturwahrheit in seinen Contouren, das von allen denen nicht gefühlt wird, welche nicht selbst in Brasilien gewesen sind.

glatte, schnurgerade, bis zu beträchtlicher Höhe aufsteigende Stamm, der, mit Ausnahme der härteren Rinde, ungewöhnlich weiches Holz haben soll und ästige Krone, welche der Carica Papaya versagt ist.

Kaum war die Abbildung fertig, als Dein lieber Brief mit dem Bildniss meines neuen Schwagers eintraf, nachdem kurz zuvor die Folía — singende und musicirende Diener der Kirche, welche von Haus zu Haus ziehen, um Beiträge zur Begehung des Pfingstfestes zu sammeln — mit der Heiligengeistfahne in den Rio Poruguara eingezogen war. Es sah ganz malerisch aus in der Abendröthe das geschmückte Canoe, von dem der Musik langentbehrte, lockende Töne ausgingen, wie es hinglitt über den Wasserspiegel einer noch so ursprünglichen Landschaft, ausgesendet von Rom an die Enden der Erde, Träger froher Botschaft. In der Einsamkeit der Wälder gehört die Ankunft der Folía mit zu den grossen Ereignissen des Jahres.

Naninha ist auf eine Nachricht hin, dass ihre Tochter, welche in Paranaguá verheirathet ist, erkrankt sei, nach der Stadt aufgebrochen. Einer der Nachbarn des anderen Ufers schickt mir jeden Tag sein braunes Söhnchen, um das Feuer anzuschüren und die Teller aufzuwaschen. Agostinho heisst der Kleine, der sich nicht fürchtet, in einer wahren Nussschale, seinen Kräften entsprechend, über das breite Wasser zu setzen. Wenn er kommt und geht, verlangt er mit einer rührend bittenden Handbewegung den Segen, wobei er 'Louvado seja Jesus Christo' sagt, dem man 'Para sempre' hinzufügen muss.

Wenn blauer Himmel in der Natur mit gutem Wetter im Herzen zusammenfällt, dann kann man unmöglich traurig sehen. Alles glänzt im Lichte, athmet Frische, singt, pfeift und zirpt wie im Paradiese. Auch Agostinho schwatzt mit hinein: von der Sonne bald im Mittag, von der Ebbe, von der Fluth, von Feuer und Kohlen, und gebratenen Pinhões, den Samen der Araucarie des Landes. Wenn er deren einen gegessen hat, schlägt er sich mit dem Händchen auf den Bauch und sagt wohl zwanzigmal hintereinander ‘bom bom bom bom bom’ u. s. w. Man möchte wirklich solchem Wohllaut der menschlichen Stimme lauschen; sie hat noch ganz den Timbre des Naturlautes.

Die Hauptmahlzeit besteht gewöhnlich aus schwarzen Bohnen, getrocknetem Rindfleisch, Speck, der Gipfelknospe einer Palme, Wurzelknollen und Kürbisschnitten. Das Alles muss lange zusammen kochen, duftet dann erst wie Chocolade und heisst Fëijoada (von Fëijões, die Samen von Phaseolus vulgaris Savi), das vortrefflich schmeckende Nationalgericht der Brasilianer. Beim Verspeisen wird jeder Bissen mit Mandiocamehl bestreut.

Der sogenannte Palmenkohl, Palmito, hat mit Kohl wenig Aehnlichkeit, wohl aber mit Spargel: wie Spargel sieht er aus und wie Spargel schmeckt er. Er kommt aus dem Wald in Form eines grünen, schweren und harten Cylinders von circa vier Fuss Länge und fünf Zoll Durchmesser, dem obersten Zwölftel etwa einer gleichstarken, silbergrauen Walze, des Stammes eben dieser Palme (Euterpe oleracea Mart.). Bevor man auf den Palmito kommt, müssen jedoch wenigstens dreissig Hüllen abgelöst werden, die röhrenartigen, vollständig geschlossenen Blattstielscheiden der zur Zeit vegetirenden, des Transports halber geköpften Wedel, welche nach und nach aus einem dunkeln Grün durch das brillanteste Carmin, Ponceau, Orangenroth und Gelb in das zarteste Milchweiss übergehen, bis ein anderthalb Zoll starkes Centrum übrig bleibt von so zarter Textur, dass es ohne Mühe in Stückchen gebrochen werden kann.

Weniger Umstände macht allerdings ein Gericht Austern, mitunter dem Fischer ein recht willkommenes Nahrungsmittel, da Fische sich nun einmal nicht zu allen Zeiten fangen lassen.

Unter anderen leckeren Mariscos oder Schalthieren giebt es eine tief im Schlamme versteckte Riesensorte von über einer Spanne Länge, Iraburamas genannt. Sie werden auf die glühenden Kohlen, Braza — wovon in Bezug auf die feurige Farbe des Brasilholzes das Wort Brasilien seinen Ursprung hergenommen haben soll — gelegt, wo sie sich von selbst öffnen und dann halb roh, halb gebraten aufgetragen werden.

Die Citrone pflückt Agostinho beim Beginn der Mahlzeit dazu, mit den Worten davonspringend: 'Ara, m'esqueci do limon!' Richtig, hab' die Citrone vergessen!

Zum Nachtisch fehlen nie Apfelsinen, unsere Winterfrucht, welche in Unzahl verloren gehen; zur Abwechselung können Eier, gebratene Seefische, welche sich mehrere Tage gut conserviren, nicht selten Wildpret oder Krebse gewählt werden.

Manchmal wird die Einförmigkeit des Tages durch kleine Begebenheiten — unverhofft kommt oft — unterbrochen. Vor einigen Tagen brachte der Sohn des Nachbar Camillo einen angeschossenen, noch lebenden Guará. Man weiss nicht, wie man reden soll von dieser Pracht, und würde sich zu einem Naturpsalm begeistert fühlen, wenn einem die Sprache eines David oder Salomo zu Gebote stände. Es ist unmöglich, ein solch rosiges, hochrothes Zinnoberroth in die Augen zu fassen, ohne geblendet, ohne berührt und ergriffen zu werden. Und einem so überköstlichen Kleide, das sich noch den Bewegungen lebendiger schüchterner Anmuth anschmiegt, giebt erst das Leben Bedeutung und Seele. Nie möchte ich diesen Vogel ausgestopft sehen, nachdem mir das Glück zu Theil wurde, ihn als belebten Organismus zu bewundern.

Es handelt sich nämlich um einen Ibis (Ibis rubra L.). Man kann sich keinen rötheren Vogel vorstellen. Sogar die hohen Watbeine sind roth und auch der Schnabel spielt ins Röthliche. Letzterer misst mehr oder weniger eine Spanne. Einem Löthrohr ähnlich krümmt er sich stielrund, ohne gerade sehr spitz zu werden. Man hat hier eine Bohnenhülse, Fëijão aguahy, von der ich schon hatte sagen hören: 'como bico de guará', wie der Schnabel eines Guará. Es verhält sich ganz so. Von den Nasenlöchern bis zur stumpfen Spitze der Schnabelkrümmung verlaufen zwei seitliche Rinnen. Zügel, Augengegend und Kehle sind zwar unbefiedert, aber dennoch hochroth. Die Füsse sind geheftet, die Hinterzehe liegt auf. Der innere, plättchenartige Nagelrand der Mittelzehe ist nicht gekämmt wie beim Reiher, sondern ganzrandig. Und doch hat die Natur diesen Reichthum des wonnevollsten Rothes nicht ohne einige sehr wirksame Abzeichen gelassen. Es sind die Spitzen der drei längsten Schwungfedern, welche zwei Zoll tief in das dunkelste Blau getaucht sind, und die schneeweiss sich absetzenden Kielrücken der Schwungfedern überhaupt.

Die Guarás hat es noch zu Lebzeiten Naninha's in zahllosen Schwärmen gegeben. Man denke sich das lebhafte Roth solcher Schaaren auf und an den im Wasser stehenden hellgrünen Manguewäldern. Welche jubelnde Farbenstimmung hatte die Hand des Schöpfers nicht über die Wasserspiegel der friedlichsten Uferlandschaften ausgegossen! 'Da kommen', so erzählt Naninha — o, es ist kränkend! — 'die Menschen mit Stangen in der Nacht, sieben, acht in jedem Canoe, und schlagen die schlafenden, nistenden Vögel zu Tausenden todt, die andern verscheuchen sie'; — denn der Guarás habe es so viele gegeben, dass ihr Auffliegen gerauscht habe wie ein nahender Sturm. Zweimal wäre Ordre gekommen, alle Guarás todtzuschlagen und für $1\frac{1}{2}$ Pataca ($1\frac{1}{2}$ Frcs.) das Stück abzuliefern. 'Und', fügt sie hinzu — man spreche diesen Leuten nicht ein feines Gefühl ab — 'meine Mutter sagte immer, es that ihr so leid, weil die Federn des Guará ein so zartes Roth gehabt hätten' Mesquiner Zwecke halber — wahrscheinlich hatte irgend ein Speculant die Bälge zur Fabrikation von Federblumen ankaufen lassen — auf einen mesquinen Gewinn hin, wurde so eine der lieblichsten Harmonien der Schöpfung grausam zerstört. Kaum dass man jetzt noch Züge von einigen zwanzig zu sehen bekommt. Sie sollen alle nach Guaratuba, der nächstsüdlichen Küstenstadt, gezogen sein*).

*) Reise des Prinzen Maximilian Wied zu Neuwied. Bd. 1, S. 111: 'Unter den brasilianischen Arten der sichelschnäbeligen Sumpfvögel zeichnet sich durch sein hochrothes Gefieder der Guará ganz vorzüglich aus. Ich habe diesen schönen Vogel nirgends an dieser ganzen Küste gefunden, und selbst die Corografia brasilica bestätigt, dass diese Thierrace selbst nicht mehr an der Ponta de Guaratuba, etwas südlich von Rio de Janeiro, gefunden wird, wo sie sonst so häufig vorkam. Selbst Hans Staden sagt, dass die Tupin-Inba jene schönen rothen Federn zu ihrem Putze von dort her sich verschafften.'

Naninha lässt mir durch den Mann, der sie nach der Stadt gefahren hat, sagen, nach zehn oder zwölf Tagen solle ich sie holen lassen; sie werde vielleicht dann ihren Manuel mitbringen. Dieser, zur Zeit in Paranaguá in der Schule, war vor kurzem über einen Monat bei uns und machte sich nützlich durch Fischefangen und Vogelstellen, in Europa wenig accreditirte Beschäftigungen; auch schiesst er geschickt mit seinem Botoque, Kugelbogen, mittels der grünen, harten, runden Früchte der Jerobápalme. Zu diesem Zwecke ist die Sehne des Bogens doppelt, durch Querhölzchen oben und unten auseinandergehalten und in der Mitte ihrer Länge mit einer Masche versehen, in welche die Kugel gelegt und mit Kraft und Geschicklichkeit abgeschnellt wird. Zum Dank habe ich versucht, ihn im Schreiben, Lesen und Rechnen zu unterrichten.

Nachdem mir durch einen Landsmann in Paranaguá

St.-Hilaire, Voyage dans l'intérieur du Brésil. IV. 2. p. 203: 'Les plus remarquables de toutes ces îles (in der Bai von Guaratuba) sont puis celle des Guarás, dont le nom est celui des oiseaux d'un rouge éclatant, qui font l'ornement le plus beau de cette partie du Brésil (Ibis rubra des naturalistes). Ces magnifiques oiseaux ne se trouvent pas uniquement à l'extrémité la plus méridionale de la province de S. Paul; on en voit à Paranaguá, à Santos, à Sainte-Catherine; mais on prétend qu'ils ne pondent que dans l'île qui porte leur nom. Depuis le mois d'août jusqu'à celui de novembre, ils s'y réunissent en troupes innombrables; ils font un nid sans art sur les branches des mangliers, et multiplieraient prodigieusement, si les vents ne renversaient une partie de leurs nids, si les oiseaux de proie ne dévoraient un grand nombre d'œufs, et si les habitants du pays n'en enlevaient aussi pour en faire leur nourriture. Quand on effraye les guarás dans le temps de la ponte, ils abandonnent leurs œufs; mais ils montrent un grand attachement pour leurs petits. J'ai dit ailleurs que ces oiseaux avaient déjà disparu non-seulement de Rio de Janeiro, où, du temps de Marcgraff, ils étaient fort communs, mais encore d'une des villes de la province d'Espirito Santo, qui leur doit son nom, Guarapari. M. le prince de Neuwied assure qu'il n'en a pas vu un seul dans tout son voyage sur le littoral, commencé à Rio de Janeiro; et, comme on n'exécute plus ou qu'on exécute mal une ancienne ordonnance qui défendait de les tuer, il est fort à craindre qu'on ne les détruise aussi dans la province de S. Paul.'

einige Sämereien in die Hände gekommen sind, wird vor Sonnenuntergang gewöhnlich etwas im Garten gearbeitet, den schon mehrere Beete, besonders eine prangende Salatrabatte, zieren. Spaten und Schippe fehlten bei Anfertigung derselben sehr. Einen Harken habe ich mir mühsam hergestellt, die Löcher der Zinken mit einem glühend gemachten Bratspiess bohrend. Vaterländische Gemüse können hier blos in den kälteren Monaten von April bis August gezogen werden.

Haus und Garten umzieht ein Stacket, das aber grimmig viel Stangen gekostet hat und die Ameisen nicht abhält, die Hauptplage des Landbauers; doch werden dadurch meine und des Nachbars Hühner gehindert, unsern Pflanzungen gegenseitig Schaden zu thun.

Nach Sonnenuntergang wird das Haus geschlossen und Fenster und Thüren verriegelt. In der Nacht schlagen gewöhnlich die Hunde an und entspinnen sich unter einem Heidenlärme sogar innerhalb der Einzäunung Kämpfe mit den Waschbären, Ameisenbären und andern nächtlichen Geistern, deren Besuche die frisch geharkte Gartenerde mir erst jetzt unwiderleglich feststellt.

Die Sonne geht zur Zeit nach halb sieben Uhr auf, vor halb sechs Uhr unter. Für Sonnen-Auf- und Untergang bietet der schätzbare, von Lämmert herausgegebene brasilianische Kalender eine Tabelle. Die Mittagszeit wird vermittelst des Compasses und eines Pendels bestimmt; wenn der Schatten des letzteren auf Nord und Süd fällt, ist bekanntermassen Mittag.

Die schwarzwälder Wanduhr verkündet helltönend die Stunden und übt auf mich und mein Thun den belebendsten Einfluss aus. Agostinho lässt sich aber nicht ausreden, dass die Uhr lebt. Einmal rief er mich mit äusserst trauriger Stimme: 'Senhor, o relogio morreu!' (l'horloge mourut). Die Uhr war stehen geblieben. Wer meinst Du, dass daran schuld sei? Eine Spinne, welche sich mit dem Perpendikel erbost und der es gelingt, ihm eine Schlinge umzuwerfen.

Der Nachbar hat noch die Haut eines funfzig Schritt von meiner Wohnung erlegten Tigre, so nennt man hier alle grossen Katzen. Sie ist weder gefleckt, noch gestreift, sondern einfarbig rothbraun. Der Cuguar (Felis concolor L.) wird hier Onça parda oder vermelha, die braune oder rothe Unze, genannt. Die schwarze Art nennen die Leute Jagua tiriga (Felis Yaguarundi Desm.).

In Paranaguá sah ich einmal ein Pantherfell mit gelbem Grunde und weissen Flecken aushängen. Wenn es sich hier um eine neue Katze handelte, die den Namen Felis leucopardalis verdiente?

In meinem Besitze befindet sich ein lebhaft weiss und braun gebändertes Fell eines jungen Tapir (Tapirus Bairdii Lond. Zool. Gard.?)*), dessen Erzeuger in vergangener Woche erlegt worden sind, leider ohne dass ich zugegen war. Der Europäer kommt nicht mit fort auf diesen Tapirjagden, gewöhnlich ein Flussbett hinauf zwischen schlüpfrigen Felsen bis zu allen Leibeshöhen in der Strömung der Wasserfälle.

Der April geht zu Ende. Die Tage sind frisch, ja der Fussboden empfindlich kalt. Bei reinem Sternenhimmel soll man sich gegen Morgen nur fein zudecken, denn es ist dann oft so kalt, dass das Meer singt, wie die Leute sagen. Ein ganz sonderbares Tönen, wie das Läuten mit tiefen fernen Glocken, dringt dann durch die Stille der Nacht vom Ocean her.

Dein dankbarer Sohn.

---

*) Vergleiche hiermit folgende Notiz in der Octobernummer des Zoologist von 1871: 'New Species of Tapir at the Zoological Gardens. — One of the most interesting additions to the Zoological Gardens is a juvenile Tapir, purchased on the 15th of August of the present year: it is very diminutive, very hairy, and of a dark brown colour, singularly striped and spotted with white: the ears are large and margined with white. It has been named Tapirus Bairdii, doubtless as a compliment to the illustrious American naturalist, Dr. Baird. — Edward Newman.' Vielleicht dass aus diesem jungen, ebenfalls gestreiften Tapir die von mir S. 71 vermuthete grössere castanienbraune Art heranwächst.

Am Strand.

Liebe Aeltern!

Die Ankunft Eurer Briefe, welche die liebenswürdige, mir so nothwendige und so wohlthätige und so labende Zuschrift des grossen Orchideenkenners einschlossen, war ein grosses Fest für mich. Sie erfüllten mich mit der reinsten und schönsten Freude und erheiterten mit einem Schlage den Horizont meines Lebens, in dem sich Monat an Monat in ziemlich einförmiger Regelmässigkeit gereiht hatte.

Der Zufall, oft so wunderbar und unbegreiflich im Leben, hatte mich wenige Tage vorher an den Strand des grossen atlantischen Oceans geführt; ich wollte mich wieder einmal erquicken an dem herrlichen Schauspiel des Sonnenaufgangs. Ist es zu verwundern, wenn auch den festesten Sinn in solcher Ferne zuweilen ein Gefühl der Verlassenheit überschleicht?

In dem letzten Fischerhause, das so ziemlich an der Südspitze von Superaguhy*) liegt, der langen, schmalen Halbinsel, welche von Norden her die Einfahrt in die Bay von Paranaguá verengt, waren wir über Nacht geblieben, um vor Tagesanbruch aufzubrechen. Unter dem Funkeln der Sterne, begleitet vom Donner der Brandung, schritten wir munter einher auf dem Ufersande, der als fortlaufendes, endlos langes weisses Band das waldreiche Festland von den blauen Fluthen trennt. Unbegrenzte Wasserflächen, bis zu den Eisfeldern des Südpols unbegrenzt, weit hinaus in das Meer von brandenden Wellenhäuptern gekrönt, streckten sich vor den

*) 'Ce port, nous apprirent-ils ensuite, se nommait Supraway.'
Hans Staden, 19. November, 1549.

Blicken aus, ununterbrochene Wälder deckten mich im Rücken, dem Morgen entgegensehend in der einsamen Schönheit der Natur. Feurig und golden tauchte die Sonne im Osten auf, im Osten über dem grossen Meere, das zwischen uns liegt. Dass ich da lebhaft Eurer gedachte, brauche ich wohl nicht erst zu erwähnen; dass aber an demselben Morgen ein Brief für mich auf den purpurgefärbten Fluthen einherschwamm und in Paranaguá einlief, daran dachte ich nicht, und doch war es so, wie ich später erfuhr.

Zweierlei hatte mich ausserdem an den Strand gezogen: erstens der langgehegte Wunsch, die Blüthen der Pita (Fourcroya gigantea Vent.) kennen zu lernen, und zweitens das Verlangen, einmal gleich einem Brasilianer dahin in die Araçás (Psidium Araça Raddi) zu gehen, wie man in Deutschland wohl in die Heidelbeeren oder Haselnüsse geht. Wenn auf dem bunten, unerschöpflichen Teppich der Waldoberfläche die gelbblühenden Gipfel der Vochysiaceen hervorleuchten, oder volksmässig gesprochen, wenn die Guarisíka blüht, dann sind an der Praia (französisch plage) die Araçás reif, dann treibt auch die Pita ihren grandiosen, anfänglich einem Riesenspargel gleichenden Blüthenschaft empor.

Richtig, schon an der Küste der Insel das Peças, welche westlich von Superaguhy mit der ihr im Süden gegenüberliegenden Ilha do Mel die einzige schiffbare Einfahrt in die Bai beherrscht, winkten mir, sich hoch über die Ufergebüsche erhebend, die Blüthenstände von drei Fourcroyen. Wir stiegen ans Land und standen bald unter den spitzen, steifen, am Rande stachellosen Blättern, unter dem wenigstens zwanzig Fuss hohen Scapus, an dessen Verzweigungen unzählbare Blüthen gleich tausend Glöcklein hingen. O! wie reich, wie verschwenderisch war diese riesige Rispe mit den reinlichsten grün und weissen Blüthen behangen! Ein junger Mensch versuchte das Klettern, fiel aber unter den ersten Verzweigungen ab. Der Schaft war zu glatt; er konnte sich nicht halten. Umgeschlagen sollte er für diessmal noch nicht werden. Durch Schütteln gelangten wir in den Besitz einer offenen Blumenkrone: grün und weiss wie unsere Schneeglöckchen, mit denen sie in Structur und Colorit allen Ernstes ungleich mehr Verwandtschaft haben als mit Lilie und Aloe. Die gestielten Blüthen entspringen primären und secundären, unregelmässig wechselständigen Verzweigungen zu zweien, fast immer von einer Brutknospe begleitet. Am Grunde jedes Blüthenstiels ist ein vertrocknetes Deckblättchen wahrzunehmen. Der untere Theil des Perigons ist mit dem Fruchtknoten verwachsen und cylindrisch, sein Saum sechstheilig. Die Zipfel der äusseren Reihe, schmäler als die der inneren, treffen in der Knospe an ihrem Grunde nicht zusammen, berühren sich aber mit den Rändern ihrer Spitzen. Die inneren Zipfel, gleich den äusseren aussen weissgrün, innen maigrün und weissgerändert, decken sich. Die sechs Staubgefässe sind vor den Perigonzipfeln an deren Grunde eingefügt. Die Staubfäden, kürzer als die Perigonzipfel, an ihrer Basis schon breit, werden in der Hälfte ihrer Höhe noch breiter, ziehen sich dann aber schnell in eine feine Pfriemenspitze zusammen, auf der die gelben Staubbeutel balanciren. Der Fruchtknoten befindet sich gleich über dem Blüthenstiele, und ist dreifächerig. Die Fächer entsprechen den äusseren Perigonzipfeln und den Protuberationen eines sonderbar gestalteten Griffels. Jedes Fach trägt an seinem Innenwinkel zwei Reihen von circa funfzig, sehr nett gleich Damensteinen horizontal übereinander geschichteten, campylotropen Samenanlagen. Ueber diesem so tief liegenden Ovarium erhebt sich vorerst noch ein langes Stück der cylindrischen Verwachsung des Perigons, und dann, wo dessen Saum frei wird, ein dreilappiger, fleischiger, einem oberständigen Stempel täuschend ähnlicher Griffel, der in eine feine, einfache, abgestutzte Narbe ausläuft. In ihrer Grösse stimmen die Blüthen mit denen von Hemerocallis japonica überein.

Ebenderselbe Blüthenschaft wurde auf dem Rückwege später gefällt. Er mass vierzig Spannen, dazu noch das stehengebliebene mannshohe Stück, bestehend aus dem doch mehrere Fuss hohen eigentlichen Stamme und dem von den Blättern eingenommenen Theile der Axe. Einige Aeste wurden abgehauen und behufs einer Abbildung vorsichtig im Canoe heimgebracht. Ein einzelnes Blatt mag gut und gern vier Fuss lang und an der Basis vier Zoll dick sein.

Im Umkreise unseres Exemplars standen zahlreiche jüngere Specimina in ganz verschiedenen Altersstadien, offenbar hervorgegangen aus abgefallenen Brutknospen zu verschiedenen Zeiten erloschener Vorfahren.

In Bezug auf die Fähigkeit der Fourcroya einen Stamm zu entwickeln kann ich nicht unerwähnt lassen, dass letzterer, wie ich mich durch Augenschein überzeugt habe, an einzelnen Individuen so hoch wird, dass ein Mann bequem unter den untersten abstehenden Blättern hinweggehen kann.

Landeinwärts im Tieflande, das allerdings allenthalben von Hochwald occupirt ist, tritt die Fourcroya wenigstens in der Bai von Paranaguá nicht auf, dagegen findet sie sich auf den dem Ocean näheren Inseln, in der Umgebung der Stadt und überhaupt, wo der Einfluss, sei es des Menschen, sei es der See, sie vor Ueberwucherung schützt.

Was Reisende an der Ostküste Südamerikas von Agaveen (Agaveae Endl.) gesehen haben wollen, mögen wohl meistentheils Fourcroyen und nicht Agaveen gewesen sein. Eine Agave (Agave americana L.) sah ich blos einmal in einem Garten als Seltenheit gepflanzt. Die stachligen Ränder ihrer weniger geradlinig abstehenden, als vielmehr etwas geschweift verlaufenden, mitunter gelbgestreiften Blätter unterscheiden sie auch in der langen Zeit vor der Blüthe selbst dem Nichtbotaniker sofort.

Nun zu den Araçás. Wenn die schwärmerischen deutschen Brautpaare doch hierher kommen wollten! An Myrthen wenigstens fehlt es nicht, um einen Brautkranz zu winden, ja sie könnten sich nebenbei recht gründlich satt essen, denn wir Amerikaner bona venia begnügen uns nicht damit Blüthen zu bewundern, wir wollen Früchte geniessen.

Besonders gegen den freien Ocean oberhalb des Strandes giebt es wahre Myrthengärten, welche einem Pärchen, das sich gerade in dieser Epoche des Lebens befindet, gewiss nicht missfallen würden. Ich sage Gärten, und diese sind es im strengsten Sinne des Wortes. Ueber der breiten schrägen Sandebene, auf welcher Ebbe und Fluth Jahr aus Jahr ein der tobenden Brandung wechselndes Spiel treiben, erhebt sich das Land mit einem steilen Abfalle gegen das Meer um circa funfzehn bis zwanzig Fuss. Auf dieser Bank, der ersten Stufe des Festlandes, hält der mit Sand gemischte Boden und die gleichmässige niedere Seeluft die tropische Vegetation noch im Zaume, welche letztere nur allmälig vom Meere ab sich zu ihrer feuchten Waldgrösse emporwölbt. Staunend steht der im Walde auf Schritt und Tritt Gehemmte hier zwischen in Mannshöhe sich rundenden, wie verschnittenen, immergrünen Gebüschen, in denen, ich weiss nicht welche liebenswürdige Ursache, die schönsten, breiten, sich gar lieblich schlängelnden und anastomosirenden Wege angelegt hat.

In diesen natürlichen Gartenanlagen wird einem unaussprechlich behaglich zu Muthe. Der wohlthätige, sonst überall, im Sumpf, im Dickicht, selbst im Canoe gehemmte, nun gestattete Gebrauch der Beine, die räthselhaften, so sorgfältig gehaltenen Bahnen, auf denen kein Grashalm, keine Unebenheit dem Fusse begegnet, die dichten Gruppen der zierlichsten, wie von Menschen-Sinn und -Hand gepflegten Bosquets, wie sie der geschickteste Gärtner nicht geschmackvoller anordnen könnte, auf denen reichliche goldgelbe Früchte von erdbeerartigem erfrischenden Geschmacke und duftigstem Aroma dem prüfenden Gaumen entgegenlachen, die geheimnissvolle Stille, welche diesen sauber gehaltenen Park beherrscht, das Alles befängt das Gemüth dessen, der hier wandelt, der fort und fort wandelnd sich der angenehmen Täuschung überlässt, dem kunstsinnigen Schöpfer und Besitzer dieser Anlagen zu begegnen — bis die ununterbrochene Einsamkeit, der Donner der Brandung ihn in das Bereich der Wirklichkeit zurückführt.

Und doch werden diese Lustgärten von körperlichen Wesen besucht, welche sie zu appreciiren wissen. Die frequentesten, etwas breitspurigen Fussstapfen beweisen das. Es sind die Tapire, welche zur Zeit der Fruchtreife jener Araçás genannten Myrthenfrüchte ihre mosquitoreichen Tümpel verlassen und, einer geliebten Speise nachgehend, in Vollmondnächten hier heraustreten, um, von laufrischer Seeluft umweht, zu promeniren und sich nebenbei ein Gütchen zu thun, wobei es wahrscheinlich ohne einige Spässchen in der Rüsselsprache der Tapire nicht abgeht. Seitdem man mir das erzählt hat, und zum Theil konnte ich mich ja mit eigenen Augen durch die Fährten davon überzeugen, halte ich den Tapir für ein hochpoetisches, nachahmungswürdiges Geschöpf, und werde nicht versäumen, im nächsten Jahre mich zum Beginne der Seeluftbad- und Myrthenfrucht-Cursaison wieder einzufinden, um nebenbei, wenn möglich, einen Tapir zu schiessen.

Euer Julius.

Allgemeiner Eindruck des brasilianischen Küstenlandes unter dem fünfundzwanzigsten Grad südlicher Breite.

Wassergetränkt von Himmel und Ocean scheint das grüne Festland dem Meere noch nicht ganz entstiegen; wassergetränkt von Regen und Fluth empfängt seine jungfräuliche Pflanzendecke fortwährend neuen Stoff des Gedeihens. Unter regelmässigen, selten aussetzenden Winden und häufigen Stürmen bietet sich inmitten der allgemeinen aufdampfenden Fruchtbarkeit dem stätig erntenden Menschen im Verlaufe eines Jahres kaum ein saftloser Stengel, kaum ein vertrocknetes Blatt dar. Dreimal in zwölf Monaten müssen vor der Schwelle des Hauses die Alles überwuchernden Arme der Vegetation abgehauen werden, welche die Vorposten der Menschheit in die Nacht des Urwaldes wieder möchten begraben wollen.

Gross ist die durch solche Umstände herbeigeführte Vereinfachung menschlicher Zustände. Einzeln und selten tritt der Mensch auf. Wo er sich seinem Mitmenschen zeigt, ist er willkommen als das einzige ebenbürtige Wesen in der meilenweiten Einöde, dem die Sprache und in ihr der Austausch der Gedanken verliehen ist. Alle Schattenseiten und Consequenzen einer dichtgedrängten Bevölkerung fallen vollständig weg, weil ihre Ursachen fehlen.

Nur kleine und mit vieler Mühe dem Walde abgewonnene Plätze kann der Einzelne für seine Pflanzungen erhalten. Auf die Säuberung derselben fällt ein weit grösserer und schwererer Theil der Arbeit, als auf Bestellung und Ernte. Keinen seit langeher abgetrockneten und von den Vorfahren geebneten

Boden, keine freien, weiten Landstrecken breitet hier die Natur für Getreide oder Feldfrüchte aus. Die Frucht muss im einzelnen Exemplare die grösstmögliche Ertragsfähigkeit liefern.

Grosse Wurzelknollen und auf einem beschränkten Raume sich selbst erneuernde Bananen geben das tägliche Brod, Fischfang ein gesundes, Jagd ein seltenes Fleisch, denn die sofort wieder waldartig aufsprossende Vegetation macht die Viehzucht nahezu unmöglich. Einige Male im Monat führt der Mond, von Zeit zu Zeit ein gegen das Land wehender Sturm die Fische in das Netz; die meisten werden daher eingesalzen und getrocknet verspeist. Ich möchte sagen, dass das jagdbare Wild scheuer als in Europa ist, wo umgrenzende Felder die Bewohner des Waldes gefangen halten. Hier bietet eine unbegrenzte Ausdehnung desselben bei der geringsten Annäherung des Menschen dem gestörten Treiben der Thierwelt neue niebetretene Tummelplätze, in denen man kaum folgen, geschweige denn jagen kann.

Die Wege sind das Wasser, und die vorsorglichste Wegeinspection könnte nicht so viele Verbindungscanäle und Durchfahrten ausdenken, als die Natur hier zwischen den zahlreich ausgestreuten Inseln und den Verzweigungen des Festlandes geschaffen hat. Während sich zu Lande einer kurzen Strecke Weges undurchdringliche Hindernisse entgegenstellen, sind die fernsten und sonst unerreichbaren Orte im Nachen leicht und schnell zugänglich.

Das Verkehrsmittel ist das Canoe, aus einem Baumstamme geschnitten, meistentheils klein und schmal, wie es junge, noch im Kern gesunde Stämme zu sein pflegen. Blos durch Uebung und natürliches Geschick kann ein Europäer den unstäten Schwerpunkt darin behaupten und das Ruder gebrauchen lernen, das stehend geführt wird und zugleich als Steuer dient. Jeder Mann, jeder heranwachsende Knabe hat so sein eigenes niedliches Fahrzeug und bedient sich desselben mit ausnehmender Geschicklichkeit und Kühnheit, indem er einerseits zu jeder Tagesstunde das Verhalten der ein- und ausfluthenden Wasser, die Vertheilung der

Strömung, sowie den Rückfluss derselben längs der Ufer mit instinctiver Sicherheit zu benutzen weiss, und andererseits den nahenden Schiffen sich auf den Wogen des offenen Meeres entgegenwagt.

Ebbe und Fluth geben diesen weitverzweigten Küstengebieten ein ganz verschiedenes Aussehen und erschweren sehr den Begriff der positiven Ausdehnung von Wasser und Land. Denn die Ebbe, sich in tiefgefurchte schmale Rinnsale zurückziehend, legt ungeheure Schlammmassen bloss und rückt wurzelständige Wälder hoch auf das Land, welche die Fluth hinwiederum mit ihren breiten, überall eindringenden Wasserflächen zu ertränken scheint. Unter denselben Bäumen, unter welchen wir jetzt zu Fuss einherschreiten, kann man wenige Stunden später mit dem Canoe spazieren fahren. Es macht auf den Fremden, zumal bei den einfallenden Lichtern des Mondscheins, einen zauberhaften Eindruck, von Wald bedeckt auf dem nächtlichen Dunkel der Fluth unter meerentspriessendem wunderbaren Laub- und Wurzelwerke hinzugleiten.

Mangue nennt der Brasilianer alles Terrain in gleichem Niveau mit dem Meere, sofern es bewachsen ist. Er legt denselben Namen hauptsächlich drei Baumsorten bei, die in einförmiger Wiederholung als seltene Beispiele von Bäumen, welche im Salzwasser gedeihen, den eigentlichen Wald des Fest- und Insellandes, der eines höher gelegenen Bodens bedarf, mit einem breiten krokodilbewohnten Gürtel umziehen. Unvermittelt erheben sie zur Zeit hoher Fluthen ihr frischgrünes Laub aus dem Wasserspiegel, trügerische Inseln und Passagen bildend, die den Ankömmling durch ihre harmlose landschaftliche Lieblichkeit entzücken, der wohl auch Anfangs die schwimmenden Spitzen einer grasartigen Einfassung für reizende Wiesenränder hält. Doch bald legen die grossen Ebben des Voll- und Neumondes das Trugbild bloss, und zeigen dem sich acclimatisirenden Fremdling, der seinen Kahn auf dem Schlamme nicht von der Stelle bewegen kann, unter Schwärmen von Bremsen, Mücken und Schnaken, die hohen Wurzelbeine, auf denen diese Vegetationsform erobernd einherschreitet, wo Neptun sein Reich noch nicht aufgegeben hat.

Grosse rosafarbene Vögel, deren unvergleichlich zartes Roth einen prächtigen Gegensatz zu dem stark vertretenen Grün der Landschaft bildet und sich beim Lüften der Flügel zum reinsten Carmin steigert, stolziren schaarenweise, sich durch den Schnabel als Löffelreiher verrathend, in fremdem Liebreiz der Bewegung auf weichem Schlammsaume hin. Zahlreiche blendendweisse, kranichartige Vögel, seltner durch das brennendste Zinnoberroth das Auge in Erstaunen setzende Ibise, und sich in Blau und Grau versteckende Reiher fliegen ab und zu, oder verharren am Ufer mit unerschöpflicher Geduld. Scharfsichtige Taucher, ihren Flug hemmend, stossen senkrecht in das Wasser, alsbald mit der Beute im Schnabel plätschernd sich erhebend und fortgesetzte, bald verschwundene Ringe auf der Spiegelfläche des gestörten Elements zurücklassend. Fische, und in der That sonderbare Gebilde, entsteigen der Tiefe in luftigen Sprüngen. In längeren Zwischenräumen tauchen Delphine, regelmässig zu zweien, schnaufend auf. Aus der Höhe rauschen pfeilschnelle Fregattvögel herab, ihren kühnen Segelflug mit sich scheerenartig öffnendem und schliessendem Steuer regulirend. Solche und ähnliche entsprechende Motive erhöhen die Einheit der seltsamen Stimmung, in welcher die Natur in langen Zeiträumen unbelauscht der Vollendung ihrer Pläne entgegenarbeitet.

Allein wo Hügel und Berge dem Wasser entsteigen und steile Abhänge sich in entsprechende Tiefen senken, tritt der herrlichste Hochwald in überschwenglichem Blätter- und Blüthenschmuck unmittelbar heran, gleichsam als wollte er, besonders in den Morgen- und Abendstunden, den Ueberfluss seiner grellbeleuchteten Laubmassen in das Meer schütten. Mit erfinderischer Phantasie hat hier die Natur Mannigfaltigkeit und Abwechslung zu vertheilen gewusst. Streng und geschlossen ist der Typus eines jeden einzelnen Baumes; eine nur ihm gestattete Blattform sondert ihn streng von seinem Nächsten. Auf einem kleinen Raume vereinigt sich oft ein Reichthum schöngezeichneter Partien, ein Zauber von Farben- und Lichteffecten, von denen sich Europäer, an den Anblick gleichförmiger und gleichfarbiger Waldbildung gewöhnt, keine Vorstellung machen können. Jung und alt, bunt und falb, gesunde Gewalt und wunde Gestalt durch einander! Frischer, strotzender Nachwuchs neben einem von Schmarotzern und Schlingpflanzen erdrosselten und ausgesaugten Giganten, dessen weithin ragende dürre Aeste über den Ruin seiner Riesengrösse zu jammern scheinen. Andere haben ihr grünes Alltagskleid fallen lassen, um in massenhaftem lilafarbenen oder gelbem oder rothem oder weissem Blüthenschmucke gleich einer Braut aus ihrer Umgebung hervorzuleuchten.

Schüchtern nur wagen sich unter diesen Breitengraden die Palmen in ihrer fremdartigen Schönheit an die Oberfläche des Waldes. Befremdend, überaus befremdend ist der erste Anblick derselben: als träfe man eine Assyrierin in all ihrer Schönheit noch lebend an, und löste plötzlich dann sich das Räthsel, dass dieselben Formen, die im Bildniss steif und kalt erschienen waren, uns in lieblicher Anmuth und Lebensfrische entgegenlachen. Unwillkürlich wirken diese vielgerühmten Könige der Monocotyledonen als die Reste vergangener Zeiten, als Monumente untergegangener Reiche. Die Pflanzenwelt webt und gestaltet jetzt anders.

Im Innern des Waldes bilden die baumartigen Farrenkräuter, welche für die schönste Zierde tropischer Wälder gehalten werden, zuweilen einen Tempel von der reinsten gothischen Structur. Denn indem die schlanken Stämme gleich Säulenbündeln aufsteigen, vertheilen sie oben gleichmässig die Rippen der Wedel, von denen in der grössten Ordnung Seitenrippen ausgehen, zwischen welchen schliesslich das frischeste, zarteste, transparente Grün der Fiederblättchen die Füllung darstellt. In die Kreisausschnitte eines solchen Wölbungsbereiches fügen sich die Enden der Nachbarwedel, und schliessen sich zum erhabenen Urbilde germanischer Auffassung der Ueberdachung, nach welcher diese keine ausser dem organischen Zusammenhange stehende Last darstellt, sondern ein aus der Kraft der Stämme entspringendes und sich entfaltendes, vertheiltes Zusammengreifen.

Weitentfernt, dass diese von begünstigenden Umständen begleitete Bildung die vorherrschende sei, verleiht hingegen Berg und Thal, Sumpf, Felsen oder Ebene wechselnd der oder jener Vegetationsform das Uebergewicht.

Bald sind es riesige ganzrandige Blattscheiben, welche, wenn man hindurchgeht, rauschend, ich möchte sagen, dröhnend aneinanderschlagen und, höher als wir, streckenweit den Anblick des Waldes verdecken. Bald sind es malerisch herabhängende Enden von Gräsern, welche in Intervallen niederwallende beblätterte Stengelquirle fallen lassen und in unentwirrbarem Dickicht, da wo sie eben gedeihen, ganzer Baumgruppen wuchernd sich bemächtigen, indessen von unten den längsten und spitzigsten Lanzen vergleichbare, junge armstarke Triebe nachschiessen.

Nicht wenig fallen die vielen, in den umfassenden Basen ihrer steifen stachligen Blätter Wasser tragenden, ananasartigen Pflanzen auf, die überall haftend, mitunter das Wachsthum der Bäume hemmen, durch das hereinfallende Licht umsomehr sprossen und, Stämme und Aeste bis an die äussersten Spitzen erklimmend, solchen Orten ein ganz eigenthümliches Aussehen geben.

Die unzähligen Wurzelfäden kletternder Gewächse treten häufig bald als dünne, vom Eintretenden kaum bemerkte, aber unendlich hemmende zähe Hindernisse, bald als enorme, in Zweck, Aussehen und Verwendung mit Schiffstauen identische Verholzungen auf, nur dass sie manchmal, in überflüssiger Länge grosse Bogen und Kreise beschreibend, ein vielfach verschlungenes schaukelndes Ganze bilden.

In die Höhe blickend sieht man nicht selten förmliche Blumengärten über sich schweben, aus Ansätzen von Epiphyten entstanden, die, übereinander forttreibend, hoch oben in der Luft sich vereinigt haben, ihren Humus bilden, ihr Wasser auffangen und das sorgenloseste Leben führen. Das Zusammenstürzen eines solchen Baues, dessen Hauptpfeiler einst junge, jetzt durch und durch morsche, wo nicht schon eingefallene Stämme sind, verhindert oft nur noch die künstliche — wenn das Wort erlaubt ist — Takelage der Schlingpflanzen, welche netzartig Nahes und Fernes umstricken. Ja, es müssen beim Waldschlag gelegentlich nach einander zwölf und mehr Bäume an ihrer Wurzel abgehauen werden, ehe der sich fest umklammernde und von allen Seiten gehaltene Verband zum Wanken und zum Umsturz gebracht werden kann.

Es waltet hier eine Structur, ein Princip in der Vertheilung der Massen, in der Haltbarkeit des Ganzen, die an das Unglaubliche grenzen; zwar sind es Pflanzen und Bäume wie bei uns, aber von anders organisirten, glänzender begabten Wesen überflügelt, überholt.

Wo der Durchblick vergönnt ist, setzen sich die sonnig grünenden Wipfel in einer Höhe am tiefblauen Himmel ab, die dem Pflanzenreiche sonst nicht gestattet wird. Farbig fackelnde, spannengrosse Schmetterlinge segeln in den geräumigen Höhen. Sommertagslustige schwatzhafte Vogelstimmen bringen den Eindruck einer Sprache, eines Verständnisses hervor. Ein Zirpen, ein Summen, ein in die Ohren gellendes, tausendstimmiges Schwirren regt unser Nervensystem auf, welches an solche Stärke, an ein so schneidendes Vorherrschen solcher Stimmen nicht gewöhnt ist.

Ich habe versucht, den Totaleindruck einer Landschaft zu schildern, welche, einen grossen Theil des Jahres durch Regen und nebelartige tief hinziehende Wolken versteckt, Wasser und triefenden Wald, und unklare graue Fernen wahrnehmen lässt. Nur Stunden, selten Tage, höchst selten Wochen lang lassen sich die im Westen und Norden aufsteigenden Bergzüge blicken, die dann in den verlockendsten blauen Abstufungen endlich den Horizont als das brasilianische Hochland begrenzen.

Von der Klarheit solcher Morgen, von der Reinheit solcher Abende, von der Intensität der Farben, mit der viele Meilen weites Blau sich in den Vordergrund drängt, und in der durch eine Bai getrennte Berge, wie dunkelgrüne Mauern dastehend, die Inclination ihrer bewaldeten Abhänge nicht erkennen lassen, von der Durchsichtigkeit der Luft, in der Distanzen meistens falsch beurtheilt werden, bleibt es ein undankbares Vorhaben, dem Bewohner der subarctischen Regionen eine Beschreibung zu machen.

Das Klima aber selbst ist das unseres späten Frühlings und ersten Herbstes, immer frisch, immer erquickend, oft dem verwöhnten Körper kalt vorkommend. Von trockener Sommerhitze, welche durch Mangel an Luftfeuchtigkeit so lästig wird, ist keine Spur. Will es, abgesehen davon, dass Land- und Seebrise, Meer und Wald abkühlend wirken, einmal wirklich ernstlich heiss werden, so treten auch schon mit merkwürdiger Regelmässigkeit und überraschender Schnelligkeit von scheitelrechter Sonne schroff beleuchtete Gewitterwolken am Himmel zusammen, und kommen in schwarzblauer gährender Nacht bis zur unheimlichsten Nähe herab, um sich fürchterlich, aber schnell, von Sturm begleitet, zu entladen.

Feuchtigkeit und Insecten werden anfänglich dem Ausländer, der an häuslichen Einrichtungen und Gewohnheiten hängt, die seine Leiden eher vermehren, zwei fühlbare Feinde. In der Wohnung und dem Verhalten der Brasilianer liegt das Geheimniss, unter solchen Verhältnissen ruhig und ungestört zu leben. Was ist natürlicher, als sich bei den Landeskindern nach der Abhülfe der Uebelstände ihrer Heimath umzusehen? Sie halten mit Recht Feuer und Luftzug für die ersten Bedingungen der Gesundheit und Existenz. Dem trocknenden Streichen des Windes in allen ihren Theilen offene Häuser und ein grosses, nie verlöschendes Feuer mitten in der aus Gitterwerk und Palmenblättern zierlich construirten Wohnung, sind die einfachen und sicheren Mittel, die zahllosen Insectenschwärme fern zu halten, sich selbst vor Krankheit und sein Besitzthum vor der gewaltigen Macht des Schimmels, Moders und Rostes zu schützen. Da sich das Holz, vielleicht aus Mangel an Harz, nie über den Herd hinaus entzündet, denkt Niemand an Feuersgefahr. Nicht Diebe, nicht Kälte gebieten jemals Fenster und Thüren zu schliessen.

Mit Vergnügen nähere ich mich der Charakterschilderung des Brasilianers oder vielmehr der kleinen Bevölkerung, die in den Verzweigungen der Bai von Paranaguá Zurückgezogenheit in Wäldern, wenig Verkehr nach aussen und ein Leib und Seele stärkendes Klima in jener Harmlosigkeit und Unbefangenheit erhalten hat, welche jugendlichen christlichen Völkern eigen ist.

Aufgewachsen in der unbeschränktesten persönlichen Freiheit, edler Gestalt, voller Anstand, beneidenswerth unabhängig von Bedürfnissen, einnehmend natürlich, aufopfernd gefällig, stolz, wenn es dienen heisst, gegen den Fremden ohne Vorurtheile, zu jeder Zeit gastfreundlich, gegen sich selbst mässig in Speise und Trank, ist ein Signalement, das nicht zu viel sagt. Ausserdem könnte grosse Reinlichkeit, was Körper und Kleidung anbelangt, ein Zug sein, der Allen zukommt. Keiner schmutzigen Hand, keinem unsaubern Fusse begegnen je die Blicke. Die Nägel, die Zierden beider, sind vollkommen entwickelt und rein. Selbst Sclaven, mit einem einzigen oder wenigen Kleidungsstücken angethan, machen dadurch einen der Menschenwürde gemässen Eindruck.

Die Gesichtsfarbe tritt sehr unterschiedlich auf. Keine kann als vorherrschend bezeichnet werden. Es giebt Weisse mit den schönsten rothen Wangen; es giebt Weisse mit durchscheinendem bleichen Teint; es giebt Gelbe, Braune und Schwarze. Die saftig bräunliche Farbe möchte die anziehendste und ohne Zweifel auch die gesündeste sein.

Die Abkömmlinge von Indianern oder Negern und europäischem Blute sind es, die gedeihen, deren Leiber sich zum vollsten Ebenmaasse der Glieder entwickeln, die den Kern des Volkes ausmachen. Und wie bei Kreuzung der Racen sich die Vorzüge fortpflanzen sollen, so erreicht in ihnen die menschliche Bildung hohe Schönheit, den kleinsten Umfang der Gelenke, bei den grössten Breiten und Längen der vollen Gliedmaassen. Man sieht einzelne Gestalten, deren Haltung und Gang an die Antiken erinnern würden, wenn nicht, ähnlich wie im Pflanzenreiche, neue geographische Elemente hinzuträten, denen man geistige Beziehungen zu den edlen Bäumen des Tropenwaldes beimessen muss*).

Ohne Arzt wird hohes Alter erreicht. Urgrossältern sind gewöhnlich, von 100 und 110 Jahren nicht selten. Der Vater meines Hauswirthes starb mit 114 Jahren, ein Ehepaar in Iguape, einer benachbarten Küstenstadt vor Kurzem mit 123 und 124 Jahren. Jedes Jahr bringen die Zeitungen Todesfälle von 130- und 132jährigen Leuten, zumal von Afrikanerinnen. Am 31. Januar 1859 endete zu Nitherohy in der Bai von Rio de Janëiro ein gewisser Luiz da Fonseca Machado als 139jähriger Greis.

So nähert Einfachheit der Sitten und Rückkehr zur Natur die durch Jahrtausende verjüngte Menschheit in wenig Generationen wieder um ein Bedeutendes den fabelhaft klingenden Jahreshöhen der Stammväter unseres Geschlechts.

Zwar sind hier Leidenschaften von ernsthafter, aber auch Tugenden von beständiger Natur. Schnell veredeln sich die Väter in ihren Kindern, welche begierig das Licht in sich aufnehmen, das von Europa aus allen Völkern leuchtet. Und was hat man nicht davon zu erwarten, dass eine achtbare und an Zahl bereits bedeutende Reihe trefflicher Landsleute aller Stände unter den Bewohnern dieser paradiesischen Gegenden lebt, Beziehungen anknüpft und Freundschaften schliesst? Ein begeisternder Gedanke geht durch das ganze tropische Kaiserreich hindurch: Natur und Cultur so nahe bei einander zu sehen!

---

*) Ich bitte den Leser hier eine Aeusserung eines Engländers zu vergleichen: 'Their figures are generally superb; and I have never felt so much pleasure in gazing at the finest statue, as at these living illustrations of the beauty of the human form.' Wallace. On the Aborigines of the Amazon.

Wildschweinsjagd.

Es soll auf die Jagd gehen!

Rüstete mich mit Nahrungsmitteln, legte wollene Decken und Kleidung in einen Blechkoffer und ruderte verabredetermaassen nach der Wohnung Bernardo's, eines Jägers von Ruf, wo das Schiesszeug in Ordnung gebracht und der Proviant in tragbare Säcke gebunden wurde.

Kaum erlaubte man mir ein Blechkännchen und etwas Kaffee, Zucker und Thee mitzunehmen. Zu solchem Waldlaufe nimmt der Mensch blos sich selbst mit, und daran ist der Europäer nicht gewöhnt. Gewehr nebst seinem Bedarf, Hemd, Unterbeinkleider, ein Täschchen und das Messer, höchstens noch ein Tuch um den Kopf, sind das einzige Unorganische, was der Organismus des brasilianischen Jägers an sich trägt. Nur ein Kind kann an die Möglichkeit von Schuhwerk glauben. Die wechselnde Beschaffenheit des Terrains macht solches positiv unmöglich: ja selbst Beinkleider länger als bis eine Spanne über das Knie sind höchst lästig. Wasser, Schlamm, Wärme, Kies, Sand, schwindelerregende Passagen und schlüpfrige Felsen überwindet blos das Bein an und für sich in seiner vollkommenen Freiheit.

Man geht natürlich so ledig wie möglich aus, da man auf dem Rückwege die drückende Jagdbeute zu tragen hofft. Der gute kundige Bernardo erklärte mir die Nothwendigkeit dieser Sichselbstentäusserung.

Vor Tagesanbruch sollte aufgebrochen werden. Es war also die letzte Nacht in menschlicher Wohnung, unter warmer wollener Decke, nach dem Abendessen, gekocht im Fleischtopfe, gereicht von dem zarteren Geschlecht. Das sind Alles

Dinge, von denen wir uns auf einige Tage zu verabschieden hatten, die es schwerer hält im Geiste als in der Wirklichkeit abzulegen.

Draussen über dem traulichen Dache von Palmenblättern, über den zauberhaft beleuchteten Blattscheiben der Bananen, über dem nahen, in undurchdringlicher Nacht aufsteigenden Waldabhange stand am klaren Himmel des Vollmondes lichtspendende Herrlichkeit, welche allmonatlich die Rudel der wilden Schweine und die einsamen Tapire aus den landeinwärts liegenden Gebirgszügen in die zugänglichere Vargem, ebenes, mit Wald bestandenes Flussbettland, Marsch- oder Moorland, herablockt.

Die Vollmondnacht hatte sich in einen Nebelmorgen verwandelt. Einer unserer Gefährten, Benedicto, liess lange auf sich warten. Er brachte zwar einen grossen Vorrath gebratenen Biraguays, eines Fisches von circa funfzig Pfund, und entschuldigte sich, die Boien seiner Nachtschnur so lange vergeblich gesucht zu haben, wir verloren aber dadurch die Fluth.

Die andern Jagdgenossen hiessen, ausser Bernardo, einem Patagonier an Gestalt und Kraft, João und Antonio, ersterer ein Jüngling von etwa funfzehn Jahren, letzterer ein Knabe von acht Jahren. Benedicto, ein junger verheiratheter Mann, qualificirte sich gleich von Anfang herein mehr als Fischer.

Die Mandiocamehlsäcke, in die zur gebratenen Carne secca auch noch die Biraguaystücke gesteckt worden waren, wurden umgehangen und die Flinten in die Hand genommen. Der Zeitpunkt war gekommen Schuh und Strümpfe auszuziehen, und die warmen Füsse dem erkältenden Erdboden auszusetzen. Frisch gewagt ist halb gewonnen!

Die Ebbe hatte bereits die Schlammufer blossgelegt und die Canoes ein grosses Stück auf dem Lande zurückgelassen. Wir griffen derb zu und 'patsch patsch patsch' ging es in den Schlamm mitten hinein, die gleitenden Kiele vor uns herschiebend, bis das Wasser den Nachen trägt, der dann den versinkenden Kahnschieber aufnimmt.

Den beiden Hunden, Fëio und Batalha mit Namen, war der allgemeinen Reinlichkeit halber gestattet worden, sich schon vorher einzuschiffen.

Nachdem wir uns im warmen Seewasser abgewaschen, wurden muthig die Ruder ergriffen, welche hier im Stehen gebraucht werden und uns durch den dichtesten kalten Nebel über die Bai dos Pinhëiros helfen sollten, in der grosse Schlammbänke zu vermeiden waren. Erwägt man, dass die Strömung des Wassers sofort die Lage des Fahrzeugs verändert, dass durch den dicken weissen Luftkörper dem Auge und Gehör alle Anhaltepunkte entzogen waren, so kann man sich denken, dass es nicht leicht war, einen bestimmten Punkt auf den jenseitigen weitläufigen Ufern, die Einfahrt in den Rio Sibui, unser Jagdziel, zu erreichen.

Die Sinne meiner Kameraden waren glücklicherweise schärfer als die meinigen. Sie hörten, wo ich nichts hörte, und sahen, wo ich nichts sah. Geleitet von der kaum hörbaren, im Osten verklingenden Brandung des Oceans, die Strömung berechnend, die Bänke, Baixios, an der Beschaffenheit der Wasseroberfläche von Weitem erkennend und vermeidend, orientirten sie sich bereits an den Bergcontouren des andern Ufers, als von solchen auch noch kein Schimmer zu sehen war.

Wohl eine halbe Stunde vor der Einfahrt in den Fluss lag schon unendlicher Schlamm da, blos wenige Finger hoch vom Wasser überspült. Das Fahrwasser wurde immer schmäler. Rechts und links dämmten sich hohe Schlammmassen auf, zahlreich vertheilten kleinen grauen Reihern, Socós (Ardea erythromelas Vieill.) genannt, ein Frühstück bietend, dem diese geduldig spähenden, langsam vorrückenden Thierchen merkwürdigerweise, so weit sie auch auf den feuchten Plänen von einander entfernt stehen, alle in einer Richtung nachgehen.

Ganz riesenhaft nahm sich dagegen, sei es dass der Nebel ihn vergrösserte oder die Kleinheit der Socós ihm als Gegensatz diente, ein Baguari (Ciconia Maguari Temm.) aus, nichts Anderes als ein Storch, dessen Gestalt in der nebelhaften Landschaft, welche der Morgenwind zu entschleiern anfing, einen ganz gespenstischen Umfang annahm.

Wir mussten aussteigen, um die Canoes an den Untiefen zu schieben. Das grössere wurde angebunden und zurückgelassen, das kleinere noch ein gutes Stück hinaufgeschafft über angeschwemmte Sandrücken, auf denen die Schwimmfüsse von zahlreichen Fischottern abgedrückt waren. Wenn eine tiefe Stelle kam, mussten wir uns alle fünf in das kleine Fahrzeug zwängen, das uns dann eine äusserst wacklige Passage gewährte.

Auf dem obersten Landungsplatze, das heisst am letzten Orte, wohin man mit dem Canoe gelangen kann, wurden die Ruder versteckt, das Kähnlein angebunden und im Wasser stehend gefrühstückt, denn der Wald war noch zu nass um sich zu setzen. Es schmeckte natürlich auf diese matutinen Strapazen vortrefflich.

Der Fisch, wegen dessen Benedicto uns so lange hatte warten lassen und der wohl dem besten Lachs nichts nachgab, wurde mit Dank verzehrt. Einige nahe Orangenbäume boten uns den erfrischendsten Nachtisch. Einst von Menschen gepflanzt und längst verlassen, tragen diese dankbaren Bäume noch mitten in der Wildniss ihre sublimen Früchte.

Es waren in dem landschaftlichen Bilde, welches die nächsten Tage vor mir aufrollen sollten, die letzten Spuren menschlicher Ansiedelung. Von nun an hiess es sich auf seine Beine verlassen. Seinen Körper so zu sagen nackt, obdachlos der Natur anzuvertrauen, der Nacht ohne Aussicht auf die schützende Wohnung eines Menschen entgegenzugehen, hat etwas Frostiges, auch wo es warm ist.

Vor der Hand war es Morgen. Dass die Sonne am Himmel stand, verrieth das transparente lichtvolle Grün des Waldes und die Stimmen der Vögel, welche weniger laut sind, wenn der Himmel bedeckt ist. Wenn eben diese Vogelstimmen nicht wären, würde ich sagen, eine heilige Stille nahm uns auf; so zum wenigsten eine heilige Ruhe, da der Begriff Ruhe der Pflanzenwelt so eigen ist und durch Stimmen nicht gestört wird.

Das Gehen war angenehm. Der Fuss erfrischte sich fortwährend auf dem kühlen, mit Laub bedeckten Boden; die Hindernisse räumte Bernardo, der Vordermann, aus dem Wege. Diese Leute gehen im Walde sehr schnell, eine Art Trab, in dem man bei dem geringsten Aufenthalte zurückbleibt. Es mag wohl noch eine dem Menschen im Zustande der Natur eigene Gangart sein.

An ein Botanisiren oder Beobachten war daher nicht zu denken. Nichtsdestoweniger hatte ich bald ein Vegetabil in Händen, das meine ganze Aufmerksamkeit erregte, obgleich ich ihm diese nur im Laufen widmen konnte, während meine Füsse diese Unaufmerksamkeit auf den Weg mit manchem schmerzlichen Fehltritte bezahlen mussten.

Wie ein Pilz aus dem Boden aufgeschossen bei phanerogamischen Staubgefässen und Stempeln, erst tannenzapfenartig, magisch roth, blau und schwarz schimmernd, dann plötzlich schuppenlos, hell und gelb, einem Maiskolben ähnlich, mit kugelig zusammengedrückter Stengelbildung parasitisch Baumwurzeln aufsitzend? Es war eine Rhizanthee (Lophophytum Leandri Eichl.), es konnte nichts Anderes sein!

Es war ein Genuss, die äussere Erscheinung auch dieser Verkörperung eines Schöpfungsgedankens in sich aufzunehmen. Vor Allem trug sie, wie alles Geschaffene, jene bewundernswerthe Einheit des Ganzen und Vollendung des Kleinsten, welche so sehr göttliche Werke von menschlichen unterscheidet.

Diese oberflächlichen Beobachtungen mussten genügen. Von der Ungeeignetheit des Aufbewahrungsortes schmerzlich überzeugt, steckte ich eines dieser Gebilde in die Tasche, wo es durch Schütteln und Rütteln offenbar seinem Untergange entgegenging.

Wir waren indessen weit vorwärts gekommen, und begegneten mehr als einmal diesen reichen, so zart organisirten Blüthenkolben.

Der Fluss, dessen Laufe wir nachgingen, war zu wiederholten Malen passirt worden. Wir befanden uns bereits an seinem obern Laufe. Wo seine Tiefe das Durchwaten nicht gestattete, hatten schon vor uns zu Dank verpflichtende Jäger stielrunde Palmenstämme darüber gelegt, auf denen furchtlos hinzugehen sich in den Augen meiner leichtfüssigen Genossen so von selbst verstand, dass sie sich nicht einmal nach meiner Anstand nehmenden Zaghaftigkeit umsahen. Man konnte aber unmöglich über solche Brücken in schmalster Cylinderform hinwegeilen, ohne zuvor stehen zu bleiben, gefesselt von der anziehenden Klarheit des in tiefem Felsenbassin lagernden Wassers. Da schimmerte aus dem Grunde heraus die ganze blaugrüne Poesie der Nymphenwelt. Man fühlte eine unwiderstehliche Sehnsucht, hinabzusteigen in dieses Perlmutterschimmer verleihende Krystallbad, gefasst in Felsen, welche mit der scheinbar kostbarsten Gesteinsmosaik überkleidet waren. Auf diesem in unaussprechlichem Glaukon schwimmenden Boden lagen zumal Blätter von so hinreissendem Grün, dass man wohl ohne Uebertreibung hätte annehmen können, sie seien den Kränzen überirdischer badender Wesen entfallen.

Es mochte Mittag sein. Der Weg hielt sich lange in einer halbverwachsenen Schneisse, welche einst von Benedicto geschlagen worden, um ein Canoe herauszubefördern.

Er war nicht zum besten. Nichts macht den ursprünglichen Wald unzugänglicher, als die Einwirkungen des Menschen. Nichts mehr von der weichen erfrischenden Laubdecke des Bodens. Blossgelegtes, hartes Wurzelwerk, von Sonnenstrahlen erhitztes Steingerölle, Schlingpflanzen, Dornen und übereinandergeworfene Stämme machten meinen Füssen eben zu schaffen, als unsere Ohren durch das Rascheln eines Gefieders getroffen wurden. Bernardo wandte sich um, fragend, ob wir das Rascheln gehört hätten, und zeigte mir alsbald einen balzenden Jacu tinga, der nicht schussgerechter auf dem Zweige eines hohen Baumes sitzen konnte. Mich übereilend wie gewöhnlich, und mehr die liebliche Erscheinung als das Korn des Laufes im Auge habend, erhitzt wie ich war, schoss ich fehl. Der prächtige Vogel flog auf einen andern Zweig. Ich stürzte mich in ein Gräuel von Dickicht und Hindernissen, gewann einen Standpunkt und — was werden meine Leser sagen! — der Aquarellmaler schoss abermals fehl! Bald darauf fiel ein dritter Schuss, dem das stürzende Gewicht des schweren Vogels folgte. Wir hielten ihn bald in Händen mit seinem schönen blauen Schnabel, seinem weissen Federbusche auf dem Kopfe, mit dem nobeln, schwarzen, auf den Schultern weissgesprenkelten Gefieder. Da hatten wir zum wenigsten unsern brasilianischen Birk-, wenn nicht Auerhahn.

Am besten ist der Jacu tinga (Penelope Pipile Gmel.) mit einem noch nicht ausgewachsenen Truthahn zu vergleichen, dem er im Baue seines Körpers ähnlicher ist als den erstgenannten. Die rothe Kehle ist unbefiedert. Die Fahnen der drei bis vier äussersten Schwungfedern verschmälern sich nach oben in schmale, lange, gekrümmte Spitzen, welche wohl eine Jägermütze zieren könnten. Die schwarzen breiten Schwanzfedern aber verlaufen gerade, sind untereinander gleich lang und an den Enden abgerundet.

Als wir die Quellen des Flusses erreicht hatten, setzten wir uns nieder, um zu rauchen. Bernardo explicirte uns, wo wir uns befänden: auf der Wasserscheide zwischen dem Rio Sibui, dem Rio dos Patos und dem Rio Banhado. Er erkannte an dem hellern oder dunklern Blau, welches hier und da in den beschränktesten Dimensionen für ein scharfes Auge durch die Zweige lugte, die Bergzüge: ich aber sah vor lauter Bäumen weder Zug noch Berg.

Wir betraten sodann das Bereich des Rio dos Patos, bis zu dessen Vargem oder Marschland bergabwärts gehend, und befanden uns von nun an auf einem wahren Schweinestallboden, nur leider ohne Schweine. Wir waren vielleicht blos einen oder einen halben Tag zu spät gekommen. Welche Verwüstung! Alles auf- und umgewühlt! Das Jägerherz schlug in lautern Schlägen. So eine bescheiden aufgewachsene Revierhaut, wie sie mancher deutsche Förster tragen muss, wäre närrisch geworden. Es war zu toll. Die Fährten leuchteten förmlich. Das war ein Jauchzen! Gleichzeitig wurde eine frische Tapirspur entdeckt und, wiewohl ein Jäger weiss, dass die Morgenfährte des Nachmittags nicht mehr viel werth ist, Fëio, unser bester Hund, losgelassen. Das Resultat war, dass er nach langem Nachlaufen und Aushorchen unsererseits für verlaufen erklärt wurde. Der dadurch beunruhigte Bernardo entschloss sich, seinen Hund mit Benedicto zu suchen, und liess mich, João und Antonio im Moorlande stehend warten. Da hatte ich denn Zeit, meine jämmerlich zerdrückte Rhizanthee aus der Tasche zu holen und die Trümmer zu studiren.

Die Sonne fing bereits an tief zu stehen. Ihre Strahlen fielen schräger und schräger in die feuchte sumpfige Waldung. Kalte Füsse und Hunger, wir hatten seit früh nichts gegessen, machten sich mehr und mehr geltend.

Endlich kam Bernardo mit dem gefundenen Hunde. Er versprach uns bald Schicht zu machen. Wir mussten aber noch ein gutes Stück vorwärts, bevor wir auf dem trockenen Sandbette eines fliessenden Gewässers Halt machten.

Das Abendbild, die Abendstimmung, die Abendhandlungen, welche nun folgten und der Allnacht vorausgingen, waren überaus poetisch. Wie die Vögel vor Sonnenuntergang noch einmal singen, so wurden auch meine Gefährten noch einmal munter. Vor solcher Lebensfrische, Kraft, Heiterkeit, welcher Missmuth ganz fremd ist, vor solchem gegenseitigen Wohlwollen, welches nie durch eine absichtlich verletzende Aeusserung unterbrochen wird, vor solcher Unabhängigkeit nicht etwa von Genuss, nein, selbst von dringenden Lebensbedürfnissen kann sich mancher verstecken.

Sicher ist, dass ich am liebsten vor allen Dingen über die Futtersäcke hergefallen wäre. Nicht so meine brasilianischen Begleiter, die sich zu einer Reihe von Handlungen anschickten, welche das Gepräge uralten Herkommens und ererbter Geschicklichkeit trugen.

Vor Allem wurde der Sand geebnet, wobei ich mit Verwunderung sah, dass man sich seiner Füsse als Schaufeln bedienen kann. Palmen gefällt — mit dem Messer! Sipó, vegetabilischer Bindfaden, herabgerissen und in Rollen gebunden — ein solcher Faden, unzerreissbar, misst mehr oder weniger funfzig Ellen! trockenes Holz — im nassen Sumpflande! — zusammengeholt und angehäuft, und Feuer angelegt. Die Hütte, deren Bau begonnen hatte und welche sich an eine reizende junge Palme anlegte, blieb gegen das Feuer offen. Aussen herum wurden an die funfzig Palmenblätter so gestellt, dass ihre gefiederten Spitzen nach vorn malerisch über das Giebelgestänge überhingen. Eine gleiche Anzahl etwa funfzehn Spannen langer und fünf Spannen breiter Palmenblätter kam dem Boden der Hütte zugute, welche mit Ausnahme der offenbleibenden Feuerseite bereits überall dicht geschlossen war. Die etwa lose im Innern herabhängenden Fiedern wurden von Antonio sorgfältig untergeschoben oder verflochten.

O! wie einladend, wie sauber, wie überraschend accurat construirt stand diese mit glänzenden, reinlichsten Palmenwedeln grün ausgefütterte Hütte da! Ein entzückender Anblick! Ein köstliches Lager, auf dem ich mich ganz meinen Betrachtungen überlassen konnte, da meine Kameraden auf den Anstand gegangen waren.

Die Sonne mochte untergehen. Eine bedeutende Lichtabnahme machte sich bemerkbar, obgleich alle Gegenstände sich noch deutlich erkennen liessen.

Die Macucus (Trachypelmus Tao Licht.), grosse, fleischige, breitbrüstige Vögel, liessen ihr dreimaliges kurzes Pfeifen ertönen, das die Jäger erwiederten und das ihrem rauschenden Fluge nach dem Baume, auf dem sie übernachten wollen, vorausgeht. Es fiel ein Schuss.

Die Schatten der Nacht zogen den Gesichtskreis enger und enger. Das Geläute des Urwaldes, die Stimmen der Urus (Odontophorus dentatus Licht., perperam Perdix guianensis Lath. supra) erklangen. Wer, der ihn einmal in der Wildniss gehört hat, könnte diesen lieblichen Ton je vergessen? Ein langsamer, weithinschallender, langanhaltender Triller, den ein ganzes Hühnervolk zuletzt, wenn alle andern Vögel sich zur Ruhe begeben haben, mit Einbruch der Nacht beginnt. Da es dann die höchste Zeit ist, sich beim Feuer einzufinden, sowohl für den Jäger, als für den in den Pflanzungen Arbeitenden, so pflegen die Brasilianer diesem Gesange 'fogão — fogão — fogão', zum Herd, zum Herd, zum Herd, unterzulegen, welches Wort, von einer Gesellschaft gesungen, eine ähnliche Wirkung hervorbringen würde.

Jetzt wurde es Nacht. Der Schein des Feuers gewann an Intensität. Der Wald hörte auf vom Tage erhellt zu sein. Die nächsten Laubmassen nahmen das röthliche Licht des Feuers an. Jetzt war es Nacht, schwarze Nacht im Walde, und blendende Helligkeit blos am Feuer, und in der grellerleuchteten Hütte von Palmenblättern.

Die Jagdgenossen kamen an. Einer von ihnen hatte einen grossen, schwarzen Affen, einen Macaco (Cebus fatuellus L.) geschossen, Macaco, nicht zu verwechseln mit Macucu, dem Namen eines Vogels, den wir oben erwähnten.

Jetzt erst, mein Magen fand das unbegreiflich, dachten die guten Leute an das Essen. Die den Nahrungsstoff enthaltenden Säcke wurden aufgebunden. Wenn ich noch Verse machte, würde ich hier eine Ode einschalten, das Lob des Mandiocamehls besingend. Ausser diesem, in seinem körnigpulverigen Zustande, bestand unsere Mahlzeit aus Seefisch und getrocknetem Rindfleisch, Tags zuvor in der Asche gebraten. Aber wie uns das schmeckte! Wer schildert das? Superior! Das stärkte. Kraft und Leben kehrte in den Körper, Frohsinn und Muth in die Seele zurück; auf beides wirkte ohnedem das angenehme Gefühl, eine schöne lange Nacht zum Ruhen vor sich zu haben. Den Füssen, zumal den meinen, war das auch recht. Ihnen war eine wohlthätige Ueberraschung vorbehalten. Aus dem Gefängnisse meiner Rhizanthee wurden nämlich ein Paar Strümpfe hervorgezogen, für den gebildeten Mann die Conditio sine qua non.

Auf dem comfortabelsten Stratum, vor dem gluthanstrahlenden, lodernd-knisternden Feuer, dem Feuer, das den Menschen so auszeichnet, zumal in der Nacht, von der Thierwelt im Dunkeln verlebt und in der Kälte, fehlte es nicht an lächerlichen Einfällen, an famosen Jagdgeschichten und schaudererregenden, natürlich den Jaguar betreffenden

Erzählungen. Ein solcher hatte insbesondere dem Onkel João's, mit seiner Familie im nahen Walde von Guarakeçaba übernachtend, bös mitgespielt. Dieser unglückliche Mann fiel zuletzt im Kampfe mit dem Ungethüme, nachdem es in einer Nacht fünf seiner Kinder und deren Mutter getödtet hatte — eine wahre Geschichte, die mir schon bekannt war. Ein anderes Mal hatte ein kleiner Knabe, mit dem blossen Messer in der Hand den ungleichen Kampf beginnend, den Tod seines Vaters gerächt.

Wer hätte nicht gern Bernardo zugehört, der wochenlang im Walde gehen kann, ohne sich zu verirren, der vielleicht Hunderte von wilden Schweinen erlegt hat und sich im ich weiss nicht wievielten Dutzend der Tapire befindet? An das Uebernachten im Urwalde gewöhnt, war er der erste, der die Pfeife weglegte, um zu schlafen, uns das Feuer empfehlend, damit nicht etwa ein Rudel Taitetus über uns wegginge. Bald siegte der grosse Sieger Schlaf auch über uns Andere.

Als ich erwachte, war das Feuer niedergebrannt. Der Mond war aufgegangen und verlieh, ohne dass man ihn sah, dem Walde eine unbestimmte feenhafte Helligkeit. Es fing an kalt zu werden. Ein Henkelkörbchen diente mir als Kopfkissen. Wir lagen Alle mit den Füssen gegen das Feuer; so schlafen die Indianer.

Früh weckte mich ein allgemeines vernehmbares Tröpfeln, das hörbare tausendfache Niederfallen von Milliarden von Tropfen. Es war der Thau, der Ueberschuss des Thaues, den der Wald zur Erde fallen liess.

Der Mond war untergegangen. Wieder finstere Nacht. Trotz des Feuers schüttelte uns Kälte und Nässe. Ich beneidete meine Begleiter um die Kunst sitzend zu schlafen.

Endlich fing es an zu tagen — endlich tagte es.

Vier gewaltige Bratspiesse, je eine Hälfte des Jacŭ und des Affen durchbohrend, waren bereits präparirt worden und staken senkrecht in der Hitze, wo mein Blechkännchen, das unserm Hauptmann so unnöthig vorkam wie etwa einem Bauer Glacéhandschuhe, mir eine Tasse Kaffee verhiess.

Nach einem tüchtigen kannibalischen Frühstück — der Affe sah gerade wie ein gebratener Homunculus aus — wurde auf-, der Rancho, die Hütte, abgebrochen.

Nie in meinem Leben habe ich mich frischer, wohler, heiterer und kräftiger gefühlt, als diesen Morgen. Es war ein excellentes Wandeln in grüner Waldesfrühe. Wer beschreibt die unbelauschten Flussufer, die wir in ihrer Morgenstimmung überraschten? Wer die Klarheit der über die reinsten Kiesel rieselnden Strömung? Wer die Frische der Luft, die unsre Lungen athmeten? Wer die Kühle des Wassers, das unsere Füsse netzte?

Wir waren so recht in den Tummelplatz eines Tapir gerathen, und wateten keine zehn Schritte, dass wir nicht seinen drei- und vierhufigen Hand- oder Fussstapfen begegneten, sei es an den Böschungen der Ufer oder auf den sandigen Anschwemmungen flacher Sandinselchen. Auf der Grenze zwischen Wasser und Erdreich sammelt sich natürlich Wasser in den Eindrücken der Hufe. Aus der trüben oder klaren Beschaffenheit desselben beurtheilt der Jäger die Fährte, ob sie frisch oder alt sei.

Bernardo war Meister in dieser Art der Beurtheilung. Jeder Tritt des Tapir gab ihm Veranlassung zu einer besondern Beobachtung: bald war es die Epidermis einer Wurzel, die der Huf geschrammt hatte, welche schon vergilbte Verletzung er mit dem frischern Grün verglich, das sein Nagel daneben zu Tage kratzte, bald waren es die Perlen des Thaues, bald ein herabgefallenes Zweiglein oder der Halm, den ein später passirtes Thier darübergeschleppt. Wir jüngeren sperrten Mund und Ohren auf, so haarklein von Allem zu hören, was in den letzten vierundzwanzig Stunden hier vor sich gegangen war.

Bald darauf stiessen wir auch wieder auf zahllose Spuren wilder Schweine, welche den Fluss zu mehreren Malen, von einem Jaguar gefolgt, passirt hatten. Sie schienen aber Bernardo alle nicht frisch genug, um den Hund daraufhin loszulassen.

Einen ganz besondern Eindruck machte auf mich die Schönheit eines Ingwerbusches (Alpinia Paco-Serova Jacq.): Einige zwanzig, lediglich Blätter tragende, circa zwölf Fuss hohe Stengel gruppirten sich, einem gemeinschaftlichen Wurzelstock entspringend, zum grünen obern Theile des Ganzen, und beschatteten zugleich seinen schwarz, roth und weissen untern Theil, aus zahlreichen wurzelständigen Blüthen- und Fruchtständen bestehend. Schwarz werden die reifen Früchte, während die reifenden noch roth sind. Roth sind auch die Fruchtknoten, roth die Stielchen der Blüthen und der gemeinschaftliche Stiel des Blüthenstandes; die Blüthen selbst aber schneeweiss, in ihrer Anordnung die Form eines in Papier geschlagenen Ballbouquets innehaltend. Also, wie ich sagte, schwarz, roth und weiss prangt es unter dem Busche.

Es hielt schwer, sich von diesem Anblicke zu trennen. Was für einen schwachen Trost gewährte es, einen der schneeigweissen, rothgestielten Blüthensträusse, eine der so zart gerötheten oder schwarzreifen Fruchttrauben herauszuschneiden und mitzunehmen? Ein verwelkendes Andenken aus den Lustgärten der Tapire, der klugen Thiere, welche weiser als das Pferd, weiser als Kameel und Elephant, sich in diesen paradiesischen Gefilden bisher dem jochaufbürdenden Menschen zu entziehen wussten.

Doch eilen wir unsern Jagdgefährten nach, eilen wir, denn die Katastrophe naht.

Wir waren von Tagesanbruch an bis etwa zwei Uhr Nachmittag unaufhaltsam gegangen. Zum Versinken weiches Sumpfland wechselte mit dem grobkörnigen Kies der Flussbetten, dieser mit wurzelreichen Erdrücken zwischen den Gewässern. War der Fuss des Schlammes überdrüssig, so erholte er sich anfangs durch das Waten im Flusswasser. Die harten Steinchen thaten aber bald der Sohle weher, als der weiche Morast. Wie froh betrat man das feste Erdreich! Aber auch da fehlte es nicht an schmerzlichen Anstössen, holzigen Kanten und Knoten, die den Beginn eines Sumpf- oder Kiesterrains wieder als wünschenswerth erscheinen liessen.

Bernardo hatte die Hunde auf gut Glück losgelassen. Wir setzten uns und spitzten die Ohren. Es war nicht weit von einem Feigenbaume, in dessen Höhlung man eine Heerde Ochsen hätte hineintreiben können. Nie sah ich einen umfangreichern Stamm. Die gigantischen, wändegleich aufsteigenden Wurzeln waren unten herum geglättet und wie von Schweiss gefärbt. Es waren die Tapire gewesen, die sich daran gerieben hatten. Wir mussten uns leider für diessmal mit einem kleineren Wilde begnügen.

Der Hund hatte angeschlagen in weiter, weiter Ferne. Das war ein Signal zum Beginn einer jener, von meinem Standpunkte aus kann ich wohl sagen schrecklichen Carrièren im Urwalde. Dieselben Leute, denen es schwer hält im Trabe nachzukommen, fangen an auszugreifen und durchzugehen. Es giebt keine Hindernisse mehr. Der Körper sieht und siegt im Fluge mit geschlossenen Augen. Die Kraft der Potenz eines höhern Grades belebt ihn, welche fortreisst durch Dick und Dünn, schnellt über Stock und Stein. Im Sumpfe sinkt das Bein nicht ein, die Sohle schmerzt kein Kies, keine Wurzel fängt den Fuss, der, flüchtige Stützpunkte suchend, nur distanceweise den Boden berührt.

Je näher das Bellen der Hunde, je kräftiger der Impuls. Schon hörten wir das Zusammenschlagen von Zähnen. 'Reisst den Hund weg!' schrie Bernardo. Noch einige Sprünge und wir waren am Platze. Nichtsdestoweniger waren uns die andern zuvorgekommen. Bernardo hatte auf mich Rücksicht genommen.

'Drack drack drack' — 'drack drack drack' — so klang es in regelmässigen Zwischenräumen aus dem hohlen Boden. Der Hund kannte sich nicht mehr und stak halben Leibes in einer Höhle; er wurde herausgerissen und zurückgehalten.

Die Höhle hatte zwei Eingänge und hielt Wasser. Vor den Eingängen standen wir schussfertig. Das Schwein konnte keine fünf Ellen von uns entfernt sein. Der Rumor im Wasser, das 'Drack drack' seiner aufeinanderschlagenden Kinnbacken verrieth uns seine unmittelbare Nähe. Lange

Stangen wurden abgeschnitten und mit ihnen in der Höhle herumgestochen. Das Schwein, ohnedem wüthend, wurde dadurch in die grösste Wuth versetzt.

'Nehmt Euch in Acht! Seine Zähne schneiden wie die Rasirmesser!' sagte Bernardo zu uns.

Indessen liess es sich nicht bewegen herauszukommen. Man musste nun daran gehen, mit der Spitze eines wuchtenden Pfahles den Boden in der Richtung der Höhle durchzustossen, um so das Schwein zum Ausbruch zu zwingen. Ein grosser Kraftaufwand von Seiten meiner Gefährten gehörte dazu. Zweimal war das Loch vergeblich gemacht worden. Sie waren in Schweiss gebadet. Ich war des Anlegens müde. Im dritten Loche stiess man auf das Schwein. Ein plötzlich grässlich aufschnauzendes Gegrunze! Ein Schuss! — ? — Ein dumpfer Rückfall in das Wasser! Die Katastrophe war vorbei. Kein 'Drack drack' mehr. Alles still. 'Morreu!' Es ist todt!

Wie nun herausbekommen? Man sah das todte Thier durch das Loch, vermöge des Lichtes vom Seiteneingange her, tief unten im Wasser liegen. Versuche mit Schlingen und Haken blieben vergeblich.

'Das dumme Thier will nicht anbeissen,' äusserte Benedicto, indem er sich entschloss, kopfüber in die enge Esse hinunterzulangen, wobei er fast ganz verschwand.

Die Andern hielten ihn an den Beinen. Er rief aus dem Innern der Erde heraus, dass er das Schwein festhalte. Nun zogen die Obersten an Benedicto, und Benedicto zog am Schweine. Dieser kam dadurch auf die Beine und schleuderte das schwere Stück Wild, das er an einem Ohre gefasst hielt, mit einer herkulischen Kraftanstrengung mitten unter uns weithin heraus.

Da lag es da, ein süperbes Stück: schwarz und weiss, scharf und fein geschüppert, so propre, mit einer weissen Binde um den Hals (Dicotyles torquatus Cuv.) und ganz gewaltigen Stosszähnen, vortrefflich in das Ohr geschossen. Ich fühlte mich als Jäger, obgleich es nicht ganz klar ausgesprochen ist, wer den Schuss gethan hat. Das bleibt sich übrigens ganz gleich, denn Jeder 'hätte' den Schuss thun können.

Der Abend war nicht mehr fern. Bernardo drängte uns zur Rückkehr. Wir wären sehr weit entfernt, und müssten zum wenigsten heute noch unser gestriges Lager erreichen. Unser Mandiocamehl sei schon wenig und würde sonst zu Ende gehen, bevor wir aus dem Walde heraus wären.

Ei, es dauerte lange, ehe wir da ankamen, und João mit einem Schweine auf dem Rücken.

Die Hütte wurde in derselben Weise wieder aufgerichtet. Das Lager that mir noch wohler als gestern. Ich war wieder bestrumpft und schwelgte in den Erinnerungen des Tages.

Fëio hatte sich wieder einmal verlaufen. Bernardo war besorgt deswegen: 'Ich will kein Wildpret, aber ich will meinen Hund haben. Ich bin betrübt, weil ich weiss, dass mein Hund arbeitet. Er hat ein Rudel Schweine zum Stehen gebracht; ich weiss das. Er ist sehr weit: wir hören sein Bellen nicht. Es ist Nacht und ich kann ihm nicht helfen.'

In Folge dessen mussten wir uns mit den Resten des gebratenen Affen begnügen, denn Bernardo gab nicht zu, dass das Schwein ausgeweidet würde, damit Batalha den Antheil des Fëio nicht auffrässe. Indessen wurden die Borsten versengt und das Fell abgeschabt. Man hatte zu diesem Zwecke vier Gabeln in die Erde gesteckt, in welche zwei Querstäbe gelegt wurden, auf denen das Thier über dem Feuer hing und bequem gehandhabt werden konnte.

Wir wurden nicht satt, denn Bernardo regulirte den Genuss der Farinha. Als Nachtisch wurden gesammelte Palmenfrüchte zerschlagen. Die Kerne enthielten ein kleines, hartes, feinschmeckendes Eiweiss. Das weckte aber mehr den Appetit, als dass es sättigte.

Der Schlaf hatte sich unser Aller bemächtigt, als Fëio ankam. Bernardo war sehr erfreut und machte sich sofort an das Ausweiden. Darauf präparirte er uns für das Frühstück aus Leber, Herz und Lungen zwei delicate Bratspiesse.

Es dauerte nicht lange, so begann wieder das allgemeine Getröpfel des Waldes, den eine so empfindlich kalte Luft durchdrang, dass keiner von uns recht schlafen konnte. Das Palmenstroh hielt warm von unten, das war noch das Beste; die Füsse brieten fast am Feuer, das war vom Uebel; aber um die Achseln, welche an den Schutz eines Kopfkissens gewöhnt sind, zog es durch das leere Henkelkörbchen so stark, dass man von Anno 1812, von Russland und Franzosen träumte. Der Tag wurde sehnlichst herbeigewünscht.

Nach einem halbwegs ausreichenden Frühstücke, bei welchem die letzte Tasse Kaffee und der letzte Löffel Zucker draufging, traten wir unsern Rückmarsch an, der uns bis zu den Canoes und bis zu Menschen bringen musste, denn ohne Stärkemehl wird das Individuum bekanntlich schwach. Die Farinha war fast alle geworden. Ein Sackzipfel fasste den letzten kostbaren Rest, der beim Austritt aus dem Walde mit Orangen verzehrt werden sollte, um die nöthige Kraft zum Rudern zu geben.

João trug seine Last mit bewundernswerther Ausdauer. Er zeigte auch eine ungewöhnliche Gewandtheit im Klettern. Die Gelegenheit bot sich eben.

Das Summen von Bienen war an das Ohr meiner Gefährten gedrungen und sollte von einem hohen Waldriesen herkommen, aus dessen Gipfel jene langen vegetabilischen Seile herabhingen, welche unter dem Namen Sipós eine grosse Rolle spielen. An ihnen, ein schwindelerregender Gedanke, schickte Bernardo den João hinauf, der nach einigen kräftigen Versuchen ihrer Haltbarkeit auch keinen Augenblick Anstand nahm und, zwischen Himmel und Erde schaukelnd, sich mit unglaublicher Schnelligkeit hinaufarbeitete.

Doch lasst uns eilen, damit wir unsere Jagdgeschichte zu Ende bringen.

Der Tag wurde warm und bald darauf heiss. Als es die Anhöhen der Wasserscheide nach dem Rio Sibui hinaufging, war es das einzige Mal, wo ich mich erschöpft fühlte. Bergab erholte ich mich wieder. Das Gebrüll der Affen erscholl so laut und so nahe, dass wir uns zu einem Abwege verleiten liessen, oder vielmehr die Andern begannen eine Carrière, und ich musste nolens volens nach. Kam natürlich zuletzt am Platze an, und sah eben noch mit kolossalen Sätzen von Baum zu Baum die goldfuchsrothen Affen in sonnenbeleuchteter Höhe auseinanderspringen. Die klugen Thiere hielten sich versteckt hinter den Blättern der Bromeliaceen, welche auch auf den höchsten Zweigen der Bäume ausgesäet sind. Von Zeit zu Zeit wagte sich einer oder der andere hervor, in Saltomortalesätzen das Hasenpanier über das Gipfelmeer des Waldes hin ergreifend.

Diessmal schossen die Andern fehl. Nach langem Hin- und Herspähen, während dessen mein Blut sich beruhigt hatte, zeigte mir Bernardo den Kopf eines Affen. Ich legte an und schoss, trotz der rührend bittenden Mienen, welche das ausdrucksvolle langbärtige Haupt anzunehmen wusste. Er fiel, blieb aber mit seinem Greifschwanze an einem Aste hängen. João musste sich wieder ans Klettern machen, ausgerüstet mit einer Stange, vermittelst der es gelang, den Bugio (Mycetes fuscus Geoffr.), ein solcher war es, herunterzustossen.

Hatte der vorgestrige schwarze Affe die Grösse einer deutschen wilden Katze bei rundum behaarter Schwanzspitze, so hatte dieser bei nackter Unterseite derselben die Grösse eines Hundes, daher schon ein tüchtiges Gewicht, einen schönen rothbraunen Pelz, am Daumen den Nagel der Menschen, an den andern Zehen Krallen. Er wurde Antonio aufgebürdet.

'Vorwärts!' rief Bernardo. Der Weg wurde wieder aufgesucht und in schweigsamer Eile innegehalten. An den Quellen des Rio Sibui wurde einen Augenblick Halt gemacht. Ich versuchte das Rauchen, aber mein Magen wollte davon schon nichts mehr wissen.

Von nun an blieb der Weg — es wäre Wahnwitz, dabei an einen Weg nach europäischen Begriffen zu denken — gut, auf Marschland, bald zu der rechten, bald zu der linken Seite des Flusses.

Wir kamen schnell vorwärts, waren aber bereits sehr hungrig. Fëio war wieder losgelassen worden und schlug stärker und stärker an. Mir graute vor der Ferne, aus der das anhaltende Bellen kam. Bernardo, Benedicto und João liefen diessmal allein. Ersterer hatte mir streng befohlen, nicht zu folgen, da ich keine Carrière mehr vertragen könne. Ich hatte also mit Antonio das Schwein und den Affen zu hüten. Wir stiegen in das nahe Flussbett hinab, wo wir auf einem Baumstamme, der über einer trockenen Sandbank lag, uns vergnügten, Hunger, Langeweile und Mosquitos zu ertragen, vergebliche Versuche machend, Holz zum Brennen zu bringen.

Gegen Mittag fielen zwei Schüsse. Ach, wie weit! Mit der Zeit kam uns Hundegebell näher — näher — immer näher. Es dauerte auch nicht lange, so sauste es im Dickicht an uns vorbei, hinterher mit dem Hunde Bernardo, gleich darauf im gebückten Trabe Benedicto und João, jeder ein Schwein auf dem Rücken. Das verfolgte entging uns. Ich sah es nur einmal. Es war ein Nu! Ein Husch! Der Hund jagte es hin und her; es wurde endlich aufgegeben. Wir hatten immerhin drei Stück.

Bernardo nahm die Flinten, Benedicto, João und Antonio — ein achtjähriger Knabe! — jeder ein Wildschwein auf den Rücken, und ich? — ich bekam, wahrscheinlich in Berücksichtigung meiner Militairuntüchtigkeit, den Affen zu tragen! Da hatte ich den schönsten russischen Pelzkragen um den Hals, der mir, erdrückend heiss wie es ohnedem war, weidlich zu schaffen machte, besonders wenn es über die schwankenden Palmenstammbrückchen ging, auf denen einem Christen angst und bange werden konnte.

Welche Wohlthat — ah! — als wir Schweine und Affen in das Canoe abwerfen konnten! Welche Wohlthat, als wir, aus der Wildniss tretend, 'im dunkeln Laub die Goldorangen' sahen! Das war ein Göttermahl! Bernardo hatte richtig geurtheilt. Der köstliche zuckersüsse Saft mit der letzten Hand voll Farinha sättigte und erfrischte uns vollkommen. Wir wurden wieder ganz wohlauf und nahmen mehrere Hundert der edeln Früchte mit, welche hier unbenutzt der Fäulniss entgegengingen.

Der hohe Wasserstand beförderte die Ausfahrt aus dem Flusse. Am andern Canoe angekommen, theilten wir uns und ruderten rüstigen Armes und seligen Muthes über die Bai dos Pinhëiros nach dem Hause Bernardo's, wo die Jagdbeute vertheilt wurde und die Andern sich verabschiedeten. Ich kaufte, wie schlechte Schützen zu thun pflegen, zu meinem Theile noch ein Mehreres hinzu, blieb aber hier über Nacht, da die Sonne bereits untergegangen war. Nach einem trefflich mundenden gekochten Abendessen schlief ich auf meinen warmen wollenen Decken, die der zurückgelassene Koffer mir erschloss — den Schlaf des Gerechten!

Am andern Morgen ruderte ich in meinem Canoe mit anderthalb Wildschwein nach dem Rio Poruguara. Es war ein himmlischer Morgen. Alles schwamm im reinsten Blau: Wasser, Wälder, Berge, Fernen und Himmel. Inmitten der Bai wurde auf einer Bank Anker geworfen, d. h. das Ruder in den seichten Grund gesteckt und das Boot daran gebunden, in keiner andern Absicht als um zu baden und alle etwaigen Zecken, denen man bei solchen Gelegenheiten nie entgeht, abzuspülen.

Wie neugeboren, mit frischer Wäsche auf dem Leibe, erreichte ich bald darauf meine Wohnung, wo Naninha ängstlich auf meine Rückkehr gewartet hatte. Ich kann diesen Bericht nicht schliessen, ohne ihre ausgezeichnete Geschicklichkeit im Seciren, Einsalzen, sowie Räuchern des Fleisches zu rühmen. Es dauerte auch nicht lange, so hing der ganze Muskelapparat des mitgebrachten Schwarzwildes, wie es das hiesige Klima verlangt, zu dünnen rothleuchtenden Lappen ausgebreitet in der Sonne. Da hing Fleisch für mehr als einen Monat!

Ein Beitrag zur Kenntniss des Manguewaldes in Bezugnahme auf die Bai von Paranaguá.

Frequentirt von Segelschiffen und Dampfern aus Chile, Montevideo und Rio de Janëiro bietet diese Bai einen überraschend malerischen Anblick, indem ihre weitverzweigten Buchten, geschmückt mit zahlreichen Inseln, fast von allen Seiten durch hohe immergrüne Waldgebirge eingeschlossen sind, auf denen die edelsten Bauhölzer der Auswahl harren, und Tapire, Wildschweine, Jacuhühner und noch mancherlei Wild ruhig ihrer Aesung nachgehen. Auf den Höhen dehnen sich gewinnbringende Ilexwälder (Ilex paraguariensis Lambert) aus. Für den Bedarf kommen fortwährend Rinderheerden das Gebirge herab. In den Niederungen wird die Ipecacuana (Cephaëlis Ipecacuanha A. Rich.) gefunden. In den Pflanzungen strotzen die Bananen, duften die Ananas, schwellen die Rhizome der Dioscoreen und Aroideen, schimmert Aipi und Mandioca, leuchtet Capsicum und Tomate: Es gedeiht der Kaffee, das Zuckerrohr, die Baumwollenstaude, der Tabak, der Reis in bewundernswerther Kraft, und ihre Cultur rentirt sowohl dem Brasilianer, gastfreundlich und friedlich, als den Ausländern: Nordamerikanern, Engländern, Franzosen, Schweizern, Italienern und Deutschen. Der Orangen- und Citronenbäume sind so viele, dass die Früchte verfaulen. Fische und Seekrebse werden zu Tausenden gefangen. Die Wurzeln des Manguewaldes sind belastet mit den besten, unerschöpflichen Austern. O reiches Land! Land meiner Sehnsucht!

Bleiben wir beim Manguewalde stehen. Er ist das Erste, was dem Besucher tropischer und subtropischer Länder entgegentritt. Bei hoher Fluth zwischen wogendurchbrausten Mangueinseln hinzusegeln gewährt ein Vergnügen, das derjenige, welcher es kennt, schwer vergessen wird. Schwer vergisst sich auch die lichte Freundlichkeit des in goldiger Morgenstunde über den Gewässern lagernden Manguegrüns. Dagegen lassen Windstille, Ebbe, Mondschein und Tageshitze Seiten hervortreten, die den Unerfahrenen belästigen.

Vor mehr als hundert Jahren beschrieb Jacquin den Manguewald Westindiens. Ich freute mich nicht wenig zu finden, dass seine Abbildungen und Beobachtungen ganz mit den von mir 450 deutsche Meilen südlicher gemachten übereinstimmten, ein Umstand, den man sicher dem an der Ostküste Südamerikas herabkommenden Arme des Golfstromes zuzuschreiben hat.

Dieselben drei Species constituiren diesen und jenen Uferwald. Viel zur äussern Charakteristik trägt eine langherabhängende Flechte bei. Hier und da tritt, sich der Umgebung bemächtigend, eine Loranthacee (Struthanthus vulgaris Mart.) auf. Epiphytisch kommen einige Bromeliaceen (Tillandsia stricta und recurvifolia Hook.) vor. Von Orchideen begegnen die Blicke wenigen vereinzelten Exemplaren (nur Epidendrum umbellatum Swartz, oder Brassavola cordata Hook.). Sonst besteht der Manguewald eben nur aus einer Wiederholung von drei Baumarten.

Die Cantabu-uba (Rhizophora Mangle L.) ist die einzige von den dreien, deren Stamm über dem Erdboden suspendirt angetroffen wird. Alte Stämme liegen ganz horizontal und gleichen hochbeinigen Böcken, wie sie Maurer bei Rüstungen brauchen. Die Beine des Bockes würden den Wurzeln entsprechen. Das eine dem Wasser zugewendete Ende des Stammes vegetirt kräftigst und schreitet fort, neue Wurzeln aus Wurzeln, Aesten und Früchten herabschickend. Das andere dem Lande zugewandte Stammende aber ist abgestorben.

Ein solcher Baum ist eigentlich blos der sichtbare positive Rest eines wer weiss wie weit hergekommenen verschwundenen

Stammbaumes. Die Belaubung kann man fast eine spärliche nennen. Grosse dünnhäutige, abfällige Nebenblätter schützen steife, gegenständige, kahle Blätter. Die Vernation beider ist convolutiv. Die einfache, ganzrandige, längliche Blattscheibe verschmälert sich in den Blattstiel, an ihm in zwei schmalen Rändern beiderseits herablaufend.

In Bezug auf die Inflorescenz entspringt der gemeinschaftliche Blüthenstiel achselständig, ist etwas zusammengedrückt, wird an seiner Spitze gabeltheilig und trägt daselbst eine becherförmige, zweispaltige Bractee. Die Stiele der Gabeltheilung tragen entweder direct je eine Blüthe oder theilen sich abermals. Jede einzelne Blüthe sitzt in einem wie oben beschaffenen Deckblatte. Der mit dem Fruchtknoten verwachsene Kelch ist viertheilig, steif, klappig. In seinem Grunde befindet sich ein Ring, welchem vier weisse, an den Seitenrändern zottigbehaarte Kronenblätter aufsitzen. Mit, vor und zwischen ihnen, also gleichfalls auf dem Ringe, sind acht staubfadenlose Stamina eingefügt, deren Connectiv, am Grunde breit, nach und nach schmäler werdend, oben in eine einwärtsgekrümmte Spitze ausläuft. Die Staubbeutel scheinen zwar in zwei Fächern der Länge nach aufzuspringen; bei näherer Betrachtung wird man aber gewahr, dass sie auf der Innenseite mit einer unten breiten, oben spitzen Klappe sich öffnen, welche sich in ihrer ganzen Länge ablöst und blos in der Basis als im Gelenk mit den offenen Staubbeuteln in Verbindung bleibt. Griffel kegelförmig, Narbe zweispitzig. Im Innern des Fruchtknotens hängen vier gegenläufige Samenknospen.

Die trockene Frucht schwillt kaum zur Grösse eines Taubeneies an. Ihre Basis umgiebt noch der abstehende Kelchsaum und jene gleichfalls stehengebliebene Bractee. Ihren nach unten gerichteten Scheitel durchbricht das Würzelchen des keimenden Samens.

Selten kommen zwei Samen zur Entwicklung. Der gekeimte Samen lässt sich in drei schwer zu definirende Körper zerlegen. In eine äussere becherförmige Hülle, an der die drei fehlgeschlagenen Samenknospen als rothe Knöpfchen wahrzunehmen sind, ist ein innerer, in einen Hals vorgezogener Theil eingetrichtert, dem das erste zusammengewickelte Blattpaar, unter welchem das lange spindelförmige Würzelchen nach unten strebt, innesitzt. Wenn das Würzelchen eine gewisse Länge erreicht hat, fällt es wohl gewöhnlich ab, erreicht aber oft, noch im Zusammenhange mit der Frucht, eine Länge von drei bis vier Ellen. Ja ich weiss nicht ob, wenn die Wurzel den Schlamm ohne Trennung vom Mutterstocke erreicht hat, eine solche überhaupt dann stattfindet. Traf ich doch auf einer Iridee (Cypella caerulea Seubert) einen blühenden Spross an, der aus der persistirend-vegetirenden Fruchtkapsel des fröhlich grünenden Mutterstockes hervorgewachsen war.

Die Cantabu-uba nahm den Saum der von Mangue bestandenen Anschwemmungen oder Schlammbänke ein.

Mehr auf den Rücken der letzteren hat sich schon der Mangue manso (Laguncularia racemosa Gaertn.) zurückgezogen. Ich kann nicht sagen, aus welchem Grunde man ihn zahmen Mangue nennt. Sein Stamm steht wohl schräg, liegt mitunter fast nieder, steht aber doch auf dem Boden, dessen Weichheit durch weithinkriechende Wurzeln befestigend. Die nebenblattlosen Blätter sind gleichfalls gegenständig. Der Blattstiel hat vor seinem Eintritte in die Blattscheibe zwei, zuweilen auch vier drüsige Erhabenheiten. Das in der Jugend von beiden Seiten her eingerollte Blatt wird nach und nach vollkommen elliptisch und eben, ist ganzrandig und steif. Die Blüthen sitzen an dreizinkigen, end- und achselständigen Spindeln. Dem verwachsenblättrigen Kelche sind äusserlich in der Hälfte seiner Höhe zwei Bracteen angewachsen, eine dritte stützt die Basis der Blüthe. In ihrem Innern wechseln fünf weisse, concave, hinfällige Kronenblättchen mit den Zipfeln des fünfspaltigen Kelchsaumes. Von den zehn Staubgefässen sind fünf vor den Kronenblättchen höher, und fünf zwischen ihnen tiefer eingefügt. Den Boden der Blüthe nimmt ein gestrahlter Discus ein, in dessen Mitte sich ein aufrechter Griffel mit knopfiger Narbe erhebt. Im einfächerigen, unterständigen

Fruchtknoten hängen zwei gegenläufige Samenanlagen, von denen eine zur Entwicklung kommt. Die Frucht ist klein, einen halben Zoll lang, trocken, kreiselförmig-dreikantig, mit einigen Längsfurchen versehen, unter dem stehenbleibenden Kelchsaum zusammengeschnürt. Ihr Inneres birgt den blossen Keim. Die Keimblätter sind über das gerade Würzelchen zurückgeschlagen und zusammengerollt. Abfallend kommt das Früchtchen mit seiner spitzeren Basis im Schlamme zum Stehen. Das keimende Würzelchen durchbricht den Scheitel der Frucht und erreicht, einen Bogen beschreibend, den Schlamm, worauf es das Perikarp in die Höhe hebt und später abwirft.

Der Mangue manso ist ausserordentlich mit Früchten gesegnet. Letztere fallen zu Tausenden und aber Tausenden ab. Die meisten werden weggeschwemmt und liegen in langer Linie im Guapicú, dem üblichen Worte für den Rückstand der Fluth.

Noch weiter landeinwärts im Mangue steht die Siriuba (Avicennia nitida L.). Sie wird weit grösser als ihre beiden Vorläufer, welche ich blos eine Höhe von dreissig bis vierzig Fuss erreichen sah. Eine ausgewachsene Siriuba gleicht im Wuchse einer nie verstutzt gewesenen bejahrten Weide. Im Innern des Manguewaldes trifft man stets mächtige Exemplare von gewiss siebzig Fuss Höhe an. Obgleich der Stamm dem Erdreiche aufsitzt, entspringen die Wurzeln doch ringsum in weiten Bogen wieder dem Boden, jeder Bogen auf der vom Baume abgewandten Seite mehrere Male hintereinander neue Wurzelbogen entsendend. Aus dem dazwischenliegenden Terrain spriesst es schwarz und feucht wie Spargel an Spargel, selten zur Entwicklung kommende Sprosse des allgemeinen Wurzelnetzes.

Das ins Bläuliche schimmernde Laub der Siriuba unterscheidet sich wesentlich von dem maigrüneren der Cantabu-uba und des Mangue manso. Die gegenständigen, nebenblattlosen Blätter sind an den Seitenrändern meist etwas zurückgerollt, wodurch sie ein schmales Ansehen bekommen. Die Blüthen sitzen sich gleichfalls gegenüber an endständigen oder den höchsten Blattachseln entspringenden, sich schnell verkürzenden Achsen. Deckblätter und Kelchblättchen decken sich ziegeldachartig. Vorerst bemerkt man deutlich eine vordere untere und zwei seitliche Bracteen. Von einer vierten hinteren kann nicht die Rede sein, denn hebt man diese ab, so bleibt die Basis der Blumenkrone nach hinten unbedeckt, was ein ordentlicher Kelch doch nicht zulassen darf. Der Kelch ist daher fünftheilig. Der Saum der härtlichen, weissen, trichterförmigen Corolle ist vierlappig. Davon sind drei schmälere untere Lappen vorgestreckt, ein breiterer oberer aber neigt sich nach hinten. Didynamische Staubgefässe entspringen über dem Grunde der Röhre, ohne Rudiment eines fünften. Der einfächerige, freie, aussen zottig behaarte Fruchtknoten endigt in einen kurzen Griffel, dieser in zwei Narbenspitzen. Im Innern des Fruchtknotens hängen von zusammengeflächtem freien Mittelsäulchen beiderseits je zwei collaterale Samenknospen herab, deren Keimmund sich unten befindet. Aus diesem tritt nach der Befruchtung das Eiweiss, den jungen Keim umhüllend, heraus, sich mit ihm seitlich neben der Columna centralis, von der die eine entleerte und die drei fehlschlagenden Samenknospen noch immer unverändert herabhängen, accommodirend. Die breit und tief herzförmigen Keimblätter umschliessen zusammengelegt das eingeschlagene, zottig aufwärts behaarte Würzelchen, bergen auch schon ein Stengelchen und eine zweiblättrige Plumula. Der Keim unterwirft durch sein kräftiges Wachsthum das Fruchtgehäuse einer bedeutenden Ausdehnung. Endlich platzt dieses, lederartig wie es ist, in zwei Klappen auf und lässt sein rüstiges nacktes Kind ohne irgend welche Umhüllung in die salzige Fluth fallen.

Im Monat Juli werden die hellgrünen Keime in endloser Zahl von den Wellen umhergetragen. An mancher stillen Bucht, wo die keimenden Pflänzchen seiner Zeit hingetrieben wurden, sieht es wie in den saubersten Baumschulen aus; ein- zwei- drei- vier- fünfjährige Stämmchen sind da so schön hintereinander aufgewachsen, als hätte ein Gärtner seine Freude daran gehabt, diese Zucht und Ordnung herzustellen. An anderen Stellen hingegen scheinen veränderte Strömungen altem Manguewald den Untergang zu bereiten. Brandung, sandiger Strand und offener Ocean sind seinem Gedeihen ebenfalls entgegen.

Wer bewohnt den Mangue? Obenan Krokodile! Kein Brasilianer jedoch wollte mir zugeben, je gehört zu haben, dass ein Jacaré einem Menschen ein Leids zugefügt hätte. Sein Nest macht das Jacaré (Alligator sclerops Cuv.) auf dem Barranco, der höheren Erdstufe, auf welcher der Hochwald mit einer Verschanzung von mannshohem Farrenkraute (Acrostichum aureum L.), Guanxuma (Paritium tiliaceum Adans.), Caraguata Pindá (Bromelia Pinguin Jacq.) und wilder Ananas (Ananas bracteatus Lindl.) beginnt. Ein solches Nest habe ich gesehen. Es stellte einen etwa drei Fuss hohen, mit sehr breiter Basis ansetzenden Kegel dar, aus ringsumher zusammengekehrten trockenen Blättern bestehend. In ihnen sollen die Eier, von der in der Nähe liegenden Mutter bewacht, in sieben Schichten deponirt sein. Ein einzelnes Ei hat die Grösse eines Gänseeis, ist aber länglicher, wie mit Gries überstreut und in der Mitte mit einem weisser schimmernden Ringe umgürtet.

In den hohlen Stämmen der Siriuba pflegt sich der Waschbär aufzuhalten. Er geht den Caranguejos (Uca laevis M. Edw.) nach, feuerrothen Seekrabben mit bewimperten Beinen.

Wenn der Cachorro do Mangue, Manguehund (Procyon cancrivorus Desmar.), eine Krabbe verzehren will, steckt er seinen Schwanz in ihren Bau. Die Krabbe, darob erbost, beisst zu, wird aber sofort herausgezogen, am nächsten Bächlein abgespült und verspeist.

Der Vollmond soll die Caranguejos, welche übrigens gekocht auch dem Menschen sehr wohl schmecken, vollständig verwirrt machen. Sie fallen dann hierhin und dorthin, wollen auf die Bäume klettern, taumeln herab und geberden sich überhaupt ganz sonderbar.

Die lautesten Bewohner des Mangue sind die Saracuras (Aramides cayennensis Gmel.). Sie ‘singen’, wie man sagt, oder vielmehr schreien so laut, dass man, das Gewehr zur Hand nehmend, glaubt, die ganze Gesellschaft hinter dem nächsten Busche antreffen zu müssen. Man kommt aber selten mit einer Beute zurück ohne, über und über voll Schlamm, die weichsten weiten Räume durchmessen zu haben. Für gewöhnlich singen die Saracuras im Chor früh und Abends. Manchmal erschallen nun zwei einzelne Stimmen am hellerlichten Tage. Schleicht man an der Hand eines wegekundigeren Brasilianers heran, so sieht man ein fertiges Nest und rechts und links davon ein Männchen und ein Weibchen, die aus Freude über das fertige Nest — sagt der Brasilianer — aus voller Kehle ausser der Zeit singen.

Die Saracuras gehen ebenfalls den Krabben und Austern nach. Diese letzteren sind eigentlich die annehmlichste Seite des Manguewaldes, indem seine überirdischen Wurzeln in der That mit den wohlschmeckendsten, reichlichsten Austern dicht überwuchert sind. Die Ostra do Mangue (Ostrea arborea Chem.) wird der Ostra da Pedra, der an Gestein sitzenden Auster, jederzeit vorgezogen.

Wenig Wesens von sich macht ein verdriesslicher, spannenhoher, grau- weiss- und braunmelirter Reiher (Ardea erythromelas Vieill.).

Schneeweisse (Ardea Leuce Illig. und Ardea nivea Licht.), trotz des Elementes, in dem sie leben, nie beschmutzte, oder blaue (Ardea coerulea L.) und grössere (Ardea Cocoi L.) Stelzfüssler sind den grössten Theil des Jahres in grosser Zahl vorhanden.

Oft prangt am Gestade — o herrliche Zierde! — der Guará (Ibis rubra L.), röther als die Blüthe des Granatbaumes, und der Colherëiro (Platalea Ajaja L.), die Centifolie unter den Vögeln. Im Fluge gegen den blauen Himmel bezaubert ein Zug solcher Guarás und Colherëiros das theilnahmloseste Auge. Man staunt, so niederes Bereich von so reinen und triumphirenden Farben besucht zu sehen.

Eigentliche Störche (Ciconia Maguari Temm.) und einer der grössten Störche der Erde, der Jabiru oder Tujuju

(Ciconia Mycteria Illig.) fliegen dann und wann bei Annäherung des Kahnes krächzend auf.

Im Schutze des ungestörtesten Mangueverstecks weilt ein hochedles Geflügel. Die grösste bekannte Ente, der Pato (Cairina moschata L.), schnäbelt daselbst die reifen Samen der Paraturá ab, eines am Ufer hin wachsenden Grases. Die Blüthen dieser Graminee zeigen unter der Loupe die reizendsten, langschwänzigen, grasgrünen Narben und Staubgefässe.

Die sogenannte türkische Ente nistet allerdings, wie schon Dr. Rengger in seiner Reise nach Paraguay (Aarau, 1835) erwähnt, die einzige ihres Geschlechts, auf Bäumen des Hochwaldes, und zwar in den Blattrosetten der Bromeliaceen. Vielleicht, dass ein Feind sie dazu zwingt.

An die Heimath erinnert ein anderer Wasservogel (Fulica armillata Vieill.), fast gar nicht von dem deutschen Blässhuhn verschieden. Einen weniger angenehmen Eindruck bringen die zahlreichen Schaaren der Cormorane (Halieus brasilianus Spix) hervor, unseren Seeraben an Gestalt und Grösse ganz und gar gleich, deren Deposita ganze Mangueinseln förmlich weiss übertünchen, deren hässlich grunzende Stimmen meilenweit hörbar sind.

Die Rinde aller drei Bäume des Mangue wird von Gerbern sehr hoch geschätzt und enthält mehr Gerbstoff als die beste Eichenrinde. Die entkleideten Bäume schwitzen aber einen Saft aus, der ins Wasser träufelnd die Fische verscheuchen soll. Deshalb sieht es das Fischervolk ungern, wenn die Erlaubniss zum Abschälen gegeben wird, was natürlich den Tod der Bäume herbeiführt.

Das Holz der Siriuba widersteht ausserordentlich lange den Einflüssen der Witterung und wird als Bauholz mit Vorliebe verwendet. Drei Brüder stritten sich vor meinen Augen um einen Siriubapfeiler im Hause ihres verstorbenen Vaters als um etwas Kostbares.

In manchen Jahren zeigt sich auf den Zweigen der Siriuba in grosser Menge ein weisses Wachs. Es wird — ich weiss leider nicht zu welchem Zwecke — gesammelt.

Ich habe nun schon lange am Manguewalde gelebt, ohne einen schädlichen Einfluss von seiner Nähe empfunden zu haben, und glaube nicht, dass er, unangetastet, der Gesundheit schädlich werden könne. Aber wo der Manguewald abgeschlagen wurde, ohne durch Aufschüttung sein Terrain der Fluth zu entziehen, da entstehen jene Blössen, wie man sie häufig in der Nähe von Städten und Ansiedelungen findet.

Eine interessante Erscheinung in den Manguewäldern sind die Sámbaquis, Muschelberge. Es giebt zwei Arten: tafelförmige und kegelförmige. Am Fusse der ersteren, aus gewöhnlichen Austerschalen bestehenden werden Menschenknochen und Steinäxte von der Fluth blossgelegt. Letztere mögen menschlichen Ursprungs sein. Die kegelförmigen bestehen aus kleinen symmetrisch zweiklappigen, strahlig gerippten Muscheln und haben den Beinamen Belbicão. Ueber ihre Entstehung äusserte sich treffend ein einfacher Waldbewohner: zu Anfang der Welt — er sagte: 'no fim do mundo' zu Ende der Welt — hätten bei Abfluss der grossen Fluth gewaltige Wasserwirbel alle Muscheln auf dem Meeresboden zusammengerafft und hier und da abgesetzt.

Ueber Anpflanzung der Manihot utilissima und Zubereitung des Mandiocamehles.

Aus der landschaftlichen Beschaffenheit unserer Küstengebiete, wie sie sich, versteckt von Wald, in endlosen Verzweigungen unterhalb der weit landeinwärts liegenden Gebirgsketten ausbreiten, hat man sich vor allem den Begriff freies Feld ganz hinwegzudenken. Hält es doch schwer, das kleinste Stück Land drei Monate lang vor der Ueberwucherung des allmächtig auftretenden Pflanzenwuchses zu schützen. Wald, Wald war, ist und wird jede Oberfläche in unglaublich kurzer Zeit. Nach zehn Jahren steht auf einstigen Culturen bereits hohe Capoëira, Nachwuchs, der merkwürdigerweise zumeist aus prachtvoll blühenden Melastomaceen besteht.

Da der nachgewachsene Wald ein abermaliges Niederlegen nicht lohnt und eine Verbesserung des Humus durch animalische Düngstoffe bei fast vollständiger Ermangelung derselben, von den entlaugenden Regengüssen ganz abgesehen, unmöglich ist, muss nothwendig zur Anlegung einer Pflanzung immer wieder an den Urwald gegangen werden, die Jungfrau, welche die Bekanntschaft des Eisens noch nicht gemacht hat. Und ich möchte fast fragen, wer einen grösseren Kraftaufwand aufbietet: der Knecht, welcher mit Pferden und Pflug den ebensten Acker umlegt, oder der Brasilianer, welcher Jahr aus Jahr ein nicht den Muth verliert, das spärliche Erdreich zwischen den voluminösen Stämmen eines halb gefällten und halb stehen gebliebenen Hochwaldes zu benutzen?

Doch kann nicht gleich zum Beile gegriffen werden. Die erste Hand wird an den Mato virgem (forêt vierge) mit der Espada, einem hackenden Säbelmesser, gelegt. In den geübtesten Händen tanzt und springt dieses Instrument rechts und links, hoch und tief zwischen den grössern Stämmen herum, löst die Taue und haltenden Fäden des Schlingpflanzennetzes, welches den Wald durchzieht, und wirft so unter einer gewissen Aufregung dessen, der es führt, ein Heer von Epiphyten, ein Wirrsal von Unterholz nieder. Ingwerartige und ananasartige Stauden, Begonien, Farrenkräuter, Piperaceen, Cyklantheen, kletternde Aroideen, junge Palmen und aufwachsende Bäumchen aller Art, kurz, botanische Schätze sind unbarmherzig klein zu hacken, zahllose, meist senkrecht niederhängende Wurzelfäden, oder grossbogige Ranken gewaltsam herabzureissen.

Erst nach langem derartigen Wirthschaften im Innern des Waldes wird das Terrain sichtbar und lassen sich die zu fällenden Stämme, säuberlich abgeputzt, zählen. Das Fällen selbst geschieht in der Höhe, wie es einem mit der Axt hantirenden Manne bequem ist. Sich zu bücken, liebt der Brasilianer nicht. Daher in seinen Pflanzungen die leidigen, zwei Ellen hohen, platzraubenden Wurzelstöcke. An ein Ausroden denkt, ja darf wohl hier Niemand als an ein Ding der Unmöglichkeit denken.

Der Brasilianer leistet Ausserordentliches mit der Axt. Zwölfjährige Knaben machen sich lachend an Stämme von enormem Umfange und bewältigen sie in wenigen Stunden. Der bevorstehende Sturz wird mit solcher Sicherheit berechnet, dass die Fällenden sich weder verstecken, noch zurücktreten. Jedoch kann ein unvorhergesehener Fall eintreten, wenn versteckte Sipós die Krone des Baumes zurückhalten, welche dann im Fallen eine andere Richtung annimmt, oder Aeste aus den Nachbarkronen mit herunterreisst. Ich hörte noch nie von einem Unfall. Die Holzfäller haben ein Sprüchwort: 'Quem de medo corre, de medo morre.' Davonlaufen sei gefährlicher als Standhalten.

Flinker, hurtiger, ja vergnügter als diese niebetrübten Naturkinder kann man kaum Jemanden arbeiten sehen. Die grössten Bäume zerschmettern sich im Falle. Der Wald liegt da, ein unzugänglichstes stracklichstes Gewirre. Nur der seines Gleichgewichts Gewisse darf sich von Zweig zu Zweig, wie von Brücke zu Brücke, hoch über dem darunter liegenden Boden hinwagen. Während die eines Anhaltes bedürftigen Hände grausame Dornen berühren müssen, laufen die Füsse Gefahr, in noch schrecklichere Bewaffnungen abzugleiten zwischen grässlich geschrammten und zersplitterten Baumkronen, welche im Hinwelken gigantischen, übereinander geworfenen Hirschgeweihen zu gleichen anfangen.

Einen erfreulichen Gegensatz zu dieser der Zerstörung geweihten Unordnung bietet der ringsum blossgelegte, gleichsam im Durchschnitt sich präsentirende Wald. Zum ersten Male küsst der Sonnenstrahl die jungfräuliche Flora einer feuchten Schattenwelt; war er es doch gewesen, der ihres Wuchses stumme Sehnsucht über die Erde emporgehoben hatte.

War dort Alles schon Vernichtung und unvermeidlicher Tod, so ist hier Alles noch Leben und Aufbau. Da stehen der Tropen edelste, höchste, schönste Laubbäume und auf ihren Gipfeln noch wunderbare Gäste von oft ganz heterogenen Pflanzenelementen, sich übermüthig sonnend, als hätte ein Zauberer sie da hinauf gesetzt. Da steht die Jiçarapalme (Euterpe oleracea Mart.), deren weisser, glatter, schlanker Stamm, von der kurzen grünen Kohlsäule überragt, seine sanft sich senkenden Wedel schlicht zweiseitswendig gleich Straussenfedern ausbreitet. Da steht die Palme Indaia (Attalea compta Mart.), welche an wohl vierundzwanzig Fuss langen Blattstielen ihre geraden Fiedern hahnenfederartig in der senkrechten Ebene entfaltet. Da steht die in schwarzen Stacheln starrende Braia-uba (Astrocaryum Ayri Mart.); die gleichfalls bewaffnete kleinere Tucumpalme (Bactris setosa Mart.), deren Fiedern den Blattstiel mit Unterbrechungen in sich rhythmisch wiederholender Verschiedenheit ihrer Richtungen besetzen und vorzüglichen Hanf liefern. Da stehen noch kleinere Palmen, die gefiederte Guamiova (Chamaedorea pauciflora Mart.) und die uns einzig und allein gegen den Regen schützende Guaricanna.

Doch auch dieser Herrlichkeit, auf der unsere Augen jetzt fast zu lange verweilten, droht nahes Verderben. Für den dazwischen aufgehäuften Holzstoss giebt es kein anderes Schwert als die einäschernde Kraft der Feuerzungen. Im erst nach Monaten dürren Holze von anfachenden Winden geschürt, prasselt die Lohe, rasselnd, funkensprühend, knackernd, flackernd, bei einer fast donnernden Heftigkeit des Luftzuges, unter aufqualmenden, vielgestaltig sich überwälzenden und schnell hinweggeführten Rauchwolken ihr Amt verrichtend, zum Himmel empor. Prompt ist es verrichtet, und bald hängen die letzten blauen Flocken gleich abziehenden Geistern an ewig grünen, unveränderten Waldabhängen.

Ist der Blick nicht mehr behindert, so sieht man in eine traurige Feuerstätte, in der oft noch ungeheure Stämme halb verkohlt umherliegen, und sehr viel unverbranntes, aber tüchtig angerusstes Holz und Geäst, stets noch alle angebrannten Baumstumpfe zu sehen sind. Die Umgebung steht versengt auf unversehrtem Waldeshintergrunde, der durch seine Feuchtigkeit allein dem sonst so furchtbaren Elemente einen unbezwinglichen Damm entgegensetzte.

Nach dem Abkühlen heisst es nun sich vor dem Russ nicht scheuen. Es geht an das Aufräumen. Bald wird man Einwirkung gewahr. Ordnung zeigt sich, eine malerische, zwischen unüberwindlichen Holz-, Fels- und Terrainhindernissen. Die Brasilianer sind hier abermals zu loben. Sie scheuen keine Arbeit, um eine Spanne Erdreich zu gewinnen. Schwere Stämme werden aufgehoben, bei Seite und übereinander oder so gelegt, dass darunter gepflanzt werden kann. Das kleine Holz wird — ach, mit manchem Säbelhiebe! — zusammengeschlagen, gesammelt und entfernt, und nach vieler Arbeit ein Boden blossgelegt, auf dem ein Europäer immer noch fürchten würde, sich den Fuss zu vertreten. Im unverbrannten Zustande heisst der Waldschlag Roçada, jetzt Roça.

Wieder reinlich gekleidet, das sind die Brasilianer, so oft es nur angeht, werden nun von den Frauen, gewöhnlich in dunkelblauen Röcken und zierlichen, an Hals und Handgelenken zugeknöpften kurzen Ueberhemdchen, mit der Hacke in der Hand, doch auch von Männern, fast nackten, in weissen — wie soll ich sagen? — Badenevermentionums, und ganz nackten Kindern, deren weizenbraune Haut durch das Carmin, welches jeder Fleischton enthält, im Freien allerdings einen Kupferschein annimmt, die Covas aufgeworfen. Es sind das hemisphärische Beete von Backschüsselform. Mir scheint eben dieses eine wohl auscalculirte Form, welche, abgesehen von dem schattenwerfenden Walde, den Sonnenstrahlen von Morgen bis Abend auf keinem Punkte ihrer Oberfläche sich zu sammeln gestattet.

So leben die jungen zarten Pflanzentriebe, bis sie kräftiger sich selbst beschatten, in einer erträglichen, gewissermassen künstlichen Temperatur. Es leuchtet ein, dass auf horizontalen Flächen die Hitze und Möglichkeit des Sonnenbrandes eine weit grössere ist. Auch müssen diese Beete hoch sein, um dem schrankenlosen Regen, an dem es nie fehlt, Abfluss zu gewähren, damit das Gepflanzte nicht ersäuft wird, eine Rücksicht, der mir ihre convexe Gestalt gleichfalls zu entsprechen scheint.

Die Mandiocapflanzungen werden einzig und allein durch Stecklinge erneuert. Aus vorjährigen Roças werden Stengel, ausgerissen wie sie noch umherliegen, gesammelt und, in Bündel gebunden, zu den neuen Beeten getragen. Ein solcher etwa fingerstarker, mehrere Fuss langer, wiederholt gabelästiger Stengel ist sehr höckerig anzusehen und noch höckeriger anzufühlen. Das Stellungsverhältniss dieser in kurzen Zwischenräumen am Stengel vertheilten Höcker, die sich durch die netteste Uebereinstimmung gleichförmiger Ausbildung hervorthun, drückt der Bruch zwei Fünftel aus, das heisst auf zwei Stengelumläufe kommen fünf Höcker. Ein jeder Höcker zeigt einen vordern, stielrunden, schräg nach oben abgestutzten, und zwei seitliche, zusammengeflächte Fortsätze, die Basen abgefallener Blätter und Nebenblätter, in seiner Achsel ein somit gut geschütztes Knöspchen. So viel Höcker, so viel Augen. Die behöckerten Stengel werden in

Stücke von etwa fünf Zoll Länge gehackt, Piques genannt. Sie begleiten, in einen Korb geworfen, die Pflanzende, welche mit ihnen die Covas so zu sagen bespickt, indem sie die Stecklinge in einer vom Centrum der Cova excentrischen Richtung mit den Augen nach oben schräg in die Erde steckt.

Zugleich wird diese Gelegenheit benutzt, dem entblössten Boden alle nur möglichen brasilianischen Culturpflanzen anzuvertrauen. In abschüssige Grüfte werden sich selbst düngende und bestockende Bananen (Musa sapientum L. und Musa paradisiaca L.) gepflanzt, und erstere dadurch ingeniös verwerthet. In die aschehaltigsten Tiefen wird Zuckerrohr (Saccharum officinarum L.) gesteckt. Eigensinnig die Beschaffenheit des Bodens prüfend, scharrt die an Erfahrungen reiche Hausfrau des Eingebornen nur an geeignet erkannten, je nach Erforderniss trocknen oder feuchten, fetten oder sandigen Orten ihre Wurzelknollen und Rhizome ein. Auch vielerlei Samen, besonders schwarze Bohnen (Phaseolus derasus Schrank), Mais (Zea Mais L.) und Aboboras (Cucurbita Potiro Pers.), hartfleischige Kürbisse, harren bereits in der Erde ihrer Auferstehung.

Ich spreche hier blos von den Unternehmungen einzelner auf sich selbst beschränkter freier Familien. Diese haben ihre Kaffee- und Orangenbäume nebst einigen Baumwollenstauden in der Nähe ihrer Wohnungen. Mit dem ausschliesslichen Anbaue des Kaffees, Zuckerrohrs u. s. w. können sich allein Reichere befassen. Diess möge denen genügen, welche letztere Culturzweige hier vermissen sollten. Der Reis will im Sumpfe stehen.

Doch der Segen kommt von oben. Er kommt in der überschwänglichsten Fülle der gewünschten Pflanzen. Schon nach wenigen Monaten entrollen täglich die Bananen neue hellgrüne Blattscheiben von zwölf Fuss Länge, erhebt der maigrüne Mais und das oft gelb und grün gestreifte Zuckerrohr über zweiseitswendig lang herabhängenden schlanken Blättern seine hohen, im Winde gleich Rossschweifen — Bandëiras, Fahnen nennt sie der Brasilianer — wehenden Blüthenstände.

Auf Felsen und liegenden Baumstämmen wuchern längst die rankenden Ausläufer der Wassermelonen (Cucurbita Citrullus L.) und Aboboras. Schon verstecken die angebrannten Baumstumpfe überall die glänzenden netzaderigen Blätter der Dioscoreen, Inbegriff mehrerer Arten Carás (Dioscorea sativa L.; D. dodecaneura Vellozo; D. piperifolia Willd.). Die windende Batata (Batatas edulis Choisy), unsrer undankbaren Zaunwinde so ähnlich, bemächtigt sich überall der versengten Umgebung. An den feuchtesten Stellen gedeihen Aroideen mit fünf Spannen langen und vier Spannen breiten Blattspreiten oder mit schildstieligen kleinern Blättern. Die wohlschmeckenden Taias (Colocasia Antiquorum Schott) sind die Rhizome der erstern, eigentliche Wurzelknollen der letzteren aber die Mangaritos (Caladium sagittifolium Vent.).

Indessen hat die Mandioca (Manihot utilissima Pohl) ihre Stengel zu Mannshöhe herangebildet und verleiht durch fingerartig ausgespreizte Blätter, welche über den Beeten eine von Sonnenschein und Schatten durchwebte Atmosphäre erhalten, darunter gepflanzten Bohnen, Zwiebeln, Schnittlauch und Gemüsen aller Art die zu ihrem Gedeihen geeignetste Temperatur. Viele Sorten brennendrother spanischer Pfeffer (Capsici species variae) und Caruru (Amarantus melancholicus L.) mit violettrothen Blüthenständen, Zugaben der Natur, helfen das Ganze schmücken, und sind die ersten Vorboten einer neuen Pflanzendecke, denn die Geschlechter des Urwaldes stehen nicht wieder auf.

Ja, das ist ein charakteristisches Moment in den brasilianischen Pflanzungen: der gleichzeitige Anbau so vieler verschiedener Pflanzen. Die Cultur der Rama, des Zweiges, wie der Mandiocastrauch kat' exochen genannt wird, erlaubt, ohne dadurch im geringsten beeinträchtigt zu werden, diese Vielfältigkeit der Ernte auf ein und demselben Grund und Boden. Auch liegt es in der Natur der Sache, ein mit so viel Schweiss und Anstrengung erzieltes Stück freies Land so schnell und so viel wie möglich auszubeuten, da es unerbittlich, was nun freilich nicht Allen einleuchten wird, der Wildniss wieder anheimfällt.

Sicher gewährt eine solche Pflanzung durch die Verschiedenartigkeit und helle Frische ihrer Vegetation, durch ihre abgeschlossene Lage inmitten des viel dunkelgrüneren Waldes, der sie allen neugierigen Blicken entzieht, durch den Wechsel gartenartiger menschlicher Accuratesse mit gebieterisch sich dazwischenwerfenden übermenschlichen Naturhindernissen, das lieblichste Bild, was Anbau der Menschen überhaupt gewähren kann.

Wer, ohne Augenzeuge gewesen zu sein, könnte sich den Glanz des Lichtes, der auf solchem Bilde ruht, genügend vorstellen? Wer den Duft der Schatten, wie sie auf dem von allen Seiten senkrecht aufgehangenen, palmendurchwirkten Teppich des Waldes eingewebt sind? Wer, ohne es selbst gehört zu haben, könnte sich das Geschrei der grossschnäbligen Tucanos, das laute Geschwätz der Papageien, den glockenreinen Ruf der Guaraponga, welche auf den höchsten Wipfeln einzeln, blendendweiss am blendendblauen Himmel zu sitzen pflegt, harmonisch genug hinzudenken? Wer das Balzen der Jacuhühner, über die Fruchttraube der Palmen, ihre Nahrung, geneigt, oder das Girren der wilden Tauben? Wer besässe genug Phantasie, sich den Besuch einer im Klettersprunge herabkommenden Affengesellschaft, oder die Possirlichkeit der sich durch den Lärm ihrer Stimmen verrathenden Eichhörnchen zu vergegenwärtigen — was Alles sich dem Waldessaume nähert?

In frühester Morgenstunde nascht schüchtern das Reh von den Sprossen der Pflanzen, die ihm anstehen, naht der Tapir und ein wurzelknollenlüsterner trefflichschmeckender Gast, die Paca. Auf den Hinterbeinen sitzend harrt das Aguti der Sonne. Hervor wagt sich das gepanzerte Tatu. Hier läuft rufend ein Volk Rebhühner vorüber, thörichte Vögel, welche von Generation zu Generation bei Regen unter der Falle, ihrem Unglücke, Schutz suchen. Dort verspätigen sich sorglos taubenfarbige Inambus und Macucus, deren grosse himmelblaue Eier, die auf Erden ihres Gleichen nicht haben, förmlich fesseln, wenn die Blicke dem Neste auf dem Boden des Waldes begegnen.

Ihre unterschiedlichen Spuren sind das erste, dem der an die Arbeit gehende Mensch, früher noch die vorauseilenden Kinder begegnen. Listig wusste er zuschlagende Aratakas zu stellen. Die Mutter bereitet das Gefangene zur Mahlzeit am Feuer, dessen weisser aufsteigender Rauch am Tage die Anwesenheit des Menschen verkündet.

Je nach drei Monaten muss wiederholt gegätet werden. Es ist das eine mit grossen Mühseligkeiten verbundene Hauptarbeit. Das Unkraut zeigt sich fast mächtiger als der Mensch. Dazu belästigt die Gätenden über alle Maassen ein mikroskopisches zinnoberrothes Trombidium, der Mucuim.

Die verschiedenen Wurzeln und Früchte werden seiner Zeit heimgetragen: hundertpfündige und hundertfrüchtige Bananenfruchtstände, dreissigpfündige Wurzelknollen und Kürbisse! Im Innern purpurrothe, zuckersüsse Wassermelonen! Körbe voll Batatas, Säcke voll schwarzer Bohnen, Fëijões! Erstere mit spanischem Pfeffer das beste Zugemüse zu gesalzenem Seefisch, letztere, mit Carne secca gekocht, das nationale Lieblingsessen.

Doch halten wir uns nicht mit diesen kostbaren Bodenerzeugnissen auf, von denen ich nur eines wünschte, dass sie sich in mein Vaterland verpflanzen liessen.

Die Mandiocawurzeln sind nach einem Jahre brauchbar, nach zwei bis drei Jahren am besten, wenn mit Sand gemischter hochgelegener Boden gestattet, sie so lange liegen zu lassen. Diese am Grunde kurzgestielten, an der Spitze geschwänzten Wurzeln gleichen noch am meisten unsern Georginenknollen. Die längeren messen drei Spannen bei zwei bis drei Finger Stärke. Selten hängen funfzehn und mehr an einem Stocke. Sie werden nach Bedürfniss ausgemacht und in halbkugeligen Taquarakörben auf dem Kopfe heimgetragen.

Folgen wir, um bei der Fabrikation des Mandiocamehls gegenwärtig zu sein. Einige wenige Vor- und Einrichtungen hierbei wird es nicht schwer halten zu verstehen. Diese sind das Rad, Roda, die Presse, Prensa, der Ofen, Forno, und der Tipití.

A Roda, das Rad, besteht aus einem hohen schmalen Mitteldiug von Bank und Tisch, dessen hinteres Beinpaar länger als das vordere ist. Dadurch kommt die von ungleichen Beinpaaren gestützte Tafel in eine der Länge nach ansteigende schiefe Ebene zu liegen. Ihr Mittelfeld ist zur Aufnahme eines grossen vierspeichigen Rades durchbrochen. Dieses, ein Schwungrad, hängt in einer eisernen, in eine Kurbel auslaufenden Achse in und auf der geneigten Bank. Das vordere, tiefer liegende Bankende gewährt einer alsbald vor dem Rade Platz nehmenden Person einen bequemen Sitz à cheval. Man stelle sich nur getrost ein Wagenrad vor. So kommen wir am schnellsten auf die Hauptsache, den Beschlag. Er ist von Kupfer. Vermittelst eines Spitzeisens wurde seine ganze, etwa vier Zoll breite Kupferperipherie reibeisenartig geschärft. Doch hüte man sich zu denken, dass der Beschlag durchlöchert sei oder gar die zu zerreibende Masse durchfalle. Die Rauhigkeiten der reibenden Fläche sind rein äusserlich, oberflächlich herausgetriebene Zähne. Drei Breter, das vordere über dem Tische mit einem Thore, überdachen das Rad, damit Niemand so leicht zu Schaden komme.

Die Mandiocawurzeln sind unterdessen wiederholt gewaschen und, wie man Möhren schabt, mit dem Messer gereinigt worden. Während der Mann die Kurbel ergreift, besteigt die Frau ihr Pferd vor dem Rade und nähert die weissen Wurzeln der gefrässigen, blitzschnell rotirenden Peripherie, welche die abgehende zerriebene Masse der sich geschwind verzehrenden Wurzeln nach unten und aussen abstösst. Ein Trog oder ein ausser Dienst gesetztes Canoe, zu diesem Zwecke unter die Bank geschoben, fängt die weiche flockige Masse auf.

Die Brasilianerin in ihrem schönen schwarzen Haar, ein immer freundliches Wesen, hat ihre zarten Hände — solche haben sie fast alle — fein in Acht zu nehmen. Der Brasilianer aber, welcher wieder in Badeinexpressibles vor uns steht und diessmal in der That einem Bade, nämlich einem Schweissbade entgegensieht, dreht, dreht, dreht, ohne zu ermüden, Stunden, ja halbe Tage lang. Da sieht man denn doch, dass so ein Mann Muskeln an den Gliedern und Kraft im Leibe hat.

Wenden wir uns zur Prensa, der Presse. Das ist ein weit ehrwürdigeres, aus unverwüstlichen Kernhölzern gezimmertes Möbel. Die edeln Holzarten, welche in den Palästen der Grossen Pracht und Reichthum verkünden und in den Salons des beschränktern Wohlstandes noch als Furnir von der Schwäche eines Papierblattes auftreten, finden sich hier, ersten Bedürfnissen des Lebens dienend, in der Stärke von Pfosten und in Maassen von Gebälk verwendet. Zwischen vier in den Boden eingerammten Balkenköpfen — denn das Ding muss feststehen — ist, einen niedrigen Tisch darstellend, eine oblonge, horizontale Platte von acht Fuss Länge, über zwei Fuss Breite und einem halben Fuss Stärke eingeklammert. Auf ihrer Mitte verläuft mit einer Ausmündung nach vorn eine kreisförmige Rinne von zwei Fuss Durchmesser. Rechts und links von diesem Kreise sind auf derselben Ebene zwei senkrecht stehende Balken eingelassen, unterhalb durch Querpflöcke unerschütterlich festgestellt. Sie durchsetzt in einer Höhe von circa acht Fuss eine horizontale Pfoste von ausgesuchter Härte. Der Durchschneidungspunkt ihrer Diagonalen liegt perpendiculär über dem Centrum jener kreisförmigen Rinne. Diese Perpendiculäre ist die Achse eines von oben nach unten wirkenden Schraubendruckes, der auf ein ihm ausgesetztes Korbgeflecht, den Tipití, ausgeübt wird, über dem die gewaltige Schraube aus ihrer nimmer nachgebenden Mutter, oben in dem erwähnten Quergebälk, herabläuft. Durch den untern vierseitigen Kopf der Schraube gehen zwei sich kreuzende Löcher, deren vier Mündungen einem die Schraube in Gang bringenden Hebel, den der Rahmen der Presse an der stetigen Fortsetzung seiner Wirkung hindern würde, jederzeit bequeme Stützpunkte liefern. Aber das unterste, horizontal abgestutzte Ende der Schraube ist cylindrisch und dreht sich in einer seichten, durch die oftmalig gleitende Umdrehung auspolirten, gleichfalls cylindrischen Depression auf dem Scheitel eines sich nicht drehenden Holztellers, der dem unter seinem Drucke leidenden Tipití aufgesetzt wird. Durch eine zweckentsprechende Textur ist der Tipití solcher Einwirkung gewachsen. Während ihm Scheitel und Basis zwischen ebenen, sich nähernden Holzflächen gefangen gehalten werden, verschiebt er sich in die Breite.

Der Tipití wird hier zu Lande aus den Zwischenknotenstücken des Taquarubu gefertigt. Seine hohlen, anderthalb Zoll im Durchmesser haltenden Stengel sind zum Korbflechten in allgemeinem Gebrauche, weil sie sich trefflich schnurgerade, selbst über die Knoten hin in. lange lineale Bänder spalten lassen. Während nun an andern Körben das flechtende Band zwischen perpendiculären oder strahligen Rippen sich in horizontalem Sinne hinzuziehen pflegt, durchflicht sich dagegen im Tipití dichtgeschlossen blos Obliques mit Obliquem. Dadurch wird er geschickt unter dem Drucke sich zu setzen und, entleert, sich wieder aufrichten zu lassen. Sein Hauptzweck ist, die giftige wässerige Milch der zerriebenen Wurzelsubstanz abzuführen und den compacteren, stärkemehlreichen Nahrungsstoff zurückzuhalten.

Ein regulärer Tipití stellt einen Korbcylinder von etwa zwei Spannen Höhe und Breite dar. Unter der Presse vermindert sich seine Höhe, nimmt seine Breite zu. Dann gleicht er einem Schweizerkäse. Es hält aber schwer, ihn so weit zu bringen. Die Hausbewohner dürfen es nicht an repetirten gymnastischen Uebungen an dem weit in den Saal hineinragenden Hebel fehlen lassen, der nur mit Zaudern quietschend nachgiebt.

Anfangs schiesst die äusserst giftige Mantiquëira, so heisst die zu entfernende Wolfsmilch — unser Client, der Mandiocastrauch, gehört in der That in die Familie der Euphorbiaceen — reichlich aus den Maschen des Zickzackgeflechtes hervor. Die oben auf dem Pressentische erwähnte kreisrunde, mit einer vordern Ausmündung versehene Rinne, in deren Mitte der Tipití steht, fängt das Gift auf und führt es in eine vor der Presse stehende Wanne, Gamella.

Das beste und feinste Mehl, die Tapioca, auch Tipioca genannt, fliesst dagegen mit der Mantiquëira heraus und setzt sich, ganz wie bei der Bereitung des Kartoffelmehls, in der Wanne zu Boden. Die Quantitäten, in denen es gewonnen wird, nachdem das Gift abgegossen wurde, sind aber gering. Der Nahrungsstamm, dessen Consum eine massenhaftere Zubereitung verlangt, befindet sich im Tipití, bis der letzte Tropfen Mantiquëira herausgepresst worden ist.

Da tritt nun freilich zuweilen der ärgerliche Fall ein, dass, je nach dem Wohlstande des Hausherrn, eine schnoppernde Kuh, ein gefrässiges Schwein, welche sich dem gefährlichen Filtrum näherten oder über der leichtsinnig weggeschütteten Mantiquëira weilten, plötzlich verenden. Die Möglichkeit der Vergiftung ist eine so grosse, dass sich mir Mandiocaanbau und Viehzucht nicht zu vertragen scheint. Die Wirklichkeit spricht für meine Ansicht. Die Mandioca essenden Küstendistricte sind in der That vieharm. Die durch ihren Viehreichthum berühmten Hochländer nähren sich von Mais.

Lassen wir uns hierdurch aber ja nicht von der Vollendung der Farinha, des Mandiocamehles, abhalten. Die Schraube wird in die Höhe geleiert und — doch erst zum Ofen.

In primitiven Zuständen hat sich der Hausherr mit mehreren Gewerben zu befreunden. Er war es, der schon als Bräutigam aus ausgesuchten Hölzern die untadelhaft gezimmerte Bettstelle vorbereitete, auf der seine Nachkommen das Licht der Welt erblicken sollten, er war es, der das Haus baute. Er ist es, der die Schraube und schwierigere Schraubenmutter ausschneidet, der die Körbe mit complicirten Mustern und den Tipití flicht, er, der das Rad construirt.

Ein Forno ist ihm ein Leichtes. Zu diesem Zwecke versieht sich unser Tausendkünstler reichlich mit wohldurchknetetem Lehme und fängt an, seinen Plan gegen eine Ecke des Hauses mit Berechnung eines vordern Thores auf den Boden hinzuwerfen. Die Arbeit fleckt. Die gerundete Wandung hebt sich, schliesst sich über dem Eingangspförtchen, der Ofenthür, und wird bis zu bequemer Leibeshöhe, sich ein wenig nach innen wölbend, fortgesetzt. Der Deckel des Gewölbes ist aber ein Product höherer Industrie, ein kupferner, ganz flacher. Kessel, dessen Rand sich nur wenige Zoll über sein völlig ebenes horizontales Mittelfeld erhebt. Der Durchmesser seines Umfangs hängt vom Beutel des Besitzers ab. Grosser Diameter ist das Ziel der Wünsche Unbemittelter. Ein tüchtiges, im Innern des Forno angelegtes Feuer giebt vorerst der getrockneten Umfassungsmauer die Festigkeit des gebrannten Ziegels, dann der Kupferplatte die geeignete Wärme.

Aus dem freistehenden Tipití wird die noch giftige Masse herausgenommen und passirt ein ausserordentlich genau und fein aus eben jenem Taquarubu geflochtenes Sieb, Penëira. Die durchsiebte, von gröbern Wurzelfasern befreite feuchtlockere Masse, Massa coada, wird nun sogleich von der Gattin des Hausbesitzers oder einer seiner Töchter, sofern die Länge ihres Armes der Hantirung gewachsen ist, auf der mässig erwärmten Kupferplatte ausgestreut und mit dem Apá, einer kleinen handlichen Schaufel von der Form eines Schulterblattes, zur Vermeidung des Anbrennens fortwährend hin und her geworfen. Dabei mag es allerdings den zuweilen wirklich bildschönen Brasilianerinnen etwas warm werden. Das Gift ist verflogen und die Farinha, unser tägliches Brod, das, wenn es gut ist, in die Höhe geworfen stiebt, ist fertig.

Zum Schlusse werden noch Kuchen gebacken, Bëijus. In dieser Absicht wird entweder in Bananenblätter eingeschlagene Tipitímasse auf die noch warme Platte gelegt, oder Tapioca in flachen, zusammenbackenden Häufchen aufgestreut.

Die kleinern Hausbewohner, nicht selten splitternackte Kinder, denen das Kuchenbacken ein Fest, das Warten langweilig ist, incommodiren dann wohl ein wenig die Bäckerin. Wenn der Ofen nicht zu hoch für ihre kurzen Aermchen wäre, hätten sie schon längst der Mutter einen Bëiju unter den Händen weggenommen. 'Deixem-me meninos!' Lasst mich in Ruhe, Kinder!

Die schneeweissen Tapiocablätter werden von geschickten Händen noch capriciös gefaltet, gerollt und künstlich zusammengelegt. Dann aber bekommt Jedes einen reichlichen Antheil.

Ob das Mandiocamehl auf die Dauer ein gesundes Nahrungsmittel sei, maasse ich mir nicht an entscheiden zu wollen. Dass aber Mandioca essende Aeltern zwischen sechzehn, zwanzig und zweiundzwanzig gesunde Kinder haben, die mit vierzehn und sechzehn Jahren Frauen und Männer sind, dass Mandioca essende Gross- und Urgrossältern oft über hundert, mitunter hundertundfunfzehn, ja sogar hundertunddreissig Jahre alt werden, steht fest.

Vor einigen Jahren besuchte der Kaiser von Brasilien auf einer Reise in die nördlichen Provinzen einen armen Fischer, der gewiss auch in seinem Leben mehr Mandioca als Weizenbrod gegessen hatte und Vater von vierzig Kindern war, um sich bei ihm für die vierzig dem Reiche gestellten Staatsbürger zu bedanken.

Fang des Biraguay*).

Wenden wir uns jetzt einer bisher kaum berührten Seite unsers Küstenlebens, der Fischerei zu. Die unmittelbare Nähe des Oceans, das sich erfinderisch in Buchten zertheilende Festland, dessen triefende, nirgends unterbrochene Wälder einen unglaublichen Fluss- und Bachreichthum unterhalten, begünstigen sie.

Die Kenntnisse des Ichthyologen, so eingehend sie auch sind, lassen sich schwerlich mit der Summe der Erfahrungen des Ichthyophagen messen. Ihren Kreis zogen nach und nach die Vorfahren. Durch Ueberlieferung überkommen erweitert ihn sich während einer vieljährigen Praxis täglich der Fischende.

Da sieht man Sachen! Goldfische von aussen, das ist nichts Besonderes. Wir haben ihrer hier von vier Fuss Länge, z. B. die stattliche, überaus wohlschmeckende Pescada. Ein Mann fängt wohl auch zwanzig Stück an einem Morgen. Aber Goldfisch von innen, ist das schon Jemand vorgekommen? Unsere Acará, aussen silbergrau, ist im Innern auricolor, als hätte ein Vergolder sie in Händen gehabt. Um mir das Wunder zu zeigen, schnitt eine Frau den grätenreichen, nicht beliebten Süsswasserfisch auf: metallischglänzender Goldglanz, ausgegossen über die Auskleidung der Bauchhöhle.

Da hört man von Dingen! Von ganz staunenswerthen, welche sich vielleicht nicht alle in Naturgeschichten einge-

*) Es ist mir zum Vorwurf gemacht worden, dass ich Biraguay schreibe. Meine Orthographie ist die von St.-Hilaire, Voyage dans l'intérieur du Brésil, IV, 2, p. 213.

tragen finden, aber zweifelsohne aus der Anschauung naturfreundlichster Wahrheit entsprungen sind.

Ist das nicht zum Kopfschütteln, dass man mitten im Walde einer vorüberraschelnden Fischinfanterie begegnen kann? Es sind diess die sogenannten Guacaris (Loricaria cataphracta L.). Sie sollen einen Knochenschildpanzer wie die Tatus haben. Wenn ihnen ein Fluss ausgetrocknet ist, gehen sie querfeldein, einen andern aufzusuchen. Oder wenn sie die Leute in ihren Garnen gefangen und, wie das geschieht, ans Land geworfen haben und sich dann nach ihnen umsehen — hast Du nicht gesehen? — sind sie fort.

Die Fische, ob alle, und ob es wahr ist, das lasse ich dahingestellt sein, erziehen ihre Jungen. Die grossköpfigen Welse tragen sie lange im Maule mit sich herum, ja auf Unkosten ihres eigenen Fleisches, welches die hungrige Brut ihnen bis auf die Knochen abfrisst, und des eigenen Magens, dessen Befriedigung ihnen zu dieser Zeit diese Rücksicht untersagt. Die schlammfressende Tainha (Mugil liza Cuv.), welche nebst den Paratis (Mugil brasiliensis Spix) als die allgemeinsten und besten Seefische zu Tausenden die Netze der Fischer füllt, stellt sich rückwärts in die Strömung und bietet ihrer Nachkommenschaft unter den aufgesträubten Schuppen ebenso viele Anhaltepunkte. Es werden zuweilen Fischzüge gethan, wo man die Tainhamütter alle mit ihren schon ziemlich grossen Jungen behangen antrifft.

Andere Fische, und zwar jeder nach seiner Art, führen ihre Kinder in geringerer Zahl, aber um so theurer, als den Verfolgungen entgangen, unter den Brust- und Bauchflossen mit sich. Andere treten ihre Progenies an Meerquallen wie an Gouvernanten oder Informatoren ab, in deren Gesellschaft sie bis zu einem gewissen Grade ihrer Selbstständigkeit bleiben. Noch andere führen ihre Brut in ungefährdete Gefängnisse, Lachen oder Pfützen, welche nur die höchste Fluth wenige Male des Jahres erreicht, um die dann Herangewachsenen in das Leben der Wasserwelt hinauszuführen.

Wem wäre es gegeben, die ewigen Gesetze zu ergründen, welche die dem Lichte nicht ganz verschlossene Meeresbläue durchweben und durchstören? Wer spürt der Liebe nach, die rüstige Nachkommenschaft in glitzernden Schuppenpanzern immer wieder der gefährlichen Woge übergiebt? Wer schildert die Kriege, welche da unten in glanzvoller Rüstung mit blinkenden Waffen geführt werden? Alles was wir selbst als Fischer erfahren, sind ja immer nur einzelne Laute und Klänge aus einer unzugänglichen, unendlichen Harmonie.

Die Fischerei wird auch hier, wie wohl überall, mit Netzen, Angelhaken und Wurfspiessen betrieben. Diese Mittel verlangen je nachdem viel Garn, geeigneten Köder oder Geschicklichkeit. In ihren localen Modificationen wäre eine jede Art des Fanges gewiss nicht ohne Interesse. Ich habe mir aber vorgenommen, über den Fang des Biraguay zu berichten, was ein Verweilen auf den einzelnen Branchen der angewandten Ichthyologie für diessmal nicht gestattet.

Der Biraguay (Pogonias fasciatus Cuv.) ist ein Fisch von funfzig und mehr Pfund. Erst gestern habe ich zu diesem Zwecke einen gewogen und, obgleich schlechter Anatom, secirt. Auf den zollgrossen, rhombischen, ganzrandigen Schuppen sind die concentrischen Wachsthumslinien schon mit blossen Augen wahrnehmbar. Die Rückenflosse unterstützen in ihrem vordern Theile etwa zehn kräftige Knochenstrahlen, welche sich nicht in eine Rinne vollkommen einbetten lassen, wie das bei den Meerbrassen der Fall ist. Der erste und letzte Strahl können jedoch kaum mitgezählt werden, und das Erlöschen derselben vor dem weichflossigen hintern Theile berechtigt zu der Annahme einer vordern und hintern Rückenflosse. Die abgerundeten Bauchflossen nähern sich den spitzauslaufenden Brustflossen. Beides sind Weichflossen. Der Pinna analis steht ein nicht freier, starker Knochenstrahl vor. Die Schwanzflosse endigt mit einer fast senkrechten, wenig ausgeschweiften Abstutzung. Am Kopfe hören die Schuppen, kleiner werdend, nach und nach auf. Unter der Unterlippe befinden sich zwischen einer Garnitur von zwanzig Bartfäden vier Grübchen. Fleischige Lippen öffnen sich dem Blicke in den Rachen, der zahnlos erscheint. Erst im Schlunde zeigen sich oben und unten je ein Zahnpflaster, nach Analogie von Strassenpflaster, elfenbeinerne Mahlsteine, welche die stärksten Angelhaken, geschweige Krebsschalen und Schneckenhäuser kracks zermalmen. Von innern Eigenthümlichkeiten kann ich das Vorhandensein von acht Pylorialanhängen in der Nähe des Magens, welche den Fingern eines mit Wasser gefüllten Handschuhes glichen, bezeugen. Die Schwimmblase ist ohne Luftgang in die Speiseröhre dem Rückgrate angewachsen.

In unserm anatomischen Collegium, das, unter freiem Himmel angestellt, aus mir und der Familie des Nachbars bestand, war eigentlich dessen Frau die einzige, welche in Folge langjährigen Ausweidens mit den nicht eben einladenden Bowels vertraut war und uns über Kiemen, Herz, Magen, Leber, Milz und Rogen zurecht wies.

Schliesslich betrat ihr Mann, der lange genug geduldig gewartet hatte, den Fisch mit der Hacke des Erdarbeiters und hatte binnen Kurzem das ganze Schuppenkleid hackend und scharrend abgekratzt. Mit wenigen Schnitten löste er sodann die beiderseitigen Fleischpartien, welche in je zwei Schwarten, Mantas, ausgebreitet, eingesalzen und an der Sonne getrocknet werden.

Eine solche Manta wird erhalten, indem von entgegengesetzten Seiten sich nähernde, aber nicht sich schneidende Längsschnitte der Fleischmasse die Eigenschaft einer zickzackartig gebrochenen, entfaltungsfähigen Serviette verleihen. Ein Fisch liefert deren vier. Zwei werden aus dem Fleische zu beiden Seiten der Dornfortsätze des Rückgrates, zwei aus dem Fleische unterhalb der Seitenlinie geschnitten. Letztere beide pflegen den Rippen theilweise anzuhängen. Sie werden zu einer Pataca, einem Franc, eine jede verkauft. Ihrer vier gelten gern einen Thaler, was den mittlern Werth dieses Fisches hier zu Lande ausspricht.

Dem Fischer, der gleich dem hasenkleinverzehrenden Jäger Anstand nimmt das zu verspeisen, was er verwerthen kann, bleibt nicht der schlechteste Theil. Der etwas ölige Kopf kommt meistens der Lampe zu Gute. Das Rückgrat jedoch, dem immer viel von dem ausgezeichneten Fleische anhängt, steht einem Gerichte Schweinsknöchel in keiner Beziehung nach. Ja die Rogensäcke sehen gebraten wie Leberwurst aus, schmecken gerade so und werden auch auf ähnliche Weise durch Gewürznägel und Pfeffer verbessert, weshalb der Biraguay hin und wieder o Porco do Mar, das Schwein der See genannt wird.

Nachdem wir nun wissen, wenn auch nur oberflächlich — ach, die flüchtige Gelegenheit zur Beobachtung findet uns so selten gründlich vorbereitet! — um was es sich handelt, können wir zum Fange übergehen. Er spornt das Ehrgefühl so manches Jünglings Tag und Nacht, in Wind und Wetter, Nebel und Gefahren. Familienväter liegen dieser zeitraubenden Beschäftigung nach Erkenntniss einträglichern Wirkens nicht mehr oder selten ob.

Schon mehrere Monate vor dem Eintritte der Biraguays in die Binnenwässer behufs des Laichens hat sich jeder, der ihren Fang beabsichtigt, mit einem für einen armen Jungen kostspieligen und, wo es nicht überall Seiler giebt, mühsamen Apparate zu versehen. Der Wald, der den Leuten so viele ihrer Bedürfnisse befriedigt, schafft Rath durch die Amba·ubëira (Cecropia peltata L.). Sie, eine Verwandte des Brodfruchtbaumes, der wohl vor vielen Bäumen das Epitheton 'kallophyllos' zukäme, wird denn auch zu dieser Zeit in den Vollmondstagen fleissig gefällt und ihres schätzbaren Bastes entkleidet.

Nun geht es an das Schnurendrehen. Das Drehen geschieht auf den Schenkeln mit einer Perfection, welche der des Seilers durchaus nichts nachgiebt. Stärkere und schwächere Leinen sind zu fertigen, je nachdem sie auf dem Meeresgrunde der Gewalt der gefangenen Fische und dem Widerstande von Gewichten zu trotzen haben, oder blos leichte Bojen, Wahrzeichen der versenkten Vorrichtungen, unterstützen. Die schwächsten, aber haltbarsten Schnüre, an welche die Angelhaken mit dem Baste einer Anonacee, der Pinda·uba (Guatteria Candolleana Schlecht.), angebunden werden, nehmen ihren Ursprung aus gleich dem Flachse gerösteten und geschlagenen Blättern der wilden Ananas (Bromelia Pinguin Jacq.). Vielleicht könnten mehrere Bromeliaceen selbst dem Europäer ein erwünschtes Linnen bieten.

Gewichte, ausgesuchte wohlgeformte Steine, sind zu umstricken und mit Oesen zu versehen. Es wird das sehr nett und sorgfältig verrichtet mit der schwarzen Rinde der Adventivwurzeln unseres Sipó de Imbé (Philodendron cordatum Kunth).

Ein Gleiches geschieht mit den hohlen, wasserdicht zu verpichenden Kürbissen der weissblüthigen Lagenaria (L. vulgaris Ser.). Samen und das zumeist eintrocknende Innere hielt es schwer, aus einem verhältnissmässig kleinen Loche des verholzenden äussern Perikarps herauszuholen.

Die Angelhaken müssen freilich gekauft werden. Der junge Fischer hat sich zu einem unbequemen Tagelohne oder zu einer unvermeidlichen Anleihe zu entschliessen. Er verschafft sie sich aber, Dank den Engländern, welche den Angelhaken über den ganzen Planeten billigst verbreitet halten. Mit freudestrahlendem Gesichte bringt er eines Tages das langersehnte Päckchen heim, welches funfzig blank polirte vollkommenste Anzoes enthält. Soviel braucht ein junger Fischer, der irgend auf Achtung seiner Kameraden Anspruch macht.

Mit dem Einbinden der Angelhaken an anderthalb Spannen langen doppelten Caraguatá- oder Ananasschnuren, mit dem Einschlingen und Festziehen derselben an einer hundert Armspannen langen Amba·ubaschnure in Entfernungen von sechzehn Handspannen, mit der Befestigung der fünf bis sechs Gewichte, welche die Leine, von der die Angelhaken kammartig ausgehen, auf dem Meeresboden ausgespannt erhalten sollen, mit dem Anknüpfen der Bojen, die an fünfundzwanzig Faden langen Schnuren — eine grössere Länge verlangt die Tiefe des Wassers selten — die beiden Enden der Hauptschnur bezeichnend, aufsteigen sollen, ist der Espinhëiro, wie die ganze lange Vorrichtung heisst, mit der es sehr schwer hält umzugehen ohne sich zu verfitzen oder zu verwunden, bis zum Auslegen vollendet.

Die Zeit zum Auslegen des Espinhëiro beginnt im Monat Juli und endigt im October. Sie wird von der singenden, sich secundirenden und antwortenden Jugend fast ganz inmitten der Bai verlebt. Die jüngern Brüder begleiten lernbegierig die älteren.

Die Schwierigkeit und Gefahr des Handwerks besteht einestheils darin, den kraftvollen Fisch an Bord zu bringen, anderntheils die Isca, den Köder, zusammenzulesen und zu fangen. Nur zwei schneidende und kneipende Crustaceen verführen den Fisch: der Siri (Lupea spinimana MEdw.), eine Krabbe, und der Tambarutaca (Squilla dubia MEdw.). Sie sind beide auf breiten Schlammflächen vorhanden, welche die Ebbe längs der Manguewälder oder vom Lande ab als isolirte Bänke blosslegt. In ihre Löcher muss der nackte Arm bis an die Achsel hineinfahren. Die dem Bewohner tief unten in seiner Höhle eigenthümliche Körperlage habe der Eindringling wohl im Sinne, bevor er seine Hand tastend zugreifen lasse. Dazu im Schlamme bis an den Leib. Da kann es treffen, dass man sich mit einem Jacaré oder dem seltnern und grössern, an der Kehle gelb und roth gezeichneten Ururá allein sieht. Ich weiss aber nicht, woher es kommt, Niemand fürchtet sich vor ihnen. Es giebt auch grundlosen Schlamm. Wer nicht terrainkundig ist, kann leicht hinein kommen. Sich sogleich auf den Rücken werfen rettet.

Der Binnenländer wird da zuweilen Zeuge eines ihm ganz fernen amphibischen Treibens. Ich sah Kinder, von Kopf bis zu Fuss unkenntlich mit Schlamm überzogen, sich jauchzend und lachend in dem chocoladenfarbigen Brei herumbalgen. Wenn einem oder dem andern der Spass zu arg wurde, haspelte er sich schnell wie ein Fisch dem Wasser zu und kam blank zurück.

Es erfordert manchen Gang, sowohl bei Mondschein als im heissen Sonnenstrahl, bevor auf dem Rande des Canoes die lange Reihe von Angelhaken, mit Krebsen und Krabben versehen, aufgehangen ist. Der Espinhëiro kann nun ausgeworfen werden.

Hoffnungsvoll rudert der junge Fischer im schmalen, zwei, selten drei Spannen breiten, fischermässig ausgerüsteten Canoe auf die Bai. Ihr Anblick entlockt ihm alsbald improvisirte Weisen. Die bessern circuliren von Mund zu Mund und werden nach acht Tagen von andern verdrängt. Lauschen wir einer, die übersetzt so lauten würde: ‘Ich fahre auf die Bai, auf die gern gesehene, die das Herz erweitert; wo die auftauchende Tartaruga den Wind anzeigt, wo die Seeadler mit den Delphinen spielen und der Timbucu seine Burzelbäume schlägt.’ Letzterer ist ein auf dem Wasser hin sich überschlagender Hornhecht (Belone Timucu Cuv.), die Wetterprophetin, die Schildkröte. Auch das Seepferdchen (Hippocampus guttulatus Cuv.) giebt es hier. Und wie viele Möven (Larus vociferus Gray und L. maculipennis Licht.), Biguás (Halieus brasilianus Licht.), Cormorane, und Scheerenschnäbel (Rhynchops nigra L.), Talhamares!

Doch nicht zu viel umgesehen, sonst thut man gar leicht im Canoe einen Fehltritt.

‘Tung—tung—tung—tung’ klingt es dröhnend fern und nah, schwächer und stärker, in bald längern, bald schneller aufeinander folgenden Zwischenräumen aus der Tiefe. Das sind die Stimmen der männlichen Biraguays, welche neben den Weibchen herschwimmen, die hingegen blos ‘tum—tum—tum’ sagen.

‘Plump’ fällt das erste — rudern! rudern! — ‘plump’ das zweite — rudern! — das dritte, vierte, fünfte, ‘plump’ das letzte Gewicht in die Tiefe, unter dem Nachwerfen der Angelhaken und möglichst kräftigem Rudern, damit die Strömung die Fäden nicht verwirre. Die Bojen tanzen auf den Wellen.

Mit dem Eintritt der Fluth beissen die Fische an. Das ist aber ein Glücksfall, denn wenige sind so dumm—dumm—dumm.

Den Ansichten der Naturforscher zuwider spricht der Brasilianer jedem Fische eine eigene Stimme zu. Er kennt sie alle. Sie sind seiner Zunge geläufig wie das Abece. Die Mannigfaltigkeit der Laute, welche aus der Tiefe heraufdringen, ist ganz überraschend. Man kann sich davon überzeugen, wenn man sich mit dem Ohre auf den Boden des Canoes legt, dessen hölzerner Bauch eine Art Resonanzboden abgiebt.

Seine Bahia ist dem Brasilianer durchsichtig, wie es der menschliche Körper einem guten Arzte sein soll. Er kennt und verliert nie, wo er sich auch befinde, ihre submarine Bodengestalt aus den Augen. Er weiss und ich möchte sagen er sieht Alles, was und zu welcher Zeit es sich auf dem Meeresgrunde bewegt.

O des Thoren, welcher meint, das Angeln bestände blos in einem Auswerfen des Angelhakens! Wie diese Leute verfahren, ist ihr Handwerk eine Wissenschaft. Sie werfen dem Fische den Angelhaken dahin, wo er sich befindet. Sie wissen, wer da ist, wie er sich dem Köder gegenüber benimmt, ob er zaudern wird oder nicht. Den einen lassen sie die Isca verschlucken, dem andern wird sie an der Nase weggehakt. Sie kennen die Tummelstunden, die Tummelplätze der Fische, welche täglich, wöchentlich, monatlich andere sind; sie kennen Lebenslauf, Freuden, Leiden, Liebhabereien und Gewohnheiten jeder einzelnen Fischart.

Bleibt das Canoe trocken, so ist es ganz gemüthlich darin. Man kann sich ausstrecken und weidlich umsehen.

Die Biraguays beissen oft erst spät am Abend an, zuweilen gar nicht.

Es giebt da unten einen bösen Feind, den oft und viel vermaledeiten Baiacu (Noticia do Brazil c. 136. Peixe sapo Lusit.). Er kneipt den Köder, sogar die Schnuren ab, ohne sich zu fangen. Es ist ein Gymnodonte (Tetrodon testudineus L.) aus der Unterordnung der Haftkiemer. Beim Angeln fühlt man ihn beständig an der Isca herumknabbern. Da giebt es denn einen schwer zu erlernenden Ruck, um auch ihn an das Tageslicht herauszuziehen. Wie er böse thut und den stachligen weissen Bauch knurrend aufbläst! Man will ihm den Angelhaken aus dem harten Gebiss schönster Schneidezähne herausnehmen, keine Möglichkeit. Wenn ein grosser Fisch kraft seiner Mahlzähne einen sehr starken

Angelhaken abbeisst, so lässt es sich glauben. Dass aber ein kaum fünf Zoll langes Fischchen das kann, klingt fast märchenhaft, verhält sich aber so. Wenn man irgend an dem eisernen Haken herumwackelt, hält man bald blos den Stiel in den Händen. Dazu ist der auf dem Rücken schmutzig gelb und braun gepantherte Baiacu nicht einmal essbar. Man fängt ihn lediglich um der Rache zu fröhnen, um ihn durch einen Stich in den Bauch zu tödten; dann lässt er den Angelhaken fahren. Ihre Zahl ist aber so gross, dass sie fast zu keiner Stunde irgendwo fehlen. Sie bereiten den Fischenden viel Verdruss und sind die Ursache, dass man von Zeit zu Zeit am Espinhëiro nachsehen muss, ob noch alle Angelhaken mit Köder versehen sind.

So lange die Bojen nicht zeitweilig untertauchen, hat sich nichts gefangen. Man kann sie verlassen, behält sie aber immer im Auge, was auch vom Lande aus geschehen kann.

Ist die Seeluft nie lästig, sondern ewig rein, ewig frisch und unaussprechlich angenehm, so verbrennt man doch, ohne es zu fühlen und zu merken, nirgends mehr, als im Hohlkörper des Canoes. Meistens wird vorgezogen, einen schattigen Barranco, ein steilabfallendes Erdufer zur Ausschau aufzusuchen. An solchen Stellen lassen sich noch die Einwirkungen des Tatuaçu (Dasypus Gigas Cuv.), eines fabelhaften Gürtelthieres, wahrnehmen. Seine Unterminirungen veranlassen Erdstürze und das Umfallen von Bäumen. Man soll auch wohl ein unterirdisches 'druke—druke', 'bruke—bruke', das Scharren seiner Klauen hören. Niemand fast sah es je. Doch will Naninha vor vielen Jahren auf einer Fahrt nach der Stadt mit Aeltern und Geschwistern das Glück gehabt haben, ein todtes im Wasser treibend anzutreffen. 'Ich erinnere mich — erzählte sie — sehr gut; mein Vater sagte: "Was ist das? Das ist das Tatuaçu!" Der Umfang des Tatuaçu war der einer Tonne.'

Man kann aber auch die Zeit benutzen, um den Seitenschwimmern, den köstlichen brasilianischen Zungen (Pleuronectes Aramaca Cuv.), Breierevas, und Schollen aufzulauern. Auf den Bänken, welche die Fluth mehr und mehr unter klares Wasser setzt, vergraben sie sich im Schlamme. In dieses ihr Bett kehren sie, aufgeschreckt vom Vorüberfahrenden, stets zurück. Sieht man ein Schlammwölkchen gleich dem Rauche einer Locomotive auf dem Boden hinfahren, so hält man still und die Fisga, eine dreizinkige Harpune, bereit. Die Rückkehr bleibt nicht aus. Also nicht gefehlt!

Da begegnet wohl auch den spähenden Blicken die wunderbare Gestalt eines Pfeilschwanzes (Trygon Aiereba I. Müller et Henle). Oder andere Rochen mit schimmernden Reihen weisser Perlflecke auf der geflügelten Körperscheibe gleiten dicht am Boden auf- und niederathmend hin, einen verrätherischen Wellenring vor sich hertreibend, selten allein; oder silberglänzende Bandfische (Trichiurus lepturus L.) blitzen an den Augen vorbei, die hastigen Espadas, deren Rückenflosse, so lang sie auch sind, vom Kopfe bis zum Schwanze reicht; oder die Fisgada trifft einen unversehens erscheinenden Schuppenflosser, den beliebten Paru (Pomacanthus Paru Cuv.), dessen stark zusammengedrückter, fast kreisrunder senkrecht schwimmender Körper kaum zu fehlen ist.

Schwieriger ist die Solteira (Cybium maculatum Cuv.) zu erlegen, abgesehen von seiner garstigen, vor dem Kochen zu entfernenden Haut, ein sehr guter Fisch. Die Solteiras sind Makrelen. An Bauch und Rücken stehen ästige Flossenstrahlen ohne Hautverbindung hinter einander.

In träumerischem Behagen folgen wohl auch vom Rande des Canoes die Gedanken den vorüberziehenden Meerquallen, Aguavivas. Vorwärts bewegt von einem Wirtel prächtig verbrämter, einer Helice so ähnlichen Lappen, kommen sie mit jeder Fluth in nicht endender Zahl gleich eben so viel Glocken von zartestem Milchglase suspendirt im durchsichtigen Fluidum dahergeathmet. Wer schmiedete da nicht Pläne von der Anwendung solcher Formen auf unterseeische, ungesehen sich nähern sollende Schiffe? Die Leute lieben nicht, wenn man nach ihnen sticht, in der Meinung, das bringe conträren Wind und Rheumatismus. Beides traf zufällig ein, als ich einmal mit meinem Wirthe, dem alten biedern José Maria, nach der Insel do Mel fuhr. Letzterer hatte mir nur eben diesen Zeitvertreib verboten, als ich schon einen lähmenden Schmerz im rechten Arme fühlte, der mich zwang das Ruder niederzulegen. Bald darauf gesellte sich Gegenwind dazu, und sicher wurde mir im Stillen die Schuld später Landung beigemessen.

Ein ganz gigantisches Geschöpf, das den Beschreibungen nach zur Familie der Rochen gehört, muss die sogenannte Jamanda sein. Ihre Sprünge, den aufspritzenden weissen Schaum, des Körpers Niederfall hört und sieht man meilenweit.

Auch an vielen Arten Haien, die mit den Rochen die Quermäuler, kenntlich an fünf unbedeckten Kiemenlöchern, ausmachen, fehlt es nicht. Man kennt die rauchhäutigen Gesellen an ihrer rückwärtsgekrümmten fleischigen Rückenflosse, die öfters über den Wasserspiegel heraustritt, Tainhupé, Tropepó und wie sie heissen. Die grössten sollen gepanthert oder gestreift sein und den Menschen zuweilen verfolgen, ja durch einen Sprung aus dem Canoe holen. Vorher nehmen sie ihm das Ruder weg.

Dass der achtzehn Fuss lange Sägefisch (Pristis antiquorum Lath.) in unsern Gewässern haust, beweist mir seine schauerliche Oberkiefer, die bei einem Fischer an der Wand hing. Ihr Besitzer äusserte mit einem Blicke auf ihre Eigenschaften, er brauche keine Waffen, fürchte sich auch nicht vor Ueberfällen. Wer aber seine Rückenwirbel zu den Sitzen hergegeben hat, die man nicht selten in den Wohnungen der Leute sieht, ob ein Walfisch oder gar ein vorweltlicher Ichthyosaurus, das möchte ich wissen. Es sind Cylinder von etwa zwei Spannen Höhe, an der Basis und auf dem Scheitel concav, weshalb es sich eben bequem in ihnen sitzt. An den Seiten lassen sich Spuren von mit der Axt verstutzten Fortsätzen wahrnehmen. Sie sollen am Strande gefunden worden sein.

Hat man sich die Augen fast ausgesehen nach den oft in weiter Ferne als zwei schwer festzuhaltende Punkte erscheinenden Bojen, ermuntert uns endlich der Gefährte, ohne welchen wir uns ganz vergeblich auf das Wasser bemüht haben würden, durch die Versicherung eines Fanges. Sich der Boje nähernd, wird man bald ihren Widerstreit mit den Wellen gewahr: ein ruckweises Untertauchen und Hinundherzucken. Sie wird ergriffen und die Leine gelichtet.

So lange die Angelhaken nicht kommen, hat es keine Gefahr; aber dann Vorsicht! Die fünfzig Pfund sind in voller Lebenskraft. Bald hierhin, bald dorthin zieht es fürchterlich. Man muss fahren lassen und aufnehmen, je nachdem der Fisch zieht oder locker lässt, stets aber seine Griffe beherrschen. Rutscht die Schnur in der Hand, so hat man die Angelhaken an einer sehr gefährlichen Stelle im Fleische, da wo der Doctor den Puls nimmt. Die achtzehn Spannen Entfernung zwischen den Haken verschwinden wie der Blitz, und eine grosse Unvorsichtigkeit begeht derjenige, welcher die Zwischenräume kürzer hält.

Hat man den Biraguay am Canoe, so greift man ihm in die Kiemenspalte, eine gerade bei diesem Fische nicht verletzende Handhabe, und hebt ihn an Bord. Dabei fällt man nicht selten ins Wasser, das gewöhnlich wärmer als die Luft ist, ein dem Europäer ungewohnter Umstand.

Zuweilen hängen jedoch acht, zwölf Biraguays, also sechshundert widerstrebende Pfund an den Leinen. Dann heisst es Kraft und Aufpassen, Muth und Geschicklichkeit. Gross ist dann aber auch die Freude des Glücklichen, welche er nicht unterlässt, heimwärts durch seinen jubilirenden Gesang den andern, im Glanze der Abendsonne die Bai verlassenden Fischern mitzutheilen.

Pfingsten.

Liebe Aeltern!

Von früh an liegt ein reines Blatt zur Hand, das Euch einen Pfingstgruss bringen soll, ohne dass es bis zur Stunde dazu kam. Höret, wie es zuging.

Wisset vor Allem, dass Naninha verreist ist, wodurch ich à contre-coeur den Einsiedler spielen muss, der am heiligen Abend erst spät in der Nacht mit Scheuern und Aufräumen fertig wurde und zum Beschluss noch alle Winkel der Behausung mit einem selbstgefertigten Besen sorgfältig auskehrte.

Endlich wird es still in der kleinen Hütte. Das Licht erlischt. Der Hausbewohner hat sich zur Ruhe begeben. Nur der schwache Schein eines glimmenden Kohlenfeuers, die Gabe des Prometheus treu bis zum Morgen bewahrend — wenn man wohlverstanden nicht unterlässt die Brände aus dem besten Schlafe heraus ein paar Mal anzuschüren — fällt noch eine Zeit lang durch das luftige Stabwerk der Einfriedigung des Herdes auf die lautlose feuchte Umgebung, ersteres nur in Bezug auf das Treiben und die Umgebung des Menschen, denn der Wald ist Nacht wie Tag von wohl überhörten, aber nie verstummenden Stimmen laut. Ueber der wald- und wasserreichen Wildniss lagert zwölfstündige Nacht, stehen die Sterne, jene fernen, Euch nimmer blinkenden Sterne. Wild und Raubzeug kommt und geht, uneingedenk des Verräthers, der Fährte.

Als der Hahn die letzte Nachtwache abgekräht hatte und von den dampfenden Waldabhängen weisse Nebel dehnend sich zurückzogen, erwacht Euer transcapricornischer Sohn enfin wieder zum Selbstbewusstsein seiner Lage. Thür und Fenster öffnen sich am einsam auf waldentnommener Lichtung dämmernden Hause. Die spaltende Axt ertönt und dazwischen klingt es gar wie deutscher Sang. Fern von der Heimath, wo es Niemand hört, fängt mancher an zu singen, wenn er auch sonst kein Sänger ist.

Bald loderte das Feuer, die mit Wasserdünsten überschwängerte Atmosphäre menschlich stimmend, knisternd auf, bald kochte das Wasser im singenden Blechkännchen des Junggesellen. Schon waren zwei Krüge frischen Wassers von der Quelle, umstanden von thautriefenden, kraftvoll sich entfaltenden Staudengewächsen, zurückgebracht worden.

Zwanzig Fuss hoch aufstrebendes Uba (Gynerium saccharoides Kunth) beengt den Weg dahin. Die stilvollste aller Grasformen repräsentirt nach meinem Dafürhalten zweifellos diese Graminee, deren Blätter, auf zwei oder drei spitzwinklig abgehenden Zinken fächerförmig angeordnet, nur an den Spitzen überhängen. Noch an einem andern nicht minder classischen Pflanzentypus führt der Pfad vorüber, an einer baumartigen Piperacee (Artanthe eximia Miq.), mit grossen, einfachen, ungleichhälftigen Blättern und vier Fuss, stellt Euch vor, vier Fuss langen Kätzchen! Wer könnte da vorbeieilen, ohne einen Augenblick stehen zu bleiben?

Doch noch keine Abschweife, denn die Zeit ist von mehreren im Laufe des Tages zusammentreffenden Ereignissen in Anspruch genommen.

Ein passables Schabeisen — auf der Höhe des europäischen oder gar englischen Begriffs von Rasor erlaubt der Rost hier nie und nimmermehr ein Scheermesser zu erhalten — glitt über Wangen und Kinn, ein löblicher Schwamm über ein Mehreres. Schwieriger gestaltete sich vor einem durch die allgemeine Feuchtigkeit mit Quecksilberflecken getigerten Spiegel in krampfhaftem Kampfe der Finger gegen die Täuschungen von rechts und links die festtägliche Verstutzung eines selbsteigenen Hauptlaares.

Das gesäuberte Haus, die Leibwäsche verkündeten den Feiertag, ein rothes Tuch unter meiner neutestamentlichen

Triglotte Pfingsten. Sogar eine Pfingstpredigt — die einzige Predigt meines Besitzthums, von der ich mich nicht erinnere, sie je gekauft oder erhalten oder eingepackt zu haben, sie ist aber da — wurde bereits das vierte Jahr hervorgeholt und zum vierten Male gelesen. Einige Bilder aus der Natur, die der gläubige Mund des Pfingstredners seiner Predigt einflicht, wollen nun freilich nicht recht mehr passen, versetzen mich aber jedesmal in die katarrherfüllten Kirchen der entsprechenden nördlichen Breiten. Desto besser passt aber ein Citat aus dem Propheten Ezechiel, in dem von Gestaden die Rede ist, von vielen Bäumen hüben und drüben, von aufgespannten Fischernetzen und von Ufern, bewachsen mit aller Art Fruchtbäumen, deren Blätter zu Arzenei dienen und nicht abfallen, und deren Früchte sich alle Monate erneuern würden, auf unsere Gegend mit ihrem vorherrschenden Fisch- und Wasserreichthum zwischen bewaldeten, Jahr aus Jahr ein blühenden und fruchttragenden Küsten. Für einen Künstler, der diese Weissagung bildlich gestalten wollte, könnte sich kaum ein schöneres Vorbild finden, als die rings mich umgebenden Landschaften.

Darauf handelte es sich natürlich bald um ein Frühstück. Das Haus des Nachbars Camillo, der wahrscheinlich einen Fandango aufgesucht hatte, war verschlossen. Von da konnte keine Hülfe kommen. Dann war aber auch nichts im Hause als ein todter grün, gelb, roth und blauer Papagei (Psittacus amazonicus L.), der, wiewohl der gemeinsten einer, zwar ein schönes Gefieder zeigte, aber nicht den besten Braten versprach. Ein guter Magen kann viel vertragen. Rasch wurde zur That geschritten. Welche Federn lagen da bald umher! Vom zartesten Roth, vom tiefsten Blau, vom reinsten Grün und Gelb schillerten sie in anziehendem Farbenspiele. Ja es sollte mir auch ein Zugemüse werden, mir, der jetzt zum zweiten Male sich zum Schreiben hinsetzt und noch nicht weiter als ‘Erster Pfingstfeiertag’ gekommen war.

Ein anderer Nachbar, Manuel de Farias mit Namen, hatte sich meiner erinnert und trat grüssend ein mit einem

Körbchen Mangaritos (Caladium sagittifolium Vent.) im Arme. Diese wohlschmeckenden Wurzelknöllchen habt Ihr Euch in Geschmack und Grösse ganz als jene kleinen länglichen Kartoffeln zu denken, welche bei uns Mäuschen genannt werden.

Während der gute Mann noch im Hause war und der Papagei in Lorbeerblättern, Gewürznägeln und Muskatnuss schon lieblich zu duften anfing, springt auf dem andern Ufer ein Hirsch ins Wasser! Ehe ich recht gesehen hatte, war der Brasilianer — nebenbei war es mir lieb, denn es zog gerade eine sehr unhöfliche Regenwolke vorüber — bereits mitten im Flusse, hatte das Wildpret mit einem Ruderschlage erlegt und brachte es schon im Canoe heim.

Da lag wie ein Deus ex machina der schönste, allerdings noch nicht gebratene Pfingstbraten vor mir in Gestalt eines brasilianischen Rehbocks (Cervus rufus Illig.), denn unter Hirsch stellen wir uns ein grösseres Wild vor. Ganz als hätte ihn ein deutscher Förster geschossen — die Unterschiede sind thatsächlich auf den ersten Blick nicht gleich ersichtlich — mit demselben blankpolirten Schuhwerke, mit derselben blutenden, Mitleid erweckenden Schnauze und denselben treuen Augen, nur von noch anmuthigerer und noch schnellfüssigerer Gestalt! Den schlanken Hals bedeckt ein plüschartig kurzgehaltener, rothbrauner Pelz, der gegen die Croupe gleichmässig braun bleibend, langhaarig wird und schon an die Behaarung des Lama erinnert. Zwischen den Beinen, am Hintertheile und am Bauche aber geht die Behaarung plötzlich in Weiss über und ist daselbst noch kürzer geschoren als am Halse. Es war ein Bock. Er hatte blos zwei Spiesse aufgesetzt. Der Mann nannte das Thier Veado und behauptete, dass die Ricke, verfolgt, ihr Junges, das im Dickichte vor Schlingpflanzen und andern Hindernissen nicht mit fortkäme, auf den Rücken nähme.

Neue Abhaltung vom Schreiben vor der Mahlzeit. Plenus venter non studet libenter, daher neue Abhaltung vom Schreiben nach der Mahlzeit. Es harrte meiner noch eine andere Freude.

Die Stimme eines Ankömmlings erklang, der mir — o, gross war die Freude! — Eure lieben Briefe nebst theuren photographischen Bildnissen brachte. Gewohnt von früher her derartige Briefboten bekleidet zu sehen, konnte ich nicht umhin, dem braunen ziemlich ausgewachsenen Euangelos, nachdem er meine Küche aipí gefunden hatte, eine Toga zu schenken, die einst in St. Pauli gekauft worden war, und ihn in its sailorlike Fashion sehr wohl kleidete. Der ging vergnügt von dannen! Und ich freute mich nicht wenig, das Wort, welches in Aipí (Manihot Aipi Pohl) die gute, die nicht giftige Mandiocaart ausdrückt, noch im Gebrauche angetroffen zu haben.

Kaum war er fort, kommt — konnte mein Brief gedeihen? — in drei Canoes ein vornehmer Brasilianer, der Tenente Coronel Domingos Affonso Coelho, Ritter des Christusordens und zur Zeit Subdelegado, höchste Obrigkeit des Districts, mit fünf blühenden Töchtern, einer bildschönen Gattin, zwei jüngeren Söhnen und einigen kohlschwarzen Sclaven. Ich servirte, in hohem Grade beschämt über die Unzulänglichkeit meiner Räumlichkeit und Bedienung, Cha de Congonha, Paraguaythee, soviel ich nur fertig bekommen konnte, und hatte obendrein das Malheur, dem jüngsten Sohne eine Tasse heissen Thee auf den Kopf zu giessen, was aber zu meiner grossen Satisfaction weder ihn, noch Papa, noch Mama, noch Geschwister, noch Afrikaner ausser Fassung brachte. Ich trocknete meinem stoischen Täuflinge eiligst mit einem Handtuche den Schädel ab und dankte meinem Schöpfer, als ich fühlte, dass sein lockiges Haar noch festsass. Es war keine lange Visite. Wir schieden im besten Einvernehmen, und ich musste die Bezahlung, die Erwiederung des Besuchs versprechen.

Nun bin ich aber allein und ganz der Eure inmitten einer wahrhaft herrschaftlichen Orangerie, auf allen Seiten umgeben von immergrünem Walde. Heute fühlte ich so recht mit innigem Behagen trotz allen Dienstes, was es werth ist, ein zufriedenes Herz. Kein Wölkchen eines aufsteigenden Wunsches trübte den Himmel meiner Heiterkeit. Wie erscheint dann erst Alles in einem reichen, bunten Lichte, wie sind dann erst alle Dinge und besonders die Menschen so bedeutungsvoll und freundlich!

Das Fort auf der Insel do Mel hatte auch heute früh nicht unterlassen, in erster Morgenstunde seinen Pfingstgruss auf den atlantischen Ocean hinauszusenden. Bei vier Meilen Entfernung kein betäubender Gruss mehr, aber man hört ihn und constatirt ihn als eine Sprosse in der Leiter des Lebens. Auf allen christlichen Festungen des Erdballs war dieser Schuss innerhalb von zwölf Stunden gefallen.

Was mich anbelangt, so erblicke ich in der Botanik mehr und mehr meinen Beruf. Der kleine Rahmen, den ich meinen Studienblättern zugemessen habe, erweitert sich mir mehr und mehr zum Felde meiner Thätigkeit. Auch im vergangenen Quartale hat sich ihre Zahl vermehrt.

Das letzte Blatt vor Pfingsten behandelte eine brasilianische Brennnessel (Urera baccifera Gaudich.), die anscheinend gar nichts mit unsern Schutthaufenpflanzen gemein hat, in Anordnung, Zahl, Lage ihrer Reproductionsorgane aber an dieselben strengen Gebote gebunden ist und denselben in überraschender Weise nachkommt bis z. B. auf die blatternarbig unebene Oberfläche der flachen, ganz kleinen Frucht, in deren Spitze sich unter pergamentartiger Samenschale das Würzelchen des geraden eiweisslosen Keimes mit seinen flach auf einander liegenden ovalen Cotyledonen befindet. Nur dass bei der brasilianischen Ortiga die Blüthenhülle nicht verwelkt, sondern zu Tausenden von milchglashellen Beeren anschwillt, während die vielspaltig verzweigten Fruchtstiele sich durchweg roth färben.

Könntet Ihr nur so eine Farbenwirkung an Ort und Stelle sehn! Es ist als wenn ein Perlenregen auf Korallen gefallen und die Perlen in den Verästelungen der letzteren hängen geblieben wären! Die Abbildung kann ja nichts von der Ausdehnung einer solchen Decoration mitten im dunkeln grünen Waldesschatten wiedergeben. Dieser thauige Perlenreichthum, wie er dahängt in den merkwürdigsten carminrothen Schraubengängen, welche wendeltreppenartig, ein unerschöpfliches Arabeskenstudium, lange kerzengrade Stengel umwinden! Man sieht den Perlen so das Spiegelnde an und den Verästelungen so das Nesselige, als hätte sich die Natur darin gefallen, so glatten Schatz recht rauchhaarigen Gesellen in Verwahrung zu geben.

Ich schnitt ein Stück heraus, ohne das Abfallen zahlreicher Beeren verhindern zu können. Es war mir nicht eingefallen, an eine Brennnessel zu denken. Beim Heimtragen durch den Wald brannten mir aber alsbald die Finger wie Feuer. Ein gewisser Maneco Carvalho, der mir begegnete, nannte jedoch die Pflanze sogleich Ortiga, und ich schämte mich nachher, als die Untersuchung das vollkommen bestätigte, nicht wenig, dass dieser Mann weit mehr botanischen Blick an den Tag gelegt hatte als ich.

Der Saft der beerenartigen Fruchthülle und die Milch der Stengel soll Augenkrankheiten heilen. Die weissen Perlen mit dem schwarzen Früchtchen inmitten sehen selbst wie Augen aus, ein wahrer Pfingstanblick! Man möchte fast glauben, dass diese Organismen auch ihre hohen Feste und Hochzeiten haben. In Wahrheit, wenn sich die Rinde dicker Stämme bis zu den Wurzeln hinab in luxuriösester Farbenpracht mit Blüthen oder Früchten schmückt, dann möchte man wirklich an einen allgemeinen Festzustand des ganzen Gewächses glauben. So kommt es vor, dass aus harten alten Knorren an Orangenbäumen, auf die man beim Hinaufsteigen wer weiss wie oft getreten, zur Blüthezeit zahlreiche Blüthen hervorbrechen. Ja ich glaube, gewisse Blüthen ziehen den Schatten der vielleicht zu heissen Sonne vor, und auch nicht wenig Früchte scheinen vorzuziehen im Schatten zu reifen.

An einem mittelhohen Baume im Walde, aus dessen Stammrinde es um und um wie gelbe Pflaumen hing (Lucuma glycyphloea Mart. et Eichl.), konnte ich durchaus keine Früchte in den Zweigen oder an deren Spitzen entdecken. Am Cuieté (Crescentia Cujete L.) brechen die ansehnlichen Blüthen gar auf zu Tage liegenden Wurzeln unvermittelt, d. h. ohne die Vermittelung eines Sprosses hervor. Blos ein halbzolliger grüner schwacher Blüthenstiel trennt die grosse fünfzipflige Blumenkrone mit ihrem zweiklappigen Kelche von der Rinde der Wurzel oder des Stammes oder des Zweiges, der sie entspringt. Der Baum scheint seinen Wuchs auf diese Art des Blühens und Fruchttragens einzurichten, denn öfters habe ich es laubenartig geräumig unter dem Cuieté gefunden, indem einige starke, sonderbar lange und gewundene Verzweigungen, die in grossen Bogen wieder zur Erde niedergingen, gewissermassen das Gerüste der Laube bildeten. Nach aussen standen die Blätter, nach innen hingen die mathematisch elliptischen, mattglänzenden Kürbisse. Sie sind weit schöner als die derjenigen Cucurbitacee, welche die Flaschenkürbisse der Pilger liefert (Lagenaria vulgaris Ser.). Das beinharte Perikarp reicht blos eine Linie tief in das Innere der Frucht. Dieses füllt ganz ein heftig nach Kampher riechender, in acuten Fiebern und gegen Kopfschmerz mit Erfolg als Kataplasma angewendeter Fruchtbrei aus, in dem die zahlreichen kürbiskernartig geränderten Samen eingebettet liegen. Jenes liefert nach Entfernung des Endokarpes so elegante, leichte und haltbare olivenbräunliche Behälter für Speise und Trank, dass selbst hochcivilisirte Personen sich derselben noch gern bedienen. Die Samen haben eine innere Samenschale und schon die biloben Cotyledonen mancher Bignoniaceen, deren charakteristische Contour der Umriss einer Epaulettenschachtel vergegenwärtigt. In eine der Ausbuchtungen hat sich das Würzelchen des eiweisslosen Keimes zurückgezogen.

Einen ganz unerwarteten Anblick in Beziehung auf obige Art der Inflorescenz bot mir noch eine einzelnstehende Swartziee (Swartzia Flemmingii Raddi) auf dem Grundstücke des heute erwähnten Manuel de Farias. Die Hauptform, zu welcher sich der Baum zwischen Himmel und Terrain ausbreitete, war die der Halbkugel. Die Zweige berührten rundum die Erde. Dunkelgrün, fast schwarzgrün, dicht geschlossen, sass die ungestielte Baumkrone dem Boden auf. Keine Spur von einer Knospe schimmerte durch das dunkle Laub, keins der unpaarig gefiederten Blätter schien eine Blüthe zu bergen.

Ich kroch hinein und erhob mich in einem Blüthensaale. Auf den nackten Aesten des von unten an verzweigten Stammes prangten gerade in vollster Blüthenpracht all überall, wo es nur glatte Rinde gab, Hunderte von fusshohen Blüthenständen und Tausende von Blüthen. Die Blüthen starrten allesammt, eine wie die andere, mit einem einzigen genagelten weissen Blumenblatte, zahlreichen kleinen und einigen grösseren gelben Staubgefässen, aus goldhaarigen, ganz unregelmässig aufgerissenen Kelchen in das zauberhafteste Helldunkel hinein. Das schlug wie Magie an die Sinne! Diese Art Zauberei ist mir doch lieber als das, was die Herren Prestidigitateurs zu Stande bekommen, von denen mir nebenbei gesagt von hier aus ganz unbegreiflich erscheint, dass sie immer noch ihr Publicum finden.

Auch einige aufgesprungene Legumina, etwa vier Zoll lang bei zwei Zoll Breite, hingen vom verflossenen Jahre her noch da und dort, äusserlich mit einem braunen Sammt überkleidet, innerlich schön gelb und glatt; mit einem oder zwei Samen, die einen noch in der Frucht befestigt, andere bereits am Boden liegend. Die Samen waren desgleichen hellgelb, ellipsoid, anderthalben Zoll lang und einen Zoll breit. Wie an einem Helme eine Raupe in die Höhe läuft, so verläuft an der ganzen einen Seite des Samens kammartig eine sehr stark hervortretende papillöse chromgelbe Raphe. Der Samen birgt unter der lederartigen hellen Schale blos den gleichgrossen Keim.

Ich will jedoch ja noch nicht schon wieder in die Arbeit verfallen, denn ich gedenke erst zweiten und möglicher Weise auch dritten Feiertag zu machen. Ganz kann man sich indessen in einem so pflanzenreichen Lande der Botanik nie verschliessen.

Jetzt kommt aber die letzte und stärkste Abhaltung vom Schreiben — der Schlaf! Gönnet mir nach so viel Freude und Dienst diesen willkommenen Gast.

Nie kam mir die Erde wohnlicher vor als heute, nie die Menschen besser aufgehoben. Aber es war kein deutsches Leben mehr, das sich vor meinen Vorstellungen entfaltete. Es wurde mir schwer, mich nicht der lieben vaterländischen Verhältnisse zu erinnern, denn die Erinnerung ist ja wohl das Einzige, was sich an uns verjüngt; aber an Worten und deutscher Ausdrucksweise war es arm in meinem Innern geworden. Da fand ich in Allem, was mich umgiebt und meine Erfahrungen ausmacht, so wenig Euch zugänglich und verständlich. Meine Nahrung, meine Sprache, meine Studien sind aus fremden Gegenständen zusammengesetzt und mit nur mir verständlichen Begriffen beladen. Ich fühle das Bedürfniss, dieses Fremde in Andern zu gestalten und das Begriffene in meine Muttersprache zu übersetzen. Aber eben diese ist eingerostet, und das bekümmert mich. O, man kann auch die Sprache nur im Volke selbst, das sie spricht, fortwährend neu und wahr empfinden! In der Fremde ist sie eine stehengebliebene Uhr, die man zuweilen aufzieht, ohne die Zeit zu wissen. Nach den gewöhnlichsten Wörtern tappe ich umher, während sich allerlei Fremdwörter und bequemere portugiesische Wendungen zur Feder drängen.

Nur ungern denke ich an eine Zeit, wo ich endlich Allen fremd geworden, und vielleicht blos wenigen Fachmännern von der Seite des Berufs zugänglich sein werde. Leider hört man mit den Jahren auf zu schwadroniren und geistreich zu sein, wodurch zugleich viele der angenehmsten und heitersten Beziehungen des Lebens für immer verloren gehen.

Euer Julius.

Winter.

Liebe Mutter!

Wiewohl vielleicht schon ein Brief von Dir diesseits des Steinbocks wandelt, so werden doch diese Zeilen abgehen müssen, ohne die gewünschten Antworten auf so manches zu enthalten, was sich unterdessen ereignet haben könnte.

Es geschehen Zeichen am Himmel. Ein grosser, hell im Morgennebel leuchtender Komet geht vor der Bai von Paranaguá über dem Ocean dem Sonnenaufgang entgegen. Auf den Empfang von guten Nachrichten möchte das schon lange auf Botschaft harrende Ich die seltene Erscheinung deuten, wenn es sich nicht schämte, bis zum Zeichen- und Sterndeuter herabzusteigen. Doch was macht die Einsamkeit nicht möglich! Ja sie scheint mich eben zum Augur machen zu wollen, denn ein Vöglein, was doch selten geschieht, kommt geflogen durch die Thür herein zur rechten Hand, setzt sich in meiner unmittelbaren Nähe nieder, verweilt einen Augenblick mit ganz närrischen nickenden Blicken und — 'brrrr' — fliegt es zum Fenster hinaus zur Linken in die freie Schöpfung, einen positiven Ausdruck seiner Verachtung von Feder und Papier zurücklassend.

Ein Vierteljahr ist fast verstrichen, seit mir keine directen Mittheilungen von Dir zugekommen sind, ein halbes, als Du die letzten theuren Schriftzüge im tiefen Winter dem Erdumsegler Papier anvertrautest, dum vice mutata, quid sim fuerimque recordor. Unterdessen hat sich das Blatt gewendet. Entsetzliche Stürme, sündfluthliche Regen und ganz empfindlich kalte Nächte entblätterten die frostigen Mandiocapflanzungen, färbten die von vielfachem Unwetter zerschlitzten Blattscheiben der Bananen hier und da gelb, und durchzausten unbarmherzig, sausend und brausend, die gefiederten Häupter unserer biegsamen, aber doch unbeugsamen Palmen. Die Batata, die Taiá, die Cará, jede reich an Stärkemehl, ist gezeitigt. Fische, Krebse, Austern, Wildpret und besonders das Schwein sind fett.

Der Körper, während der heissen Monate so gedrückt, erstarkt wieder. Er bedarf einer erwärmenden Nahrung, er findet sie vor. Im Juli, erinnere ich mich recht, sind bei uns die Kirschen reif. In Reihen gepflanzte Bäume zu Seiten von Kunststrassen ohne Mato, ohne Wildniss, kommt mir bereits ganz chinesisch vor, und ich möchte mich wirklich manchmal fragen, ob ich so etwas schon gesehen habe. Nur im Traume bewege ich mich noch an solchen Orten. Wenn hier einem Waldbewohner nach Obst verlangt, schlägt er den Baum um, an dem er Früchte sieht. Wegen einmaligen Pflückens geht im Walde ein werthvoller Stamm der Verwesung entgegen. Wir sind im Winter und — frieren!

Wenn ich, der Nordländer, höchst unangenehm von der Kälte berührt werde, so kannst Du Dir denken, in welchen jammernden Zustand meine farbigen Nächsten durch eine ganz ungewöhnliche Wärmeabnahme in der Atmosphäre versetzt worden sind. Gestern früh brachte Naninha einen Teller Salz, wie sie sagte, nämlich Reif, und rief mich diesen Morgen ab um die Wäsche zu sehen, welche ausgebreitet über Nacht im Freien geblieben war. Die einzelnen Stücke waren steif wie ungegerbtes Leder und in der That über und über mit Salz bestreut. In einem flachen Holzgefässe mit Wasser hatte sich eine Eiskruste von drei Millimeter Stärke gebildet. Man konnte das Gefäss umstürzen, ohne dass das Wasser herausbrach. Auch das Dach des Hauses war weiss von Reif, der sich auf Blättern und Sträuchern im Schatten bis eine Stunde nach Sonnenaufgang erhielt. Dazu gehört doch ein Kältegrad, den man im brasilianischen

Tieflande, nahe dem Meere, blos fünfundzwanzig Grad vom Aequator, nicht erwartet. Infolge dessen sind wir wahre Feueranbeter geworden. Und doch ist noch Sommer, der productivste Sommer.

Erst gestern brachte ich die purpurrothen Blüthen einer Bombacee heim (Eriodendron Maximiliani, neu, den Manen des kaiserlichen Helden des mexikanischen Kaiserreichs geweiht), eines nahen Verwandten des Macpalxochiquahuitl, welcher vor fünfhundert Jahren von den Königen von Toluca gepflanzt wurde. Ich dachte sogleich an die Stelle in Humboldts Ansichten der Natur. Aus der Mitte der zurückgeschlagenen Blumenblätter, welche einem napfförmigen Kelche eingefügt sind, erhebt es sich desgleichen, wunderbar anzusehen, wie eine blutige Vogelkralle. Die Bewunderung steigt bei näherer Betrachtung. Dann scheinen es wieder fünf rothgemalte Vögelchen, auf Drähte gesteckt, wie sie ein Kinderspielzeug umzittern. Ich glaubte nicht recht zu sehen, als ich mich dem aus hundert und aberhundert tausend — diese Zahlen sind nicht zu hoch gegriffen, Jacquin berechnet die Blüthenzahl eines Eriodendron auf zwei Millionen — carmoisinrothen grossen Blüthen leuchtenden Baume, der glücklicher Weise einen seiner Zweige gnädig zum Wasser herabgeneigt hatte, im Canoe näherte.

Es dauerte lange, ehe das Staunen der Besinnung wich, welche mir sagte, dass jene Kralle die verwachsenen Staubgefässe einer Columnifere seien, deren freiwerdende Staubfäden den inmitten hervorragenden Griffel in ähnlicher Weise umgeben, wie Arme mit den Anfangsbuchstaben der Himmelsgegenden einen Blitzableiter. Ich erinnerte mich einiger sammtigbraunen Früchte von Grösse und Form eines Gänseeies, welche man mir einst geschickt hatte, und deren Samen in goldig aufquellende Seide eingebettet waren. Die Blätter, welche sich an jenem Fruchtzweige befanden, waren dieselben handtheiligen. Obgleich der Baum blätterlos in lauter purpurnen Blüthen prangte, so verrieth doch ein beblätterter Schössling am Fusse des Stammes mir Beziehung und Identität.

Dieser Baum ist unstreitig der am pompösesten blühende der ganzen Bai von Paranaguá. Zwar bedeckt der Ipé (Tecoma speciosa DC.) seine Wipfel zur Blüthezeit mit goldgelben, meilenweit hin sichtbaren, und die Caroba (Jacaranda Caroba Vellozo) mit violetten, digitalisartigen Blumenglocken, aber hochroth, bildlich zu sprechen: den Purpurmantel der Kaiser und Könige legt sonst hier zu Lande wenigstens kein anderer Baum an, wenn schon weniger hervorragende Gewächse (z. B. Erythrina isopetala Lam.; Poinsettia pulcherrima Graham; Heliconia psittacorum L.) recht schöne rothe Blüthenbüschel und die feurigsten Hochblätter zeigen. Zweige, Aeste und Stamm sind mit Espinhas, Dörnchen, besetzt, ein Umstand, der den Leuten nie entgeht, weil er sie am Hinaufklettern hindert. Die von mir gesehenen Dornen waren sehr klein, nur eine oder wenige Linien lang. Was den erst nach der Blüthezeit hervorbrechenden Blättern eine besondere Eleganz verleiht, ist ihre Kleinheit und Straffheit. Man denke sich eine Rosskastanie mit um dreiviertelmal kleineren Blättern, deren Theilblättchen nicht schlaff herabhängen, sondern sternartig ausgebreitet abstehen. Das Laub hat seiner Zeit ein schönes helles Grün, und die inmitten hängenden Früchte stimmen in ihrer braunsammtnen Eiform sehr schön dazu.

Noch sei von obigem Baume gesagt, dass die Blüthen, denen tropfenweise ein wasserheller süsser Saft entquillt — kein alltäglicher Umstand — von den Vögeln, gewöhnlich den Verwüstern in Früchten, aufgesucht und gierig verspeist werden. Als ich heute früh den Baum besuchte, sahen übrigens die schönen Blumen aus, als hätten sie vom Froste gelitten.

Aus Endlichers Abtheilung der Bombaceen mit fingerig zusammengesetzten Blättern haben wir noch den Embiruçu (Pachira alba Walp.), der seine grünsammtnen kräftigen Blüthenknospen fast spannenlang im Mai zu entwickeln pflegt, dessen Frucht aber keine Wolle bildet, und ein Bombax (B. septenatum L.), dessen fünfseitige Früchte, von Grösse und Form der Gurken, beim Aufspringen einen süperben Reichthum von gelber Seide fallen lassen, den Engländern Silk-cotton, die Monat October überall herumfliegt und gesponnen ein Feengewand liefern müsste. Den Haaren scheint aber die Haltbarkeit abzugehen, oder sie sind zu glatt oder zu kurz, so dass sie keine Adhäsion zu einander haben.

Der berühmte Sipó Matador muss auch ein Silk-cotton-tree sein. Ein Brasilianer, Senhor Antonio Alexandro Cardoso, und zwar ein in Waldangelegenheiten wohlunterrichteter Mann, nebenbei der Herr des Grundstücks, auf dem ich wohne, und Vater von neun kräftigen Söhnen, welche, die jüngsten ausgenommen, jeden Baum mit einem Anhieb in die Rinde kennen, hat mir so bestimmte Angaben über ihn mitgetheilt, dass ich nicht daran zweifeln kann.

Zufällig ist mir durch einen Colonen von Superaguhy der erste Band der Reise St.-Hilaire's in Brasilien zu Händen gekommen, wo es Seite 13 heisst: Der Baum, welcher den Namen Sipó Matador trägt, hat einen nicht weniger geraden Stamm als unsere Pappeln; aber zu schlank, um sich allein aufrecht zu erhalten, findet er eine Stütze an einem benachbarten stärkeren Baume; er presst sich an dessen Stamm mit Hilfe von Luftwurzeln an, dann und wann verzweigte Umarmungen aussendend; er bemächtigt sich der Stellung und kann den heftigsten Orcanen Trotz bieten.

Im Walde, meint Senhor Cardoso, finde man den Sipó Matador gleich dem Mangue bravo, dem wilden Manguebaume (Clusia Criuva Cambess.) und einigen Feigenbäumen stets zu einem anderen Stamme gesellt, den er netzartig umschlungen halte, dessen Gipfel mit dem seinen vermählend und zu einer Zeit mit Blüthen, Blättern oder Früchten schmückend, wo dem sterbenden Partner die einen wie die andern versagt sind. Ja er soll nicht immer dem Erdboden entspringen.

Meinen Erfahrungen, so unglaublich es klingt, widerspricht es nicht, dass ein und dieselbe Baumspecies selbstständig terrestrisch ist, oder klettert, oder selbst parasitisch auftritt. Von eben dem Mangue bravo habe ich die grössten Bäume sowohl alleinstehend auf der Erde als in der Höhe von nur zwei Ellen, also in einer für die Beobachtung sehr bequemen Höhe, auf einem Guanandi (Calophyllum brasiliense Cambess.) genannten Baume aufsitzen sehen, ohne dass eine einzige der zahlreichen Wurzelhände, welche den Compagnon ingrimmig zu packen schienen und übrigens thierischen Krallen täuschend ähnlich sahen, den Boden erreicht hätte. Was die Connaraceen (Connarus pinnatus Wight) betrifft, so habe ich einen Busch am Ufer stehen sehen, der zum grössten Theile aus den schönsten geraden Stangen bestand, während dagegen eine, einem sich über den Fluss neigenden Baume zunächst, ins Winden gerathen war und in einer Höhe von etwa dreissig Fuss mir dieselben reifen, von mir sorgfältigst abgebildeten Früchte lieferte — ich kletterte, um mich zu überzeugen, trotz einer abscheulichen Nässe hinauf — die unten von den weit stärkeren Stangen stehenden Fusses zu erreichen waren. Uebereinstimmend äussert sich Jacquin.

Vor einigen Tagen brachte mir Massiel, einer jener Brüder, wieder Früchte des Boguaçu (Talauma fragrantissima Hook.), da die ersten, welche wir von einem selbander gefällten Baume erbeutet hatten, noch nicht ganz gezeitigt waren. Sie gehören einer hiesigen Magnoliacee an, deren wohlriechende, gewaltige weisse Blüthen von mir im November vorigen Jahres wiedergegeben wurden. Jetzt sind sie reif, und wenn je eine Frucht nach ihrer vollen Entwicklung in ein Stadium tritt, wo sie schön genannt werden kann, so ist es diese in hohem Grade. Es war ein grosses Evenement für mich, als ich eines Abends die harten holzigen Kugeln aufgesprungen fand und aus den klaffenden Rissen die rothen Samen, in Eiform um das freie Centrum der Frucht gesteckt, hervorleuchten sah. Ich liess die dicken Holzschalen erst recht aufspringen, damit man in die volle Pracht hineinschauen kann, und konnte mich während der ganzen Zeit der Abbildung nicht satt sehen an dem farbigen plastischen Fruchtgebilde.

Ob es Worten gelingen wird eine Vorstellung zu wecken? Wir wollen sehen. Wie entstand die Frucht? Aus einem gestielten Träger, um den und auf dem als körperliche Achse zahlreiche Fruchtknoten dichtgedrängt gleichsam gegenseitig in einander vermauert standen. Diese Fruchtknoten waren einfächerig und bargen ein jeder zwei Samenanlagen. Das war der Zustand des Fruchtanfanges im Monat November. Fast sechs Monate brauchte die Natur, um den Bau der Kammern zu erweitern, in denen die Verwandlung der zarten Eichen zu reifen Samen vor sich gehen sollte. Ja das Ganze schwoll nach und nach zu einer zwei Pfund schweren, vier bis fünf Zoll im Durchmesser haltenden Kugel an, deren holzige dicke Bedeckung, aus den oberen Theilen aller Fruchtknoten mosaikartig zusammengesetzt, wohl einen Daumen breit ins Innere geht. Dieses Innere nun ist es, welches ein Centralsystem von Kammern birgt, geordnet um die kolbenförmige Achse des Syncarpiums. Dass die Frucht sich öffnet, wird dadurch möglich, dass die dicke Holzkruste vertrocknend aufreisst und alle Kammern rings in ihrer Mitte, wo die Wände am schwächsten sind, auseinanderbrechen, indem sie die eine obere Hälfte ihrer Höhlungen in jener holzigen Verkrustung der Aussenschale, die andere untere Hälfte am Achsentheile der Frucht zurücklassen. Dieser gemeinschaftliche Träger ist in der That wie mit zahlreichsten Bechern dicht umstellt und referirt ein Ovoid, dessen Oberfläche von halbkugelförmigen, sich gegenseitig accommodirenden Vertiefungen eingenommen ist. Aus jedem dieser Halbfächer steht ein Samenpaar hervor und — o Jammer! — durch einen leichten Anstoss fallen sie, nein, — o Wunder! — sie fallen nicht heraus, sondern bleiben an sich aus ihnen herausspinnenden Fäden hängen.

Nun war es mir klar, Alles klar, wozu ich mich neulich im Endlicher präparirt hatte. Eine Magnoliacee! Aber gleichviel ob dieser oder jener Name, ein Meisterstück aus der Werkstatt der Natur, das mich mit der innigsten Freude erfüllte, ich hielt es in den Händen! Im Bedürfniss der Mittheilung rief ich Naninha. Sie dachte zuerst, ich hätte mir einen Spass gemacht und die Samen alle an Fäden aufgeknüpft, überzeugte sich aber bald von der künstlichen Naturwahrheit; da blieb denn ihr Vergnügen daran nicht hinter meinem zurück.

Unser Staunen aber überschritt alle Grenzen, als wir einen der feinen weissen Samenträger, feiner als ein Zwirnsfaden, unter das Mikroskop legten. Da lag er da, locker zusammengesponnen aus wenigstens fünfzig auf das Zierlichste spiralförmig gewundenen Silberfäden. Das war zu viel für das Fassungsvermögen Naninha's. Sie entfernte sich mit der Aeusserung: 'Dieses Microscopio entdeckt gewisse Dinge, die den Leuten Angst machen.'

O Boguaçu, in allen Phasen deiner Entwicklung bist du gar herrlich angethan! Man erinnert sich der Blüthen. Welch ein Fest war das! Es war die Zeit der Empfängniss für die Sameneichen in den Zellen des klösterlichen Baues. Man erinnert sich des berauschenden Duftes, der den bräutlichen Stätten entströmte. Kommt einem dann nicht Alles wie ein Märchen vor? Und welche verständige Periode sich in sich selbst vollendender Abgeschlossenheit folgte den Tagen der Freude, bis der tiefempfundene Gedanke verkörpert, bis das köstliche Binnenwerk um und um zur Reife gediehen. Es handelt sich nicht um wenig, es handelt sich um die Fortpflanzung seines Geschlechts. Riese Boguaçu ist ganz in sich selbst concentrirt. Seine Blätter werden alt und steif darüber. Endlich durchdringt frühlingskräftiges Leben das Haus, die dichtesten, härtesten Wände bersten und — es ist ein feierlicher, ein erhabner Act — die Mutterform zerschlägt sich, um ihre Kindlein zu entlassen. Noch sind beide vereinigt zum lieblichsten, Liebe athmenden Anblick. Noch halten die zartesten, innersten Fäden. Es ist ein letztes Zusammensein von Mutter und Kind hoch oben unter dem schattigen Gipfel des Stammbaumes über dem unabsehbaren Reichthum des Waldes. So übergiebt der majestätische Boguaçu eine lebensfähige Generation der Nachwelt.

Und das Alles ist kein Märchen, es ist Wahrheit, lebensvolle, gestaltete und fortgestaltende Wahrheit, und wer es nicht glauben will, der reise nach Brasilien, da wird er den Riesen Boguaçu mit seinem Anhange gerade so antreffen, wie ich ihn beschrieben habe.

Nachdem ich stehend und trappsend zu Mittag gegessen, da es zum Niedersetzen zu kalt war, habe ich mich ein Stündchen am Feuer erwärmt, von wo man im Garten nicht zehn Schritt entfernt Palmen und Bananen stehen sieht, eine wahre Ironie in jetziger Jahreszeit. Wie doch ein Paar Grad mehr oder weniger den Menschen so ausser Fassung bringen können!

Ein unterhaltendes Schauspiel bietet sich zuweilen des Morgens dar, wenn die Sonne über unser dampfendes Berg- und Waldthal hervorkommt. Dann fliegen die Nebel wie die Ordonnanzen mit einer sich überstürzenden Eile nach allen Richtungen auseinander. Aber immer neue Wölkchen entsteigen dem warmen Spiegel des Salzwassers und jagen mit Windesschnelle vorüber, sich drängend und verschlingend im reizendsten Spiel von Form, Farbe und Licht. Flüchtige Elfen, verfolgt von den Strahlen der Sonne, könnte die Einbildungskraft eines Malers daraus machen. Mir fiel dabei ein Bild von Meister von Schwind auf dem Frankfurter Museum ein.

Nebelmorgen sind jetzt nicht selten. Der Nebel ist aber hier viel lichtvoller als bei uns, gegen den Himmel blau. Die Gegenstände treten aus ihm farbig und in stilvoll contourirten, grösser erscheinenden Massen hervor, wie umschleiert von den malerischesten Farbentönen. Man sieht nicht das Blätterwerk, sondern die Gruppen, welche das Laub bildet. Es ist dann so herbstlich anmuthig unter dem mit Palmen reichlich untermischten Walde, dessen Gipfel sonnenbeleuchtet durch den bläulichen Nebel hindurch zu schimmern anfangen, dass man gar nicht wieder heraus will. Diese Feuchtigkeit athmende, in ewigem Thau gebadete, nie von Staub berührte Vegetation weht den Eintretenden wie elysäische Luft an, dem wohl, ganz unglaubbar wohl wird bei dem Anblick der lautlos sprossenden Waldesfülle.

Indessen ist es ein Kunststück, fortwährend dem Capim Serra, einer kletternden Sclerie (Omoscleria tenacissima

N. ab E.) auszuweichen, welche das Dickicht absolut undurchdringlich machen kann. Da helfen weder Säbelhiebe, noch sich bücken und drücken, irgendwo bleibt man doch hängen an den Schärfen der langen Halme, welche man selbst, ohne es zu wissen, in Verwirrung bringt und auf sich herunterzieht, nachdem zuvor irgend ein Spitzchen der herabhängenden Verzweigungen sich am Körper festgehakt hat, bis der Stängel nachgiebige Länge sich straff spannt. Dann hat man aber auch den Schnitt schon weg.

Nach vielen Unbequemlichkeiten erholt man sich zuweilen .wieder auf einem unbehinderten Standpunkte von wenigen Spannen. Die Augen, welche beim Gehen mehr auf die nahen Gegenstände weil die zunächst gefährlichen gebannt waren, benutzen diese Momente, um ein Bild der weiteren Umgebung in sich aufzunehmen. Wer sollte sich da nicht beseligt fühlen? Der Körper fühlt keine Last und keine Beengung, noch das Bedürfniss der freien Bewegung. Der kleine Standpunkt genügt ihm vollkommen, seine Seele emporzuheben zu der sichtbaren Herrlichkeit der Schöpfung. Es giebt kein erhabeneres Dach, als wie sich Palmen mit ihren Kronen zusammenwölben. Durch die Fiedern der einen Wedel sieht man hindurch, wie durch Fensterjalousien, während die Fiederflächen anderer Wedel dem Auge begegnen. Die Palmen sind doch die Priester des Waldes. Sie sind alle schnurstracks zum Himmel gewendet. Und ein Sonnenstrahl fällt hier und dort herein durch der Bäume hohe Wipfel. Und ein Heer von unsichtbaren Vögeln ist laut, die in des Frühstücks munterer Geschäftigkeit unbekannte Früchte herabfallen lassen. Und aus den betroffenen Felsengründen wuchert feuchte Blattfülle, tief unten rauschende Bäche den Blicken entziehend. O, it is very beautiful, very beautiful indeed!

In solchen Situationen ist mir wiederholt unser schöner Forêt Vierge du Brésil vor das Gedächtniss getreten, der kostbare, ausserordentlich wahre und poetische grosse Kupferstich über dem Sopha im Zimmer des guten Vaters, welcher — erinnere ich mich — mir mitunter erzählte, er habe ihn einst in einer Auction gekauft. Der damalige Director des botanischen Gartens wäre auch gerade anwesend gewesen, und hätte ihm noch zugerufen: 'Was wollen Sie denn mit dem Urwalde anfangen?', worauf er geantwortet: "Lassen Sie das nur gut sein. Er gefällt mir nun einmal." Wie oft stand ich als Knabe in stummer Entzückung vor jenem für mich so bedeutungsvoll gewordenen Kupferstiche, ohne den ich vielleicht nie nach Brasilien gekommen wäre.

Schon höre ich kaum noch das ununterbrochen fortklingende Scharwerken der Insecten, welches in einen Ton zusammentönt, als ob in zahllosen fleissigen Officinen mit silbernen Hämmerchen, schnurrenden metallenen Rädchen und anderem absonderlichen Uhrmacherwerkzeuge rastlose Pensa gefördert würden.

Es ist unterdessen spät geworden. Ueber meinem Guaricannadache blicken die Sterne heller denn je, abermals eine kalte Nacht verkündend, und ich glaube, Du würdest selbst mir den Trost des Bettes nicht länger vorenthalten. Die umfassendsten Maassregeln, welche den Bau desselben leiteten, sind erschöpft, das heisst Alles, was ich ausser meinen wollenen Decken an Tuchsachen, Röcken, Beinkleidern und Westen besitze, ist kunstvoll darüber ausgebreitet worden. A coberta de Deos, la couverture de Dieu, wie da neulich ein vor Kälte am Strande klappernder Fischer die aufgehende Sonne nannte, wird uns hoffentlich morgen nicht im Stiche lassen.

Dein dankbarer Sohn.

Urwald im Regen.

Lieber Vater!

Wer hätte nicht einmal in seinem Leben gedichtet? Vor vielen Jahren dichtete ich wie in einem dunkeln Vorgefühle folgende Verse:

Bin in dem Wald gefangen
Bei einem Regen fest;
Viel tausend Tropfen hangen
An Blättern und Geäst.

Den Regen gar erquicklich
Trink ich aus voller Brust.
Das macht mich überglücklich
Und übervoll von Lust.

Wie stärken meine Glieder
Sich an dem frischen Saft!
Gebt mir für meine Lieder
Von dieser Waldeskraft!

Heute fielen sie mir wieder ein auf einem Spaziergange, den ich Dir erzählen will, und es kam mir vor, als erfüllte sich erst jetzt dieses Liedchen.

Da mir das Innere meines Hauses durchaus keine Anregung bot, auch in der Küche ausser einem zur Neige gehenden Wildschweinsviertel sich Nichts der Bemerkung werth vorfindet, ging ich ganz express Deinetwegen heute früh in den Wald, um Dir etwas Interessantes auftischen zu können. Es regnete, und wenn es hier regnet, kann man nicht darauf warten, dass es aufhöre zu regnen. Bei einem solchen Ausgange lässt man fein Schuhe und Strümpfe zu

Hause, streifelt die Beinkleider bis über die Kniee in die Höhe, nimmt das Gewehr auf den Rücken, überzeugt, dass die herrschende Feuchtigkeit dem Schusse alsbald seine Zündfähigkeit benehmen wird, und betritt nun kühn vorerst das unvermeidliche Terrain der Manguebäume.

Die Ebbe erlaubt uns diesen feuchten Dom zu betreten. Vielleicht, dass wir in irgend einer Seitenhalle ein schlafendes Krokodil belauschen können. Blätter, Zweige, Stämme sind mit Schlamm überkleistert. Zwischen entfärbtem Grün, schlickrigen Aesten und stracklichem Wurzelwerk breitet sich die geronnene Oberfläche unseres Erdplaneten in noch gallertartigem Zustande aus. In der That ein grauer Anblick! Mit Geduld und Uebung kommt man auch hier dennoch vorwärts, indem man, während das vorgeschrittene Bein bis an die Kniee einsinkt, jedesmal das andere Bein heraus und nachzieht. Nun hat man die wohlthätigen Schlammstiefeln an, wodurch man wenigstens unten herum gegen die lästigen Stiche der Mosquitos und Mutucas, unsrer Schnaken und Schmeissfliegen, geschützt ist. Der Regen behindert diese Plagegeister durchaus nicht in ihren maliciösen Angriffen.

Du musst auch nicht vergessen, dass es keineswegs kalt ist, wie wir Europäer Regentage uns nicht anders vorzustellen pflegen, sondern warm, ganz warm. Schweiss mit Regenwasser vermischt läuft in Strömen vom Antlitz herab. In diesem Bereiche poetischer Naturanschauung, in diesen Gefilden, von denen man nicht weiss, ob die Nymphen des Süsswassers oder Neptuns fischschwänzige Tritonen sich in ihnen tummeln, gelingt es zuweilen als eigentlicher Zweck der Excursion ein Saracura (Aramides cayennensis Gmel.) zu schiessen, olivengraue, flinke Schilfhühner mit rothen Beinen, braunrother Brust, gelbgrünem Schnabel und feurigrothen Augen. Ihr lauter schallender Gesang: 'tricoke—tricoke—tricoke—umpot—umpot—umpot', weckt mich seit Jahren und wird mir unvergesslich sein. Sie sind aber gewöhnlich klüger als der Jäger, dem es nicht so leicht wie dem listigen Jacaré gelingt, eines wegzuschnappen. Weder von dem einen noch von dem andern eine Spur.

Einer lehmig gelben Strömung folgend gelangt man aus diesem breiigen Schlammboden des Mangue auf den sandigen festeren Grund eines Flussbettes und steht nun unter dem träufenden Walde. Der Donner herabstürzender Gewässer, das Rauschen der Bäche, das Fallen von Milliarden Tropfen, ein tausendstimmiges Zirpen und Schrillen beängstigt das Ohr. Zwischen moostriefenden Felsblöcken wühlen sich schäumend ochergelbe Fluthen unter trügerischen Brücken gewaltiger, durch einander geworfener Stämme fort. Sie halten wohl über versteckten Grotten und Schluchten die leichtsinnig wuchernde Pflanzenwelt hoch über den Boden, weichen aber dem Tritte des gewichtigeren Erdensohnes. Zuweilen genügt ein kräftiger Coup de pied, um den ganzen morschen Bau in die Tiefe stürzen zu sehen.

O der namenlosen Nässe! Die Rinnsale fangen schon auf den Bäumen an, und die Rinden aller Stämme sind mit ununterbrochen herabfallenden Quellen umkleidet. Von jeder Spitze der fiederreichen Palmenwedel, welche zahllos die hohen Gipfel der Laubbäume unterwölben, gehen Wasserfäden zur Erde. Aus den in allen Höhen haftenden vollgefüllten Blattrosetten der Bromeliaceen spritzt unaufhörlich plätschernder Ueberschuss. In dem durchsichtigen Grün der feinsten, wie aus Feuchtigkeit gewebten Hautfarren, auf den sammtigen lockeren Kissen moosiger Ueberkleidungen, überall rieselt und perlt krystallhell, diamantenrein die strömende Gabe der Wolken. Besonders in den Bechern der Flechten haften die Tropfen so bezaubernd glänzend gefasst, dass ich alter Tropf wie ein Kind mich verführen liess darnach zu greifen. Alles, Alles ist vollgesogen, übergossen und getränkt mit Wasser. Dabei sind die Gegenstände — und was man nur sieht, schlägt in das Reich der Vegetation — mit einem warmen grünen Lichte übergossen; denn wie kann es dunkel sein, ungeachtet der Wolken, wenn die Sonne im Scheitel steht?

Die Kleidung ist durchnässt, der Körper glüht, denn wir sind ein gutes Stück bergauf vorwärts gekommen. Fortwährend herabschiessende Douchen gewähren Erfrischung.

Bevor beschlossen wurde umzukehren, schaute ich noch einmal aufmerksam in die Höhe — soweit das anging, denn die nassen Wimpern mussten sich aller Augenblicke wegen in die Augen fallender Regentropfen schliessen — um mir so recht klar zu werden, was ich sah. Viele Palmen erblickte ich mit nacktem Caulom, alle Stämme der Laubbäume dagegen mit glänzendnassem verschiedenartigsten Blattwerke kletternder Gewächse dicht besetzt, darüber einen grünen, in Wolkendampf verschwindenden Himmel.

Nun hatte ich aber genug. Ameisen an den Beinen, Dornen in den Füssen, Schnitte von Bandgräsern auf Gesicht und Händen, grosse und kleine Zecken am Körper, den langbeinige Mücken umsummten — Zugaben, welche ein solcher Waldbesuch unvermeidlich mit sich bringt — dazu das auffallend stärker donnernde Toben der Gewässer riethen zur Rückkehr.

Das war blos der Beginn des Regens gewesen. Jetzt fing ein so niederschmetternder Platzregen an, dass ich vollständig zu Boden geworfen wurde. Das war ein Ausrutschen den schlüpfrigen Bergabhang hinab! Unten angekommen gewahrt man die Ueberschwemmungen der bereits eingetretenen Fluth. Da hilft Nichts. Vor allen Dingen keine Verzögerung. Frisch hindurch! Nun tastet' man mit den Füssen fort und tastet sich of course in ein Loch. Von da an betrachtet man die Kleidung ganz als Badewäsche. So kommt man auch glücklich durch das Flussbett.

Unter den Manguebäumen ist bei den obwaltenden Umständen der Pass versperrt. Man muss sich entschliessen, auf einem Umwege über ein Thonlager nach Hause zu gelangen. Der Schlamm hat seine unangenehmen Seiten, aber man weiss, dass man einsinkt. Auf dem Lehme rutscht man aus und steht wieder auf. Aber auf dem falschen Thone, da ist es eine andere Sache, da sinkt man blos zuweilen ein. Man schreitet. Eine spärliche Decke von saueren Gräsern hält. Man wird dreister — auf einmal geht die Versenkung vor sich, und ein Bein, gerade so lang als es ist, steckt festgemauert in der Erden. Mir war das nichts Neues; ich kam übel und böse durch, wusch mir an der Quelle die weissen Thonstrümpfe ab und wechselte, zu Hause angekommen, so schnell wie möglich die Wäsche, um Dir brühwarm etwas Interessantes aufzutischen.

Dein dankbarer Sohn.

Adventszeit.

Liebe Mutter!

Obgleich ich meine Briefe am liebsten mit 'Liebe Heimath!' begönne, um Nichts auszuschliessen, was in den Schneefeldern unseres Nordens sich unter Schiefer-, Ziegel- oder Strohdach einhuschelt. Wie gern erinnere ich mich dieser trauten deutschen Dörfer, die mir vor Zeiten auf einsamen Winterspaziergängen, wenn ich sie so von weitem liegen sah, fast wie Rebhühnervölker vorkamen, die sich hier und da in den Schnee eingescharrt haben, um durch enge Gegenseitigkeit Schutz zu finden vor dem gemeinsamen Feinde, der Kälte. Unser Widersacher ist dermalen allerdings die Wärme.

Dieser Montag war schon in der vergangenen Woche für einen Brief an Dich bestimmt. Das Flämmchen meines Geistes brannte zwar sparsam, hatte aber im Vertrauen auf Dankbarkeit und Gewohnheit, zwei schätzbare Hebel in brieflichen Obliegenheiten, die Hoffnung nicht verloren, das letzte Zwölftel meines Jahrestributs zu Stande zu bringen, obgleich eine Sonne über uns lastete, welche den Hunger der Crocodile, wievielmehr meinen schwachen Willen einzuschläfern vermochte.

Den gestrigen Sonntag, von mir allein zu Hause verlebt, kannst Du Dir nicht glühend und stürmisch genug vorstellen. Die Hitze war von Aufgang der Sonne an erstickend. Es sind das die glücklicher Weise seltenen Male, vielleicht sechs oder sieben im Jahre, an denen der Nordwest- und Nordwind weht. Bis auf ein Glasfenster waren die Thüren und Laden geschlossen, um die Hitze abzuhalten. Wenn man nun eins von beiden etwa öffnete um herauszusehen, war es gerade als wenn man sich ans Feuer bückte, so heiss schlug der Wind in das Antlitz. Den Hühnern und zweien zum Hause gehörigen Hunden fehlte es offenbar an Athem. Jene liessen die Flügel hängen und sperrten die Schnäbel auf, diese steckten die Zunge heraus, beide ohne einen Laut von sich zu geben. Nur Millionen von Insekten verbreiteten ein noch fieberhafter als gewöhnlich schwirrendes Klingen und Singen.

Der Wald ächzte laut hörbar unter dem heftigen Luftzuge, der die Wipfel der Bäume rauschend auseinanderlegte und immer neue Wärmequantitäten in die Atmosphäre hineingoss.

Ein Gang, eine Hantirung erregte ein schnelleres Pulsiren des Blutes. Man fühlte sich wie in einer Retorte, dem Punkte der Umwandlung in irgend ein ätherisches Menschendestillat nahe, seine ganze Hoffnung auf das Gewitter setzend.

Das Gewitter kam, kam noch schwüler und heisser als die Mittagssonne, aber nach ihm kam der Regen — o welch wohlthätiger Regen! — nach dem Hühner, Hunde und Mensch auf dem kleinen Raume in der weiten heissen Wildniss schon lange gelechzt hatten. Es war ein schwammiges Gefühl, das den Regen und die Frische der Nacht in sich einsog. Ich fühlte schon etwas von einem tropischen Baume in mir, dem ein solcher Tag nichts mehr anhaben kann, speiste mit Behagen zu Nacht — wir hatten sämmtlich wegen Appetitlosigkeit unsere Mahlzeiten eingestellt — rauchte noch ein Pfeifchen, was alles am Tage nicht möglich gewesen war, und schlief einen erfrischenden Schlaf bei offenen Fenstern.

Eine neue schöne Woche liegt vor mir. Ich habe zwei feine Stücke auf dem Korne, die nach Beendigung dieses zu Papier gebracht werden sollen. Es sind das die zartgerötheten Früchte des Jambó (Jambosa vulgaris DC.), einer ostindischen Myrtacee, deren Blüthen, welche in zwei Zoll langem Staubfädenreichthum zwischen lanzettlichen Blättern hervorquellen, ich Dir schon geschickt habe, und über meiner Quelle, einem Eldorado an malerischen vegetabilischen Vorlagen, eine üppig emporkletternde Aroidee mit vier schneeweiss umscheideten Blüthenständen fast in jeder Blattachsel, genannt Sipó Truguá (Philodendron cordatum Kunth).

Manchem Insassen des Waldes, der mich anfangs in ganz unbekannter Nacht umschattete, ist bereits ein Licht der Erkenntniss aufgesteckt worden. Das Feld ist gross, der Wald unerschöpflich. Nur ist der Zutritt zu den Veteranen dieser geheimnissreichen Gewächshäuser physisch unbequem.

Neulich war ich zugegen, als der Hochwald gefällt wurde. Da lagen sie da mit zersplitterten Armen, die gewaltigen Stämme, aus Rinde und Wunden reichlich quellend an milchigen, wasserhellen, goldigen, selbst purpurrothen Säften, ein penetrantes Gemisch der kräftigsten Aromata aushauchend. Wieviel harrt da der Darstellung! Und doch kann blos eins auf einmal vorgenommen werden. Welche verborgenen Kräfte, welche unerkannten Zwecke mögen da verloren gehen! Vielleicht mehr als Chinin, mehr als Baumwolle, Kaffee und Thee. So werden sie hingeopfert, die seltensten Bäume, edle Repräsentanten aussterbender Geschlechter, um welche der brennende und sengende Fortschritt der Civilisation den Erdball mehr und mehr beraubt, vergangener Zeiten Zeugen, deren letzte Keime unter weidenden Viehheerden verkümmern müssen, bevor Aecker gebaut und Städte gegründet werden können!

Die Stimme eines Negers, dessen Beil so eben verstummt war, verkündete den Fall eines Baumes. Knisternd, sich langsam aus der senkrechten Stellung begebend, fiel mit einer Mark und Bein durchdringenden Beschleunigung des Falles der stürzende Riese donnernd hinab in das Thal. Triumphirend, schon mit dem Ellbogen auf dem Rande des Stumpfes ruhend, stand der Neger, ohne einen Schritt zurückgewichen zu sein, dicht neben der Gefahr und dem erschütternden Ereignisse.

Erst nachdem das Echo schwieg und Zweige und Blätter der zerrissenen Umgebung zur Ruhe gekommen waren, wagte ich mich hervor, erkannte sofort in der brasilianischen Bucu-uba (Myristica officinalis Mart.) einen Stammgenossen der Muskatnuss, pflückte freudig die schönen, in zwei Klappen aufspringenden Früchte, aus denen ein, in einen hochrothen zerfransten Mantel gehüllter Samen hervorsieht, und eilte über Stock und Stein ins Canoe nach meinem Studirzimmer, das erst verlassen wurde, nachdem haarklein Alles bis auf den winzigen Keim mit seinen divergirenden Cotyledonen in dem von der innern Samenhaut braunmarmorirten Eiweiss dargestellt war.

Du siehst, dass die Botanik seither nicht vernachlässigt worden ist, obgleich es sehr schwer hält am Tage in einer oft peinlichen Hitze zu arbeiten. Bis Mittag geht es noch, aber von da an tritt ein unbesiegbarer Hang zum Schlafen ein, der sich erst gegen vier Uhr verliert. Sei jedoch versichert, dass ich in den Morgen- und Abendstunden, sowie durch die ungestörte regelmässige Nachtruhe mich immer wieder restaurire.

In diesen drückenden Monaten fehlt es nicht an erquickenden Früchten. Die vorzüglichsten sind die goldnen Guacaäpfel (Passaveria obovata Mart. et Eichl.). Sie sind ungestielt und gewähren, indem sie gleich grossen hochgelben, zumeist sich drängenden Knöpfen an den Zweigen sitzen, einen originellen Anblick. Die Hauptform dieser ausserordentlich gelb erscheinenden, mit einem braunen Haarpelze überpuderten Frucht ist die zusammengedrückte, am Grunde abgeflächte Kugelform, welche gewissen, nicht seltenen, gläsernen Briefbeschwerern eigen ist. Grösse und Form dieser geben uns den besten Begriff von Grösse und Form jener. Um die Achse der Frucht, wenn man das Innere derselben im Auge hat, sind, wie mir scheint, höchstens fünf, oft blos drei bis vier Samen mit glänzender dunkelbrauner Schale so gestellt, dass sie sich unter einander nicht berühren, auf ihrer der Fruchtachse zugewandten Oberfläche eine vom Grunde zur Spitze des Samens verlaufende, scharf abgegrenzte, weggelbe Depression zeigend, welche der Samenschale das scheinbare Ansehen giebt, als habe sie hier nicht ausgereicht. Diese harte, spiegelblank polirte, nicht gar zu starke Testa, welche in ihrer Form ungefähr dem abgerundeten Fünftel einer Kugel gleichkommt, ist ganz von einem grossen rosenrothen Keime ausgefüllt, dessen fleischige plano-convexe Keimblätter kaum einem kleinen unten befindlichen Würzelchen Raum gönnen. Der Keim verläuft gerade. Das Würzelchen blickt nach der Basis, die Spitze der Keimblätter nach dem Scheitel der Frucht, welcher letztere äusserlich nur durch einen ganz kleinen, in einer Einsenkung ruhenden schwarzen Punkt, die vertrocknete Narbe des Pistills, markirt ist, während sich unter der Basis der Frucht noch der kleine fünftheilige Kelch wahrnehmen lässt.

Nachdem wir nun eine Vorstellung von der Gestalt der Frucht und der Vertheilung und Beschaffenheit der Samen in derselben haben, fällt es leicht sich den Rest, ihren eigentlich verspeisbaren Theil, vorzustellen, der sich zwischen Peripherie und Samen wie ein aus Mandeln, Milch und Zucker gemischtes Labsal ausbreitet, das unserm genügsamen Magen ganz deliciös vorkommt.

Der Boden des Waldes ist zur Zeit mit solchen Guacaäpfeln besäet, die mir eines Morgens Gelegenheit gaben, zwei Cuatis (Nasua socialis Pr. Max.) von einem Guacabaume herabzuschiessen. Sie pflückten die Früchte förmlich im Tacte, schlürften sie ohne Zeitverlust aus und warfen die Schalen, eine nach der andern, jedesmal mit einer besonderen Handbewegung herab. Sie assen so schnell und schleuderten die Reste ihrer Mahlzeit so kräftig auf die Wedel der unten befindlichen kleinen Palmen, dass es von Weitem einen ganz verdächtigen Lärm verursachte und ich mich schon in der Nähe eines Jaguar glaubte, wenigstens liess ich zwei Kugeln in ihre Läufe gleiten. Als ich aber näher kam, sah ich, da der Baum an einer Böschung etwas unter mir stand, das kreuzfidele Pärchen in den Zweigen so nahe, dass es eine Lust war ihnen zuzusehen. Es mochte doch ein Geräusch an ihre Ohren gedrungen sein: eins von ihnen lief den Stamm herab mit dem Kopfe nach unten. Als ich hinzusprang, kehrte es aber schleunigst wieder um nach oben, seine Lebensgefährtin zu benachrichtigen, dass die Luft nicht ganz rein sei. Da liessen sie das Fruchtessen sein und setzten sich resignirt nebeneinander auf einen Zweig. Zwei Schüsse brachten beide zur Erde. Einen dieser tropischen Bären schleppte ich mit nach Hause und liess mir ihn schmecken.

Das Guacaholz wird von den Brasilianern besonders gern zu Anfertigung von Rudern verwendet, die anfangs eine lebhaft rothe Farbe haben, welche sich jedoch mit dem Austrocknen des Holzes verliert.

Die wechselständigen obovat-lanzettlichen Blätter hängen herab, sind oben eben und glänzend, dabei hellgrün und ganzrandig, auf der Unterseite erhaben fiedernervig. Nahe dem Grunde des ganz kurzen Blattstiels sind die Narben abgefallener Nebenblätter wahrzunehmen. An sehr jungen Blüthenknospen in den Blattachseln eines reife Früchte tragenden Zweiges, in denen sie einzeln sassen, wechselten fünf imbricate, nach aussen flaumige Kelchblätter mit den fünf Zipfeln einer nackten Blumenkrone, welche blos einen dichtbehaarten Fruchtknoten mit endständigem Griffel einschloss. Männliche und weibliche Blüthen kommen also getrennt vor.

Ein nicht minder beliebtes Obst sind die gestielten Früchte der Maçaranduba (Mimusops elata Freire Allemão, ex litteris Martio communicatis), welche in Grösse und Beschaffenheit, sowie durch den langen Stiel, an Kirschen erinnern. Die Spitze der kugelrunden dunkelrothen Frucht überragt stiftartig ein kurzer stehengebliebener Griffel. Unter ihrer Basis sind die zurückgeschlagenen Zipfel eines sechstheiligen Kelches wahrzunehmen. Sie enthält blos einen schwarzen, etwas zusammengedrückten, gleichfalls durch eine hellfarbige Depression ausgezeichneten Samen, dessen Lage im Fruchtgehäuse eine excentrische ist, was auf Fehlschlagen anderer Fächer hindeutet. Die Samenschale aber ist mit Eiweiss gefüllt, welches einen gleichlangen geraden Keim birgt mit unten befindlichem länglichen Würzelchen und dünnen flach auf einander liegenden Keimblättern, deren Peripherie auf dem Eiweisskörper zu Tage tritt. Der Wohlgeschmack des Milchsaftes dieser, der Sage nach nur aller sieben Jahre reifenden Frucht ist über alles Lob erhaben. Die Früchte stehen einzeln in den Blattachseln. Die gestielten Blätter sind oval, unbehaart und im jungen Zustande der Länge nach zusammengefaltet. Die Blattscheibe ist lederartig, ganzrandig und gedrängt fiedernervig, auf der Rückseite wie mit einem feinen weisslichen Guss überzogen.

Maçaranduba gehört übrigens zu den edelsten, härtesten und dunkelsten Hölzern Brasiliens. Sowohl Guacá als Maçaranduba rangirt in die echt tropische Pflanzenfamilie der Sapotaceen, nahe verwandt den Ebenaceen oder Ebenhölzern. Du siehst, wir haben es hier mit keiner schlechten Waare zu thun.

Dank dem Himmel, welcher uns ausserdem für so dursterregende Tage die unschätzbare Wassermelone, hier Melancia (Cucurbita Citrullus L.) genannt, zurückliess, die schwerlich, weder in Ungarn noch in Italien, diesen Grad der Vollkommenheit erreicht. Die Leute bieten sie zuweilen ganze Kähne voll an, einzelne gegen zwei Fuss lang. Von aussen sind sie grün und glatt wie unsere Kürbisse. Beim Aufschneiden wetteifert das zuckersüsseste zerfliessende Fleisch mit der Reinheit des Rosenroths, über und über bespickt mit kohlschwarzen schlüpfrigsten Samen. Welcher Anblick! Und wo man hinsieht, Farbenpracht auch anderwärts.

Könnte ich Dich nur einmal im Canoe spazieren fahren und gerade jetzt in der Adventszeit den Fluss hinauf. Von der Blüthenmassenhaftigkeit, mit der eine Melastomacee auftritt, welche der Brasilianer Inhacaradiró (Rhexia grandiflora Mart.) nennt, kannst Du Dir keine Vorstellung machen. Ganze Waldabhänge, jedoch blos solche, welche schon einmal ausgebeutet wurden, daher ackerartig viereckige Bestände, sind von dreissig bis vierzig Fuss hohem Nachwuchs vollständig violett, weiss und roth gefärbt. Diese Erscheinung wirkt um so farbiger, als an demselben Baume grosse weisse, rothe und violette Blüthen zu gleicher Zeit bunt nebeneinander prangen. Nämlich, wenn sich die Blüthe öffnet, ist sie weiss, ganz weiss, worauf sie rosa wird und es eine Zeitlang bleibt, dann fallen, was ein seltener Fall, die Staubgefässe und der Griffel zuerst ab und die Blumenblätter halten noch eine Weile als violett aus. Eine offene Blume hat einen Durchmesser von vier Zoll. Ja, man kann einen so durchgreifenden Festschmuck der Capoëira, des aus verlassenen Pflanzungen gewissermassen unter den Auspicien des Kreuzes hervorgegangenen Waldes, nicht ohne Beziehung lassen, deshalb mag wohl eingewanderte Portugiesen die Nähe von Weihnachten und der festliche Anblick inmitten des im Allgemeinen doch sonst monotonen und dunkeln Grüns der Wälder veranlasst haben, jene Blüthen collectivisch Flor do Natal zu nennen.

Seit einiger Zeit soll, wenn man hoch genug auf den Bergen steht, ein Glöckchen herübertönen. Es wird in der neuen Kirche zu Guarakeçaba von einem kürzlich eingetroffenen Geistlichen gezogen. Zu Lande durch den Wald ist es nahe dahin. Wir wollen mit einigen Nachbarn eines Sonnabends die Säbel wetzen, um uns dahin durchzuschlagen.

Insofern die Brasilianer unseres versteckten Erdwinkels von Bedürfnissen unabhängig und dabei glücklich und gesund sind, nehme ich mir sie zum Vorbilde. Die Beschränkung der Lebensnothdurft auf ein Minimum macht des Menschen Körper und Geist in der That erst recht frei, und verleiht ihm grössere Brauchbarkeit und höheren Werth in vielen Dingen. Aber Du glaubst gar nicht, wie schwierig es ist, sich nur geistig und körperlich aufrecht zu erhalten, wenn man ganz allein steht. Man beneidet die Thiere des Waldes, deren Gewohnheiten, aller Trägheit und Laune fremd, so regelmässig und munter aushalten, deren Stimmen täglich in froher Lebenskraft erschallen.

In Verhältnissen, wo das Handwerk fehlt, kommen einem künstlerische und wissenschaftliche Bestrebungen oft als nicht am Platze vor. Die Anfertigung von so Vielem, was der Europäer in den leeren Häusern noch vermisst, scheint oft ganz unumgänglich nöthig, zieht aber, zu oft gestattet, von der Berufsarbeit ab. Durch den Ankauf einer kräftigen Säge und einiger anderer schneidiger Utensilien ist schon manches Möbel entstanden und manche schöne Planke zersägt worden. Das ist Holz! Jedes Stück fällt schwer wie Eisen auf die Füsse, und die Thränen treten einem in die Augen, wenn man sich nur etwas an eine Kante stösst. Wahrhaft mosaische Hölzer, um Knäufe und Cherubim daraus zu schnitzen!

Die Hitze ist unerträglich und unterdrückt jede geistige Thätigkeit. Der Donner grollt und erweckt eine frohe Aussicht auf Regen.

Ich schliesse schweissgebadet, ein Indianer, nicht in Sprache und Gedanken, aber in Entäusserung alles weltlichen Tandes, aller schweisshervorrufenden Anhängsel und Erzeugnisse des Webstuhls. Nachts decke ich mich schon lange mit nichts mehr zu. Das Bette besteht lediglich aus einer Perymatte (Malacochaete riparia N. et M.). Nicht einmal ein leinenes Betttuch kann man vertragen, so warm sind die Nächte.

Da tritt man denn gern dann und wann, wie man gerade ist, vor die Schwelle des Hauses und labt sich am Dufte des Jasmim do Cabo (Jasminum officinale L.) oder nähert sich der Blume eines Jasmim d'Hespanha (Gardenia jasminoides Sol. β. flore pleno), weiss und gross wie eine gefüllte Camellie und dabei wohlriechend, welche beide Sträucher fast auf keinem brasilianischen Terrëiro, dem geebneten Raume vor dem Hause, fehlen. Oder die schneeige aromatische Blüthe der Kaffeebäume (Coffea arabica L.), welche im Dunkel der Nacht wie weisse Gespenster dastehen, erfreut Herz und Sinn und weckt die Vorstellung von den vielen Schiffen, die zur Stunde auf dem weiten

Weltmeere mit der gesammelten Frucht unterwegs sind, und fernere Gedanken an das, was in der Welt vorgeht, treten dann vor die wache Seele, jetzt gegenüber einem funkelnden Sternenzelte, bald wieder im Lichte der Sonne.

Dein dankbarer Sohn.

Auf eigenem Grund und Boden.

Lieber Vater!

Wer hätte noch vor einem Monate daran gedacht, dass ich heute als documentirter Grundbesitzer an Dich schreibe? Sass bei der Arbeit an der Abbildung eines echt tropisch grossen Legumen (Canavalia ensiformis DC.) mit Samen vom Umfange eines Zweithalerstücks, hinter Schloss und Riegel, mit gespitztem Bleistifte, als die Ohren landende Schiffe, respective Canoes signalisirten. Durch das Schlüsselloch verhielt es sich so Der alsbald geöffneten Thüre näherten sich, um Erlaubniss bittend, der in demselben Rio Poruguara etwas weiter abwärts ansässige Brasilianer Manuel de Farias und der Subdelegado Domingos Affonso Coelho. Letzterer hatte ersterem vor neun Jahren die zum Ankaufe seines Grundstückes erforderliche Summe vorgeschossen, ohne dass selbige bis heutigen Tages entrichtet worden wäre. Beide, übrigens im besten Einvernehmen, kamen um mir, der ich zur Zeit auf fremdem Boden zur Miethe wohne, dieses Stück Land zum Verkaufe anzubieten.

'Em consideração', in Betracht einer nicht allzufernen Reise nach Europa, welche ein unabhängiges Obdach für mehrere intransportable Effecten erfordert, mit Berücksichtigung der Unbequemlichkeit, welche mir ein sich weit in den Fluss hinaus erstreckendes Schlammufer seither bereitet hat, verpflichtet zum Danke gegen Naninha, die mir vier Jahre treu beigestanden, und der für ihren heranwachsenden Sohn, welchem sie durch zweijährigen Schulunterricht in der Stadt viel geopfert hat, nichts erwünschter sein kann als Land zum Pflanzen, ‘em consideração de tudo isso’, in Betracht alles dessen, entschloss ich mich kurz und zahlte die verlangte Summe.

Der Subdelegado stellte in Form ein Document aus, das später von Zeugen unterschrieben und in Paranaguá unter Entrichtung der Emolumente gestempelt wurde. Es lautet:

‘Ich, Manuel de Farias, und mein Weib, Maria Lopes da Ascensão, sagen aus, dass unter andern Gütern, welche wir besitzen, sich auch die Hälfte eines im Rio Poruguara gelegenen Grundstückes befindet, die stromauf, durch eine nach Süden ansteigende Grotte begrenzt, an Land von Antonio Alexandro Cardoso, stromab an Land meines Bruders Francisco de Farias Paula stösst mit der Grenze inmitten der Flussfront, indem wir dieses Land von unserm seligen Vater Manuel de Farias zur Theilung empfingen, und dass wir selbige frei von allen Lasten verkaufen und hiermit verkauft haben für den unter uns ausgemachten Preis von — —, welche Summe wir bei Ausfertigung dieses in laufender Münze des Reichs empfangen haben, an — —, indem wir ihm alle Rechte und Macht, welche wir in genannten Ländereien hatten, übermachen, dass er sie ausnütze als die seinigen, welche sie von nun an sein werden.’ Folgen Unterschriften, Datum und Ort.

Nun lass Dir sagen, welches Grundstücks Manuel de Farias sich entäussert. Der Kaffeebäume stehen etwa dreihundert in meinem neuen Sitio, einem Worte, dessen Bedeutung das französische site wiedergiebt. Wenigstens vierzig Orangenbäume reifen daselbst jährlich ihre Früchte. Erwünschte Beiträge zum Unterhalt des Lebens liefern Melonenbäume, Bananenstauden und andere Culturpflanzen. An steilem Ufer, renommirtem Harpunir- und Angelplatze, haften zwischen Felsen Austern in unvertilgbarer Menge. Die Frage des Verhungerns hört da schon auf. Das ganze Jahr hindurch spendet ein naher beschatteter Felsenborn klares kaltes Wasser, erste Frage, die jeder umsichtige

Ansiedler an den Ort seiner Wahl zu stellen hat. Ein bequemer Landungsplatz bei Ebbe und Fluth, Porto de maré, wie man hier sagt, gab ausserdem Farias Erbtheil eine seltene Annehmlichkeit. Auf der, so weit kein Nachbar grenzt, unbeschränkten Südseite des Besitzthums baut sich noch Hochwald auf, wie er im Buche steht; dann folgt ebenes interessantes Jagdrevier bis zum nächsten Flusse, dem Rio das Varas, wo man bei Sonnenschein und niedrigem Wasserstande jeder Zeit auf ein Crocodil anlegen kann. Die civilisirtere Vorderseite aber liegt nach Norden. Hier blickt am Fusse eines zwischen Nord und Süd sich erhebenden Hügels hinter abgerundeten zerstreuten Steinblöcken, fast erdrückt von der üppigsten, sich weit über das Wasser neigenden Vegetation, in idyllischer Bescheidenheit das hinfällige Haus des ausziehenden Bewohners hervor.

Es musste nun mit umwohnenden Brasilianern verhandelt werden, meine bisherige Wohnung niederzureissen und die brauchbaren Balken, Thüren und Fenster, zum Theil aus Ipé (Tecoma speciosa DC.), Perova (Aspidosperma australe Müll. Arg.), Maçaranduba (Mimusops elata Freire Allemão), Cedern (Cedrela odorata Vellozo) und anderm guten Holze, hinüber zu transportiren, um gelegentlich bei Restauration von Farias Stammschlosse verwendet zu werden. Ein Theil davon sollte bereits einem zu errichtenden Rancho oder Interimsbau dienen.

Der Tag von Santa Anna war der letzte Sonntag, den ich in meiner alten Behausung zubrachte. Drei darin verlebte Jahre hatten sie mir lieb und werth gemacht. Der Arbeitstisch wurde abgebrochen, von der Wand die wenigen, aber mir doppelt theuer gewordenen Kupferstiche nach Cornelius und Albrecht Dürer abgenommen, Kisten und Kasten mit Wäsche und Büchern gefüllt, Habe in Habe eingeschachtelt. Wie manches Blatt überfliegt da nicht ein sich heute weiser dünkendes Urtheil! Ueber wie manchem Erinnerungen weckenden Zettel zaudert da nicht die ordnende Hand!

Montag Nachmittag traf mich reisefertig. Denselben Abend ruderte ich im Canoe zum ersten Male, nachdem das Document die Accise der liegenden Gründe der Provinz Paraná bezahlt hatte, nach meinem Sitio. Ich hatte die Espada mit und reinigte noch vor Sonnenuntergang einen schön gelegenen Platz, auf dem der Rancho aufgeschlagen werden sollte. Der neue Nachbar Francisco de Farias Paula hatte es übernommen, die nothwendigen stielrunden Bauhölzer zu schlagen und herbeizuschaffen, was mit Hülfe eines andern Brasilianers, Antonio de Siguëira, bis zum andern Mittag unter Beobachtung der vorgeschriebenen Maasse auch pünctlich ausgeführt worden war.

Dienstag kam bestellte fernere Hülfe an, José Maria Perëira das Neves, mein früherer Wirth aus der Berdioca auf der Insel das Peças, und der Exbesitzer des Grundstücks, Manuel de Farias, mit seinen Söhnen José und Joaquim. Das Terrain hatte Gefälle, es musste daher mit der Ebenung des Bodens begonnen werden. Bei nur einer Hacke stellte sich bald Mangel an Eisen heraus. Die Herren hatten nur ihre eigene Person mitgebracht. Jedoch wurde vor Abend noch abgesteckt, konnten noch Löcher gegraben und Stützpfeiler eingelassen werden, so dass die scheidende Sonne auf horizontaler Ebene einen starken, den Grundriss bezeichnenden Gebälkrahmen und das nördliche, ein Thürgewände einschliessende Giebeldreieck postirt sah.

José Maria schlief mit mir auf den Kisten und Kasten meiner alten Wohnung. Wir mussten selbst kochen. Naninha konnte sich in diese Neuerungen nicht finden und versprach wiederzukommen, wenn Alles fertig sei.

Früh bei Zeiten ging es durch das Wasser in die Canoes nach dem Bauplatze. Die Fluth rückt den bei Ebbe angebundenen Kahn weit vom Ufer ab. Es wurde tüchtig fortgearbeitet, das südliche Giebeldreieck, welches ein Glasfenster erhielt, errichtet, der Firstbalken aufgelegt, wobei eine Flasche Cachaça, Zuckerrohrbranntwein, nicht fehlen durfte, und die übrigen Dachbalken befestigt, obwohl die wenigen schneidenden Instrumente fortwährend hin und her geborgt werden mussten. Ja, die stärkere Klinge eines nagelneuen in der Schillerlotterie gewonnenen Taschenmessers schnitt bald hier bald dort die langen Wurzelfäden des Sipó de Imbé ab, mit denen die Köpfe der Stangen und Balken geschickt und fest zusammengebunden wurden.

Nachts wurde wieder, und zwar zum letzten Male auf fremdem Grund und Boden geschlafen.

Donnerstag früh fingen wir mit Abtragung des zu verlassenden Hauses an. Die erst vor Kurzem angefertigten Palmenstrohgeflechte sollten dem neuen prismatischen Bau dienen. Ich sage prismatisch. Diese Form hat der Haupttheil des Neubaues mit der Hütte des Feldwächters und Kirschpächters gemein.

Als gegen Mittag sorgfältig gedeckt war, begann der Transport meiner Schiffscollis, Möbeln, Fässer, Koffer, Schüsseln, Flaschen, Töpfe, Teller und so weiter, denen eine Unmasse defectes Zeug, zerfressenes Leder, Blech, Zinn, altes Eisen, diverse Flüssigkeiten in unterschiedlichen Kruken, Talg- und Pechconglomerate folgten, denn was Menschenhand und Geist bereitete, wird von uns nicht weggeworfen, sondern als beneidetes Besitzthum aufbewahrt. Es kommt der Tag, wo eins wie das andere gebraucht oder vom Nachbar begehrt wird. Einstweilen wurde Stück für Stück in das Prisma geschoben, dessen erdig feuchter Boden mit einem Dutzend Caixetabrettern (Bignonia leucoxyla Vellozo) gedielt worden war.

Ich schlief nebst José Maria auf zwei durch den Umzug zu Tage gekommenen Tigerfellen. Die kalte Nachtluft blies auf eine tyrannische Weise, wie man auf portugiesisch sagt, durch die des Lehms noch entbehrenden Giebel. Eine schöne, warme, wollene Decke war vor einigen Tagen der verzweifelten Mutter eines Blatterkranken mitgegeben worden, welche in ihrem kleinen Nachen bei Sturm, Regen und Nacht vergeblich in mir den Doctor gesucht hatte; die andere hatte Naninha mitgenommen.

Freitag holten die Jüngeren Uba tinga, Thon, den sie

von den Wänden der verlassenen Behausung abklopften. Papa Manuel warf ihn der südlichen Giebelwand an. Sein Bruder Chico, Abkürzung von Francisco, trat ausser Dienst wegen urgirenden Fischfanges zum Unterhalte seiner Familie. José Maria und ich fingen mit dem Aufbau eines fünf Stufen tiefer im Norden liegenden Herdhauses an. Es sollte der Thürgiebelwand des Rancho entgegenstehen und eine Gitterthür inmitten einer höheren südlichen Langseite haben, während seine nördliche, durch eine grössere Bedachungsfläche niedrigere unmittelbar vor einem grossen Felsen endigt. Die daher unsymmetrischen Giebelseiten der Küche laufen mit den Bedachungsflächen des Rancho parallel. Es ist in Brasilien, wenigstens im Tieflande, Sitte, den ganzen Tag Feuer und zwar ein von exquisitem Brennmateriale geschürtes zu unterhalten.

Am Sonnabend wurde fortgefahren, die Wände mit Lehm zu bewerfen, wurde die Feuerstätte gedeckt und theilweise eingezäunt. Die Jüngeren holten mehr Uba tinga aus der Ruine oder neue Stangen aus dem Walde, unter denen sich Stäbe mit vier Centren, ebensoviel verschmolzenen Kerzen gleichend, auszeichneten, oder halfen mir einen beide Bauten rechtwinklig umlaufenden, zur Drainirung des Ganzen nothwendigen Abzuggraben anzulegen.

Wir sahen schön aus. Keine Schubkarre! keine Schippe! kein Spaten! Alles wurde mit einer oft zu verborgenden Hacke, den Händen und einem hohlen Brete die Erde wegzutragen bewerkstelligt.

Abends erfolgte die Auszahlung der unter uns stipulirten Honorare, die, von der Kost abgesehen, nach Alter und Leistungen verschieden waren. Ich blieb ganz allein und schlief wie ein Cheops in meinem Baue, der, obgleich keine Pyramide, doch vom Lager aus gesehen etwas Pyramidales hatte. Draussen war eben Mondschein. Wegen der Mosquitos, Bariguim, unterlässt man wohlweislich das Schwärmen im Mondschein.

Der Sonntag wusch den Werktag ab. Eine Tags zuvor noch fertig gewordene Leiter am Felsen gestattete bereits dessen Besteigung. Belohnendste Aussicht! Ueber aus dem Vordergrunde aufsteigenden Melastomaceen breitet sich als Mittelgrund ein Waldsee aus, den beiderseits bewaldete Anhöhen, links durch eine mit Palmen bestandene Landzunge, rechts durch eine Krümmung des Ufers einkreisen. Quervor lagert im Hintergrunde nicht allzuweit das Gebirge von Guarakeçaba, aus dessen Wäldern der breite Wasserspiegel, eigentlich ein Fluss, seinen versteckten Ursprung nimmt, unbemerkt zu den Füssen des Beschauers unter den Kronen der Inhacaradiróbäume vorbei und heraus fliessend.

Tags darauf, Montag, hatten mich meine Freunde im Stiche gelassen. Blos Antonio, der in der Nähe wohnte, kam, später dessen verheiratheter Bruder Benedicto de Siguëira. Wir drei arbeiteten ruhig weiter an der Vollendung des Ganzen und kochten unser Essen selbst. Ich unterzog mich der Ausbildung des Gefälles der Abzugsgräben, sowie der accuraten Ausstechung der fünf zum Herde führenden Stufen, welche, mit Pfosten belegt, eine bequeme trockene Verbindung herstellen, indem sie durch eine auf dem Giebel der Cozinha ruhende theilweise Verlängerung des Ranchodaches der Einwirkung des Regens entzogen sind. Die den sauber ausgeführten Canälen sauer entnommene Erde diente zur Ebenung des ebenfalls abfälligen Küchenbodens, der endlich horizontal auch mit einem Dutzend Caixetabrettern belegt wurde, die in der Mitte einem Quadrat aus Backsteinen, dem Fogão, Platz machen.

Backsteine! Das ist leicht gesagt. Da muss man erst einen Mann engagiren, der sie im Canoe weit herholt. So ist es auch mit den Brettern, mit Vielem, denn Vieles fehlt im Walde. Freitag liess ich mich von Antonio im Kahne unter vielem Manguewalde hin nach Guarakeçaba, dem nächsten Orte fahren, um eine neue wollene Decke zu kaufen und eine Unze zu wechseln. Der Bau hatte einen grossen Sack Geld leer gemacht. Bauen kostet Geld. Daran hat schon mancher glauben müssen.

Daselbst hörte ich am andern Morgen eine Frühmesse an. Kaum kann ein Kirchlein schöner gelegen sein. Auf breitem Felsenvorsprunge haben sich nach und nach die Häuser gemehrt. Einzelne aristokratisch dastehende Palmen überragen die Gruppe von Ansiedelungen, welche sich am Fusse der am höchsten befindlichen Kirche gelagert hat. Rundum spiegeln still daliegende, opulente Wasserflächen den tropischen Himmel über dunkelgrünen unberührten Waldgebirgen.

Sonnabend wurde der Dienst mit Säuberung der Umgebung beschlossen. Vor der Hand war denn das Nothwendigste gethan.

Da ich hoch liege, schlagen des Nachts alle Töne vom Flusse her an mein Ohr. Es ist gar nicht zu sagen, was die Fische dann für ein Geräusch machen. Mit der Fluth kommen Pottfische, Rochen und wer weiss was für Meerbewohner, die laut schnaufend auf- und untertauchen, oder sich aus dem Wasser schnellen und mit einem schallenden Knall wieder niederfallen, kommen Haie, welche die fliehende Fischbrut wie einen Regenschauer vor sich hertreiben, und unterhalten zumal die Paratis (Mugil brasiliensis Spix), von räuberischen Robalos (Sciaena undecimalis Bloch) verfolgt, nahe unter mir zwischen den Felsen einen solchen Lärm, dass man mehr als einmal aus dem Schlafe geweckt wird.

Zuweilen sehe ich mich etwas im Sitio um. O der Fülle des Gewachsenen! O der lachenden, sonnenbeschienenen Ruhe, mit der sich Wildniss und Gepflanztes umarmt hält! Unter der Last der Parasiten blühen kolibriumschwirrt reich die Orangenbäume. Schon empfing der beschneite Boden ein anderes Blüthentantum, und noch beschwert die goldene Frucht den Zweig.

Die Ordnung des Besitzthums nahm mich bisher, die Befriedigung der Lebensbedürfnisse nimmt noch mich ganz in Anspruch. Wie lange ist es her, dass ich nichts gelesen, gestern zum ersten Male wieder geschrieben habe. Von Tag zu Tage gewinnen Werk-, Schlaf- und Feuerstätte an Wohnlichkeit. Hoffentlich finde ich bald Zeit und Sammlung, meine botanischen Abbildungen fortzusetzen.

Zuweilen kommt mich aber fast ein Gelüste an, den ganzen mikroskopischen Krempel zum Tempel hinauszuwerfen und die Hacke zu ergreifen, um in der Woche zu pflanzen und Sonntags zu tanzen, denn der eigentlichste Beruf der Menschheit, auf den die Geschichte auch immer wieder hinweist, ist und bleibt doch das Pflanzen.

Dein dankbarer Sohn.

Das Fest auf dem Rocío.

Liebe Mutter!

Dass der Sommer gar nicht aufhören will! Ein fünfjähriger Sommer! Man wird ganz confus darüber. Ich möchte die Blätter von den Bäumen streifen, um mich der Heimath zu erinnern. Ein Tag tagt schöner als der andere. Welcher Glanz des Grünen, welche Tiefe der Schatten, welche Bläue des Himmels! Man wird ein ganz anderer, wenn auch leider keineswegs vernünftigerer Mensch darüber.

Während des letzten Aufenthaltes in der Stadt logirte ich wie schon öfters beim Tischler Schwantach, einem arbeitsamen Preussen. Er hatte ein österreichisches Ehepaar aus Mähren im Quartier, recht tüchtige und bescheidene Leute mit einem charmanten kleinen Jungen. Und welche sorgsame Ausrüstung begleitete sie in zwanzig Kisten: Kessel, Ketten, Pflugschaaren, eiserne Eggenzinken, Sättel, Kummete, Geschirre, nebst vielem Anderem, was ein Landwirth in neuen Verhältnissen vermissen kann. Der Mann zog seinem Vater entgegen, der auf dem Hochlande von Curitiba ein selbstgeschaffenes Gut bewirthschaftet, und zahlreichen Landsleuten aus derselben Gemeinde seiner Heimath.

Einen andern Compatrioten im engern Sinne führte mir die Vorsehung in einem Alfaiatezinho aus Annaberg zu. Er hatte bei den Spitzen vaterländischer Bekleidungskunst conditionirt und erkannte sofort das Atelier, aus dem meine körperlichen Hüllen hervorgegangen waren. Er sprach so geistreich, so gediegen, dass ich mich in Betracht des nahenden

Festes do Rocío, auf dem die schönen Paranaguenserinnen zu Pferde sich in hohem Grade anmuthig ausnehmen sollen, entschloss, ihn mit Anfertigung eines Festhabites zu beauftragen. Das erforderte aber auch einen neuen Panamá, neue Stiefeletten vom Schuhmacher Dohnt aus Meissen, kurz das erforderte summa summarum ein ganz nettes Sümmchen Geldes. Apfelsinen und Ananas sind billig in Brasilien, sehr billig, aber Kleidung kostet Geld, horribles Geld. Man versicherte mir, dass dies dazu gehöre.

Doch auch von einer Landsmännin ein Wort. Bei Herrn Schwantach bewegte sich ein schüchternes Persönchen herum, Jungfrau Amalie. Unglücklicherweise hatte ersterer in einer Auction mehrere Kisten englisches Bier erstanden, weit trinkbarer als ein selbstgebrautes, das er dem Klima zum Trotze herzustellen sich bemüht. Das verfehlte nicht, alle Deutschen, welche, ausser den Genannten, aus einem reisenden Turnlehrer, einem Hutmacher und einem die Gesinnungen der Andern förmlich tyrannisirenden Schüler Guttenbergs bestanden, zu vereinen. Den Anordnungen dieses Tyrannen war es gelungen, Gesang und Bierconsum bis spät in die Nacht zu steigern, als uns Amalie, der wohl auch ein begeisterndes Glas mochte verabreicht worden sein, durch einen einnehmenden Vortrag deutscher Lieder und die schönste Stimme überraschte. Ein besserer Geschmack verlangte sie allein zu hören. Der Hutmacher liess sich aber die Begleitung nicht nehmen.

Ich war eben hinausgegangen, um frische Luft zu schöpfen, als da drinnen die unzweideutigste Schlägerei losbrach. Die Verständigen hielten die Unverständigen auseinander, aber des Turnlehrers blutiger Kopf und des Hutmachers zerrissener Sonntagsrock waren bittere Facta, an denen alle Drohungen des Mannes von der Presse zur Wiedervereinigung Deutschlands für diesmal scheiterten. Das Schneiderlein hatte unterdessen seine Aufgabe gelöst. Es empfing seinen wohlverdienten Lohn und machte sich spornstreichs auf die Beine, um mittelst Strandlaufens San Francisco, wo ihn Mutter und Geschwister erwarteten, zu erreichen.

Der neue Mensch mit dem neuen Panamá und den neuen Stiefeletten begab sich nun auf den Rocío. Jede brasilianische Stadt hat ihren Rocío, wie jede deutsche ihre Vogelwiese. Wenn man fünf Jahre lang im Walde gelebt und fast alle gesellige Erholung entbehrt hat, will man sich endlich auch einmal ein Vergnügen machen. Der Rocío von Paranaguá ist ganz geeignet dazu. Wenn Du diesen Ort sehen könntest, wenn ich ihn Dir nur einen Augenblick in einem Guckkasten zeigen könnte! Er ist paradiesisch schön gelegen, die Oberfläche der Erde hat hier ihre lachendste Gestalt angenommen. Schon ehe man hinkommt, wird man angenehm berührt.

Wir befinden uns im Lenze, wenn es einen solchen nahe den Tropen giebt. Es ist October. Der Wald hat zum grossen Theil neue Blätter angelegt. Gestern warf er die alten ab und heute hängen schon die neuen aus. Unter und zwischen Bäumen entlang, die nicht selten in bizarrster Blüthenpracht dastehen, führt ein breiter Weg über einen etwa eine Stunde von der Stadt entfernten freien Rasenplatz an die See, und zwar an das südliche Ufer der Bai von Paranaguá, wo sie anfängt Bai von Antonina genannt zu werden.

Inmitten des Platzes steht eine Kirche, vor ihrer Giebelseite längs des Strandes eine Reihe Palmen, Jerovápalmen, die schönsten und höchsten, welche es hier giebt. Bis zur Hälfte ihrer Höhe, perspectivisch gesprochen, reicht die See, dann kommen die nahen gegenüberliegenden Berge, auf deren Gipfeln schaumige Haufenwolken ruhen, weite Blicke in unabsehbare Fernen offen lassend, darüber der Himmel. See, Berge, Wolken und Luft umhüllt das duftigste Blau. Eine ganze reiche Landschaft aus blauen Tönen gemalt, deren sich jedes Auge umsomehr bewusst wird, als dieselben von den Palmen des Vordergrundes wiederholt unterbrochen werden. Diese weissen, stielrund aufsteigenden, von einer korallenrothen Flechte angehauchten Palmenstämme mit dunkelgrünen, gleich dem Schilfe im Winde raschelnden Kronen und fast mannshohen

Inflorescenzen, welche von der Farbe des Rehleders aus weithinleuchtender Scheide Hunderttausende von Blüthen ausschütten, stehen diesem lasurblauen Bilde mit der Majestät einer Säulenordnung vor. Das haben Palmen mit Säulen gemein, und dadurch eben wirken sie ganz eigenthümlich auf den Beschauer, dass jede einzelne derselben Art aufs Haar der andern gleicht. Zwar unterscheiden sich ältere von jüngeren durch die Länge, aber Umfang des Stammes und Krone bleiben ewig dieselben bei alt und jung.

Diese Palmen stehen, wie gesagt, am Strande. Den etwas höher gelegenen Platz selbst oder den eigentlichen Rocío umsäumen Orangenbäume und Wohlgeruch verbreitende, zur Zeit blühende Myrthensträuche.

Hinter und neben der Kirche befinden sich reinliche kleine Häuser, welche während des übrigen Theiles des Jahres Fischern zur Wohnung dienen, während des Festes aber, das der verehrten Senhora do Rosarinho gilt, dem Publicum East-India-Pale-Ale spenden. In der That ein vortreffliches Getränk.

Ein neuntägiger Abendgottesdienst oder neun Novenen gehen dem Hauptfesttage voraus und versammeln allabendlich die hohen und niederen Bewohner von Paranaguá nach abgehaltener Andacht zu geselliger Belustigung. Von Nachmittag an belebt sich täglich der Platz auf das Anmuthigste. Wer nur kann, schwingt sich aufs Ross. Unbemittelte zaudern nicht zu gehen. Helle und dunkle, wenn beschuhte, freie Farbige und barfüssige Neger kommen voll von Erwartungen an. Die meisten bringen eigene oder anvertraute Beiträge in Victualien mit. Jedes hat das Beste zu bereiten gesucht.

Ein Trupp munter galoppirender Reiter folgt dem andern. Selbst die Patricierin, sonst fast das ganze Jahr im Hause versteckt, freut sich trabend ihrer Freiheit, und auch dem Fidalgo gefällt die weniger strenge Etikette. Die Perlen der Stadt, Mädchen, allerdings wie von Milch und Blut, fliegen vorbei, ein herzgewinnender Anblick, pariren, springen vom Pferde und mischen sich an der Hand ihrer Cavaliere freundlich erwiederud unter die grüssende Menge.

Zu Seiten der Kirche lagern, den weiten Shawl in kleidsamen Falten um die Schultern werfend, gesprächig heitere Africanerinnen. Törtchen und Confitüren von Cocosnuss und Cidra werden von ihnen feilgehalten. Die Farben ihrer reichen Drapirungen sind die eclatantesten. Ein zahmer Strauss läuft frei herum. Weisse und schwarze Kinder, curios anzusehen und für ihr Alter auffällig entwickelt, vermitteln mit einander spielend die Gruppen.

Auf den Wellen nahen sonnenbeschienene ferne und nahe Segel, welche die Seebrise von mehreren Seiten bequem den Wind gewinnen und gefahrlos in mässiger Brandung an reinlichem Strande landen lässt. Die Aussteigenden vermehren die Menge der Vorhandenen.

Unter dem Schatten der Orangenbäume stehen angebunden die zahlreichen Pferde und theurer bezahlten lebhaften Maulthiere, dann und wann geschreckt durch am Tage aufsteigende Raketen, oder geneckt von der reitlustigen Jugend.

Hat man sich innerhalb der Kirche während der Feierlichkeit über die vielen edlen Physiognomien, besonders der vornehmen Brasilianer, über die durchweg patente Kleidung auch der ärmeren gefreut, so überrascht noch mehr ausserhalb dieser geweihten Räume der bewundernswerthe Anstand, welcher Freie und Sclaven bis in das Innerste selbst jener Schenken durchdringt. Nirgends werden Nase, Ohren oder Augen durch widerwärtige Genüsse, Töne und Schauspiele beleidigt. Nie sieht man einen Betrunkenen, nie wird man Zeuge eines Zwistes. Ja, was merkwürdig ist, nirgends zeigt sich ein Spiessbürger. Wo hat selbst der beschränktere Bürger diese von wohlanstehendem Selbstgefühl getragene Gestalt her? Ist das ein Erbtheil romanischer Nationen, oder noch der Stempel ursprünglicher Menschenwürde? Nie sah ich Einwohner einer Stadt in löblicherer und fröhlicherer Stimmung, nie auf einem reinlicheren Platze versammelt. Selbst geraucht wird wenig und getrunken mit Maass, obgleich ich gestehen muss, dass mir als stammverwandtem Angelsachsen das englische Bier geschmeckt hat.

Vor Sonnenuntergang geht das Heimreiten an. Da lässt manche blühende Brasilianerin ihr Pferd bäumen, da zeigt mancher glühende Liebhaber seine Geschicklichkeit. Bald ist der Platz geräumt. Noch werden näher der Stadt allabendlich Wettrennen abgehalten. Drei Tage habe ich mich auf einem Miethgaule wacker gehalten. Zu meiner Freude zeigte sich der sanguinische Rocinante erwachenden Reitunterrichtserinnerungen stündlich gefügiger, so dass ich mit ihm am dritten Tage, dem letzten dieser kostspieligen Extravaganzen, an mehreren Rennen theilnehmen konnte, ohne dass sich das Pferd vom Reiter getrennt hätte.

Verschiedene Obliegenheiten riethen zur Rückkehr auf das Land. Daheim über dem Arbeitstische hatten inzwischen die lieben Wespen ein Nest von unglaublicher Grösse gebaut, das jede Annäherung gefährdete. Erst nach mehreren Tagen fasste ich den Muth, es mit einer langgestielten Harpune herunterzureissen. Das war aber nicht das Schlimmste. Gleich am zweiten Morgen nach der Rückkehr zeigte mir Naninha eine ziemlich grosse Schlange in der Bedachung des Rancho. Sie konnte nicht getödtet werden, denn das nachgiebige Palmenstroh würde einem Schlage zu wenig Widerstand geboten haben. Den folgenden Tag sah ich dieselbe wieder in unmittelbarer Nähe über mir. Sie liess sich herab. Ich hieb sie mit dem geschliffenen Jagdmesser in zwei Stücke. Aber auch die wären uns beinahe entwischt, hätte sie nicht Naninha wieder aufgefunden und beseitigt. An demselben Morgen bemerkte ich aber noch mehrmals innerhalb der Behausung eine kleine schwarze Schlange, ohne ihrer habhaft werden zu können. Dazu unverschämt glotzäugige Frösche und knabbernde Mäuse auf und an den Effecten, wohl in der Meinung, der Herr sei noch immer auf dem Rocío. Du wirst das zum Davonlaufen finden. Nicht so wir. Man gewöhnt sich sogar an die Gefahr und selbst unter solchen Umständen habe ich seither ganz ruhig geschlafen.

Die Nähe des Herrn der Schöpfung scheint diesen Eindringlingen übrigens doch Respect einzuflössen, wenigstens erblickte ich seit vierzehn Tagen kein Reptil mehr, und auch die Frösche und Mäuse haben eingesehen, dass wir zurück sind.

Dein dankbarer Sohn.

Unterm Rancho am Felsen.

Lieber Vater!

Vergangene Nacht, der heute erst die rechte Vollmondsnacht folgen wird, gab es Mosquitos, unserm Winter abgehende Frühlingsboten. Ohne Rauch ist hier gar keine Existenz und eben der will in meinen Rancho wegen einer übelberechneten Absonderung vom Refectorium nicht so recht hineinziehen. Aber auch in diesem ist es nicht geheuer, denn erst am vergangenen Freitag gelang es mir, ein Veni Vidi Vici daselbst an einer Korallenschlange wahr zu machen.

Es ist doch gut, wenn man zuweilen den Cachimbo, die Pfeife, anbrennt. Das zu thun, war ich an den Herd gegangen. Daselbst weilte ich, die Kohlen anfachend, als die unbeschäftigten Blicke von zinnoberrothen breiten, schmäleren weissen und schmalen schwarzen Ringen gefesselt wurden, die sich unter einem eingewickelten, seitlich auf dem Boden liegenden Segel hervorwanden. Bicoraia! war erst mein, dann Naninha's Schreckensruf.

ΣΙΔΗΡΟΝ ΑΝΔΡΙ, das Eisen dem Manne. Der Natter die Ruthe, welche unter den Tropen allgemein für am geeignetsten erachtet wird die Schlange zu tödten, da Eisen durch seine Starrheit einem gefährlichen Entschlüpfen Raum geben kann. Angethan mit der Waffe des Schulmeisters liess ich den Wurm vorerst gewähren, mich an der überraschenden Farbenpracht, an der schrecklichen Harmlosigkeit der Erscheinung ergötzend. Die rothen Ringe waren etwa einen Zoll, die schwarzen eine Linie, und die weissen sechs Linien breit, und stimmten in diesem Verhältniss der Quantität und Qualität der Farbe unheimlich schön zusammen.

Als aber die Elapide durch das Gitterwerk der Einfriedigung heraus über dem zwischen liegenden Graben züngelte und sich nach der oberen Behausung zu begeben trachtete, wo ein durch Mobilien beengter Raum zuzuschlagen gehindert haben würde, war der Zeitpunkt gekommen, einige wohlberechnete Primen hageln zu lassen. Roth, schwarz und weiss rang und schlang sich alsbald der gebrochene Körper. Im Zorne wurde das Roth erst recht roth, fürchterliche Zornesröthe, gehoben durch das sich schwärzer schwärzende Schwarz und ein weisser scheinendes Weiss. Erst als nach langem, vielfach wüthendem Ringeln des Schwanzes, welcher sich hin und her werfend stechen zu wollen schien, der Tod die Bewegungen zu überschleichen anfing, verlor sich nach und nach das Feuer der Farbe, schliesslich die immerhin wirksame Blässe des Naturaliencabinets zurücklassend.

Gegen den Biss der Bicoraia (Elaps corallinus Pr. Max.) soll es keine Rettung geben, die bei den Grubenottern, zu denen unsere als Giftschlange grosse Jararaca (anderwärts, Surucucú, Lachesis rhombeata Pr. Max.) gehört, öfters gelingt. Dem Brasilianer liegt das Hauptmoment für einen glücklichen Ausgang in der Ruhe des Blutes, wenigstens ziehen sich die Gebissenen nach Anwendung ihrer Heilmittel drei Tage lang in eine dunkle Kammer zurück, ohne mit Jemand zu verkehren. Niemand nähere sich einem solchen Hause, denn dem unverhofft Eintretenden wird dann die Schuld am Fehlschlagen einer Cur beigemessen.

Ein grässlicher Briefanfang! Dadurch bin ich aber ins Schreiben gekommen und versichere Dich vor Allem meines Wohlbefindens und des schönsten Sonnen- und Mondscheins der letzten fleissigst verlebten Tage. Lass Dir deswegen nicht Angst werden. Solche vereinzelte Fälle machen weder den Erdboden noch das Wasser unsicher.

Die kurze Stunde, wenn nicht Minute der Gefahr wird durch viele friedlich aufeinanderfolgende Tage, Wochen, Monate und Jahre ersetzt.

Da neulich beim freundlichsten Wetter glaubte ich schon einen nahenden Sturm zu hören. Ich bestieg eilig den Felsen, von dem ich Dir schrieb, dass er am Fusse des Rancho, den Rio Poruguara beherrschend, aufsteigt. Da waren es ganz gewiss Hunderttausende von schwarzen Seeraben, die, den Wasserspiegel förmlich verfinsternd, herangebraust kamen, von zahlreichen kreischenden Möven und höher stolz einherschwebenden Fregattvögeln begleitet. Das war ein Geflatter! Das war ein Geschrei! Das war ein Schauspiel! Gerade als wenn man einem grossen Militairmanöver zusähe: bald Tausende hier, bald Tausende dort, die schwimmend, jene in einer Schwenkung auffliegend, jetzt niederfallend, nun kämpfend tauchend.

Es galt augenscheinlich den Fischzügen, welche zwar zu entweichen suchten, aber immer wieder unter einem betäubenden Geplätscher und tausendfachem Flügelschlage überholt wurden. Auch langbeinige Störche, Reiher und Ibisse, denen die Zugfische selten zugute kommen, suchten von den Ufern her ihre Beute davonzutragen. Peixes do fundo, Fische der Tiefe, nennt sie der Brasilianer und unterscheidet von ihnen den sedentairen Fisch, peixe do baixio. Ein Hauptspass, der gar nicht enden wollte. Und den glänzend schwarzen, am nackten Kropfe feuerrothen Fregattvögeln sah man so schön unter die weiss geschulterten Flügel, dass man jede Feder erkennen und den schön regulirten Flug nicht genug bewundern konnte. Es that mir leid zu schiessen, zumal da es Sonntag war, sonst hätte es nicht schwer gehalten, einen dieser Tachypeten herunterzuholen, von denen nach früher vorgenommener Messung mir bewusst war, dass sie über sieben Fuss klafterten.

Bei solchen Gelegenheiten giebt es der getödteten Fische, welche ihrer Grösse wegen in der Eile nicht verschluckt werden konnten, so viele, dass die Aeltern hinterher ihren Kindern gestatten, die übriggebliebenen todten im Canoe zu sammeln. Die Leute schreiben übrigens ganz richtig das massenhafte Verenden der Fische dem durch den allgemeinen Aufruhr im Wasser aufgewühlten Schlamme zu, der sich den Fischen in die Kiemen hänge und ihnen das Athmen unmöglich mache.

Auch an sterbenden Pelekanen — denn zu dieser Familie gehört sowohl der Biguá (Halieus brasilianus Licht.), als der Fregattvogel (Tachypetes aquila Vieill.) — denen die scharfen Stacheln in den Flossen der Bagres (tropischer Welse) die Kehle aufgeschlitzt haben, fehlt es dann nicht. Der Ichthyophag selbst verachtet den Biguá, weil er ihm den Unterhalt erschweren und ganze Districte fischarm machen soll. Ob sich aber der Biguá viel darum kümmert, lasse ich dahingestellt sein. Soviel scheint mir festzustehen, dass beide diesen Sport aus Nothwendigkeit betreiben, der eine, der Vogel, mit schärferen Augen und schnelleren Gliedmassen, der andere, der Mensch, mit minderem Geschick und weniger Glück.

Fragst Du, wie er aussieht, der ungern gesehene Vogel? In seiner Art und vom unparteiischen Standpunkte gar nicht so übel. Alle Federn des dunklen bronzegrün schillernden Gefieders sind schwarz geändert, wodurch dasselbe fast ein schuppiges Aussehen erhält. Die scharfen Augen schauen smaragdgrün drein: so nenne ich ein innerhalb seiner Umgrenzung hellerwerdendes reines Grün. Stattet nicht die Natur jedes ihrer Geschöpfe mit sowohl eigenthümlichen als in sich harmonischen Liebreizen aus?

Meine botanischen Studienblätter setze ich noch fort. Am vergangenen Sonnabend legte ich das Conterfei einer Aroidee bei Seite, welche durch ihr unterirdisches Rhizom, durch das in der Einzahl vorhandene, inmitten rothe, die minderhohe Blüthenscheide beschattende Blatt (Caladium bicolor Vent.) mich an die bescheidene Zehrwurz deutscher Wälder erinnerte und mir als Gegensatz zu andern, sich zu einem gar nicht zu ermessenden Umfange verzweigenden, kletternden Aroideen interessant erschien.

Aber auch die unbeschreibliche Magnificenz eines Anblickes, den ich sogleich schildern werde, hatte mich bewogen, ein wenn auch schwaches Andenken daran bewahrend niederzulegen, wie man etwa Alpenröschen statt der Alpen mitzunehmen sich entschliessen muss. Es hatte geregnet. Bei den Recognoscirungen, welche Eifer für Botanik und Liebe zum Eigenthume auf meinem Grundstücke täglich unternehmen, leuchtete mir eines Tages etwas wie fürstlicher Pomp durch die Büsche. Ich sprengte zur lichteren Stelle und stand vor dem im eigentlichsten Sinne Wirksamsten, was ich je gesehen habe: vor einem kleinen beschränkten Felde, auf dem die Augen ausschliesslich etwa drei Spannen hohen Aroideenblättern begegneten. Sie standen dicht gedrängt, und wíe standen sie da! Die Sehnerven wurden effectiv geblendet von dieser leuchtenden Fülle des reinsten Carmins, des saftigsten Grüns und des glänzendsten Silberglanzes. Ein jedes Blatt hat nämlich ein sehr schönes, rothes Mittelfeld. Dieses umsäumt allseitig auf das Lieblichste ein dunkelgrüner Saum, der sich nach der Peripherie hin bis zu hellem Maigrün steigert. Dabei stimmten die sich unter einander beengenden vom Regen erfrischten Contouren der welligbewegten, pfeilförmigen Blätter meisterlich zusammen. Ueber dieser Unterlage entfalteten nun zahlreiche weisse Tropfen einen Brillantenreichthum, der nicht zu sagen ist. Das Wasser hatte so ganz den Anschein von Wasser verloren. Es kam daher, dass der Himmel bewölkt, aber doch hell war, und die Tropfen auf dem tiefen farbigen Grunde ganz mit Licht sättigte und erfüllte. Durch diese roth, grün und silbern schimmernde Pantherung — denn durch das Zusammenfliessen der Tropfen war das Ganze mehr gefleckt als weissgeperlt — zogen sich die lichtgrünen Umrisse der Blätter so stylvoll hindurch, dass, wenn es gelänge demgemäss einen Stoff zu weben, das wahre Prunktapeten geben müsste.

Bei der Abbildung kamen natürlich andere Dinge in

Frage. Da war es mir mehr um ein hübsches Exemplar zu thun, wo das Blatt so recht wie ein rothstoffener Sonnenschirm über Kolben und Blüthenscheiden stand.

Zufällig half Naninha mit suchen. Als mir lange keines der zahlreichen Wurzelknöllchen, Taiazinhas — so heissen die auf einem einjährigen Tuber fussenden, scharfe anthelminthische Säfte führenden Pflanzen — anstehen wollte, warf ihre schlichte Weisheit die Bemerkung hin: quem quer fazer qualquer cousa, compõe, wer etwas schaffen will, componirt. Wie oft schon wurde ich Zeuge, dass ohne Anspruch auf feinere Bildung aufgewachsene Menschen sich geistreich äusserten! Schliesslich fand ich das gewünschte Individuum, an dessen detaillirter Darstellung vom Montag bis zur Schlangentödtung gearbeitet wurde.

Dein dankbarer Sohn.

Skizze der Vegetation eines Sámbaqui.

Liebe Mutter!

> Es ist bestimmt in Gottes Rath,
> Dass man vom Liebsten, was man hat,
> Muss scheiden.
> Wiewohl doch nichts im Lauf der Welt
> Dem Herzen, ach! so sauer fällt,
> Als Scheiden!

Noch sind meine Arme ermüdet und des Schreibens entwöhnt die Hände des Dachdeckers, Wandeinreissers, Fenstereinsetzers, Thüreinhängers, kurz Bau- und Zimmermeisters. Dafür wird Dir aber auch heute aus freundlicher Wohnstube geschrieben, in hohem wohnlichen Hause auf einem Austerschalenberge gegenüber der herzeinnehmendsten Aussicht, keinen ganzen Büchsenschuss westlich von den Interimsbauten, denen ein furchtbarer Sturm jähen Untergang drohte. Wir sind um- und eingezogen in das Haus des Exbesitzers meines Grundstücks, nachdem mir dessen Besitz von den Brüdern des Manuel de Farias, welche einen noch nicht getilgten unbedeutenden Erbschaftsantheil an den Mobilien und Immobilien der Burg ihres Vaters hatten, gegen Entrichtung einer unter ihnen stipulirten Abfindungssumme zugestanden worden ist.

Das Bauholz war zum grossen Theil noch kerngesund, und es wurde mir leicht vermöge des Gebälkes meiner früheren Wohnung, welches seiner Zeit anhergeflösst worden war, die schadhaften Bestandtheile durch bessere zu substituiren; auch erlaubte mir mein Reichthum an Thüren,

Fenstern und Gewänden die vom Zimmermann gelassenen Foramina durchweg zu erneuern. Die beschriebenen neuen Palmenblattgeflechte sind mit den besten alten durchsetzt zum undurchdringlichen Regenschirme, und die Küche in derselben Weise wie am Rancho, nur etwas höher und geräumiger, im Süden der neuen Wohnung aufgeführt.

Alles steht solid und Schutz verleihend auf Jahre hinaus da. Schade, wenn es jetzt fortgehen sollte, nachdem ich nun erst erreicht, was ich bisher vermisst: Haus und Grundbesitz, nachdem mir zwei dankbare Hausgenossen werth geworden, von denen ich ungern scheiden werde.

Das was mir jüngst so fehlte, hätte ich nun wieder, eine Werkstatt mit zwei Fenstern und breitem Arbeitstische, welche die östlichen zwei Drittel des häuslichen Grundrisses absorbirt. Manuels einfenstriges Zimmer nimmt die Nordwest-, Naninha's Gelass die Südwest-Ecke des Hauses ein, aus dem ein überdachter Gang zum Herde führt, wo das immerwährende Feuer so überaus einladend zum Conversiren, Rauchen und Niedersetzen winkt.

Ein tiefer Abzugsgraben um die Südseite des Sámbaqui, wo er sich einem ansteigenden Hügel anschmiegt, isolirt uns jetzt vor den bergabwärts stürmenden Regenwassern, welche uns schier zu ersäufen drohten, überzeugte mich aber von dem espantosen Cubikinhalte der Erde. Seitdem breitet sich die territoriale Basis unseres Lebens, auf der wir in schwer zu lösendem Dreiklange an den immergrünen Ufern des Rio Poruguara zusammenhalten, wesentlich comfortabler und trockner aus. Damit wären aber auch, wenn ich hier bliebe, alle Umzüge und Extraausgaben, zum Theil für immer, zum Theil auf lange Zeit, abgeschlossen.

Die jetzige Lage, Umgebung und Jahreszeit entschädigen mich reichlich für die vorausgegangenen Beschwerden, und scheinen sich vereinigen zu wollen mir einen möglichen Abschied schwer empfinden zu lassen. Das Leben ist doch schön im Schatten von Orangen- und Kaffeebäumen, im Angesichte Riesenblätter entrollender, schwere Fruchtstände spendender Bananenstauden, inmitten der berstenden Kapseln quellender weisser Baumwolle (Gossypium vitifolium Lam.), inmitten sprossenden Reises (Oryza sativa L.), wuchernden Tabaks (Nicotiana Tabacum L.), fragranter Ananas, frischen Ingwers (Zingiber officinale Roxb.), schärferen Pfeffers, aufschiessenden Zuckerrohrs, inmitten der Möglichkeit der Cultur der geschätztesten Producte des Pflanzenreichs, ohne zu sprechen von den einzigen Palmen!

Sollte wirklich die Zeit nahe sein, wo ich nicht mehr den schilfartigen Haarschmuck der schlanken Palmen in der Seebrise rauschen höre? An ihren Anblick bin ich so gewöhnt, dass er mir unentbehrlich scheint. Sollte es bald zum letzten Male sein, dass mich, eintretend in die feuchte Frische des Waldes, das durchsichtige Maigrün der weichen Wedel baumartiger Farrenkräuter beschirmt? Wenn nicht mehr die Stille der Nacht vom Rufe des männlichen Tigre unterbrochen wird, dem das gesuchte Weibchen in sich vermindernder Ferne wechselsweise antwortet, wenn es nicht mehr unter dem balzenden, weithinschallenden Gesange der Wald- und Wasserhühner tagt, wenn in den Ohren nicht mehr das tausendstimmige Gezirp des Waldes wiederklingt, dann, erst dann, wo die niedrige Sonne nicht mehr die Federn der Vögel mit Goldschimmer überzieht, wird die Sehnsucht erwachen nach dem verlorenen Paradiese!

Ich muss gestehen, dass mir schon der Gedanke schwer fällt, mich von einem so reizenden Sitio, wie der meinige ist, zu trennen. Welches reiche tropische Gewächshaus, das zu durchstöbern ich nun alle Ruhe und Gemächlichkeit hätte! Lass Dir beispielsweise nur die allernächste vegetabilische Umgebung des Hauses schildern. Es steht also auf einem etwa zwanzig Fuss hohen Austerschalenberge, der sich augenscheinlich durch den Aufenthalt von Menschen nach und nach zwischen zerstreut liegenden Felsblöcken aufgehäuft hat. Einige treten bergaufwärts bewachsen auf, andere ragen am Ufer blos mit ihren Köpfen aus dem Wasser, diese nackt, wenigstens am Landungsplatze.

Hier aussteigend, begegnen unsere Augen den glockenförmigen, ansehnlichen, grünen Blumen einer Crassulacee

(Bryophyllum calycinum Salisb.), von den Brasilianern Fortuna, Glück, genannt, gerade in vollem Flore. Ein Blatt hat die merkwürdige Eigenschaft, dass es, mit einer Nadel an die Wand gesteckt, fortwächst. Canna do Rëino (Arundo Donax L.), ein Schilf aus Portugal, Hallelujah (Cassia bicapsularis L.), so genannt, weil seine jubilirenden gelben Schmetterlingsblüthen gerade an allen Ufern blühen, wenn am Ostermorgen in den katholischen Kirchen das Hallelujah gesungen wird, und unsere grösste und schönste Passionsblume, die Maracujá guaçú (Passiflora alata Ait.) finden sich rechts und links vom Aufgange zum Hause ebenso wie Barirí (Canna indica Ait.) und Tomate (Lycopersicum peruvianum Dun.), nicht zu sprechen von Guanxuma (Paritium tiliaceum Adans.) mit malvenartigen, schwefelgelben grossen Blüthen, Mangue und einer Leguminose mit einzelnen Blättern und bracteatenförmigen einsamigen Hülsen (Hecastophyllum Brownei Pers.), der man die Papilionacee wahrhaftig nicht ansieht.

Ich übergehe dabei wenigstens hundert verschiedene Pflanzen, theils um nicht langweilig zu werden, theils weil ich sie nicht nennen könnte, und erwähne blos noch, da es unmöglich ist sie zu übersehen, den Ibis rubra des Pflanzenreichs, eine Scrophularinee mit den schreiendsten, rothen Blüthenständen (Physocalyx aurantiacus Pohl.), die sich nicht selten wie auch hier wohl als Zierstrauch angepflanzt findet, und eine sich zwar äusserst rauh und hart anfühlende, aber über und über in goldigstem Glanze schimmernde Dilleniacee (Davilla lucida Presl). Das an und für sich schon reiche Kleid dieser kletternden, sehr gemeinen wilden Pflanze wird noch gehoben durch das zarte Gelb ihrer zahlreichen Blüthen.

Nicht weit davon befindet sich eine andere Dilleniacee, zwar ohne jenes glanzvolle Indument auf Blättern und Stängeln und mit seiner Zeit weissen wohlriechenden Blüthen, aber reich behangen mit den schönsten Trauben reifer Fruchtkapseln von der Grösse der Weinbeeren. Das Roth der Aussenschale, spärlich gelb behaart, ist bereits ungewöhnlich zart, aber wo die wachsenden zwei schneeweissen Kerne die Schale gesprengt haben und diese, aufreissend, sich in Gestalt eines lateinischen W ausgebreitet hat, bietet die innere Fruchtwand ein lichtes Carminroth von solcher Reinheit zumal im Gegensatze zu dem noch am Samenträger hängenden Weiss der Samenmäntel, die je einen schwarzen plano-convexen Samen bergen, wie ich es nie in meinem Leben weder in einem Farbenkasten noch auf einem Bilde gesehen habe.

Die beiden seitlichen Böschungen des Sámbaqui sind mit circa zweihundert alten vom Vater des Manuel de Farias gepflanzten Kaffeebäumen bestanden, die alljährlich noch reichlich Frucht geben. Sie bilden deliciöse, dunkle, kühle Lauben, unter denen der Boden rein zum Hinlegen ist, bedeckt einzig und allein mit Tausenden von keimenden Kaffeepflänzchen. Seitdem wir sie pflegen, respective etwas von den Bromeliaceen, Orchideen und Moosen befreiten, haben sie schon viermal geblüht, jedesmal à la Kirschblüthe im Plauenschen Grunde bei Dresden. Man befand sich in einem Bade von Wohlgerüchen, und konnte Ausrufe des Behagens über den Anblick und das Einathmen solcher Pracht nicht unterdrücken.

Begeben wir uns hinter das Haus, so gelangen wir an den Fuss eines uralten Melonenbaumes oder Mamoëiro (Carica Papaya L.). Dreiundzwanzig secundäre und tertiäre Verzweigungen steigen senkrecht neben dem vierzig Fuss hohen Hauptstamme auf, welcher der höchste bleibt. Von den zweimal zwölf Spitzen strahlen ebensoviele Kronen gestielter, handförmig getheilter Blätter mit fiederspaltigen Zipfeln aus, milchsaftstrotzende, stammentsprossene Früchte beschattend. Hauptstamm und Verzweigungen sind spindelförmig angeschwollen. Ihre Rinde ist von den Basen abgefallener Blattstiele wohlgefällig gefeldert. Diese Areolation der Rinde, weit entfernt sich zu verlieren, ist durch den Verlauf der Jahre nur mehr ausgeprägt worden. Unter dem Cafezal, wo er von zwei Jerovapalmen (Cocos Romanzoffia Cham.) durchsetzt ist, liegt ein noch älterer Stamm von so schöner Facettirung seiner Oberfläche, dass ich lebhaft bedauere, aus Ermangelung von Gips einen Abguss nicht anfertigen zu können. An einigen Aroideen ist übrigens, beiläufig gesagt, eine ähnliche, wenn ich so sagen soll, Pantherung der Rinde zu beobachten. Besonders anmuthig, mit gelben Narben auf violettem Grunde, tritt sie am Sipó guaçú (Monstera pinnatipartita Schott) auf, dessen Stengeltheile über armstark werden. Daselbst setzt uns auch ein Tayuyáwurzelstock (Trianosperma Tayuyá Mart.) in Erstaunen, dessen Ausläufer ein gutes Stück hin die ganze Umgebung umsponnen halten. In seinem stärksten Theile misst er sicher drei Fuss im Umfange, während die Blätter und Blüthen tragenden diessjährigen Stengeltheile nur einen Achtelzoll im Durchschnitte stark sind. Die Längsausdehnung und die Härte des Baumstammes — er zeigt angeschnitten eher ein gelbes Fleisch als Holz — geht ihm ab, auch theilt er sich sofort in schwächere, immer noch armstarke, auf dem Boden liegende Verzweigungen, aber es ist doch ein schönes Beispiel für eine allem Anscheine nach sehr alte Cucurbitacee, eine in der Vorstellung der Leute gemein hin einjährige Pflanze mit hohlem wässerigen Stengel.

Einer Schutthaufenpflanze muss ich an diesem Orte gedenken aus der Familie der Portulaceen mit fetten grossen Blättern und kleinen kirschrothen Blüthen auf feinstieligen, etwa anderthalb Fuss hohen Trugdolden (Talinum patens Willd.).

Eine rankende Sapindacee will desgleichen bemerkt sein, genannt Pa·úma (Cardiospermum Halicacabum Willd.). Sie hat unansehnliche Blüthen und dreifächerige aufgeblasene grüne Früchte. Jedes Fruchtfach birgt einen schwarzen Samen von der Grösse eines Hasenschrotes mit einem grossen weissen Fleck, bezüglich Nabel.

Bergauf stehen die Orangenbäume. Einer ist mit einer Palme zusammengewachsen. Die gefiederte Krone drängt sich mitten aus den Apfelsinen heraus und diese scheinen in jener zu hängen.

An geeigneten Stellen wussten sich Bananenstauden

Platz zu verschaffen. Sie gedeihen in unbeschreiblicher Ueppigkeit am Fusse einer Felsenwand, an der die Königin der Nacht (Cereus grandiflorus Haw.) hinaufrankt, ohne seither geblüht zu haben. Ich kenne den Stengel, der jahrelang von mir im Gewächshause gepflegt und drüben zur Blüthe gebracht wurde, genau. Sonst ist der Felsen ganz mit einem Philodendron (Philodendron crassinervium L.) und einem Caraguatá (Hoplophytum coeleste C. Koch) bedeckt. Auf seinem Scheitel, wo ich mir einen Sitz gesäubert habe, stehen Miniaturexemplare — weil sie daselbst nur wenig Nahrung finden — des prachtvollen Caladium mit rothem Mittelfelde in der Blattscheibe (Caladium bicolor Vent.), welches unten im fetten Erdreiche wenigstens zwanzig Mal so gross wird. Das wäre etwas für einen Specifex, der könnte da gleich zehn verschiedene Arten machen. Sogar an einem Mançanillabaume (Mançanilla lauri foliis oblongis Plum. Sapium aucuparium Jacq.) fehlt es uns nicht keine zehn Schritt vom Hause. Einen schädlichen Einfluss haben wir noch nicht constatiren können.

Bald hätte ich meinen schönen Nussbaum neben dem Melonenbaum vergessen, desgleichen eine Euphorbiacee. Die Leute nennen ihn Pé da Noz (Aleurites molucana Willd.). Vor Kurzem legte er neue Blätter an: da stand er ganz wie eine Silberpappel da.

Ueber das Wasser neigt sich auf der Ostseite des Cafezal ein grosser Feigenbaum (Ficus indica Velloz.). Nahebei ist in Ermangelung eines organischen Opfers ein Felsblock von einem Sipó Matador umklammert, an dem Du die gegliederten Stengel von Rhipsalis (Rhipsalis Cassytha Gaert.) ganz wie bei uns hinter Glas, und Brombeersträucher (Rubus imperialis Cham. et Schlecht.) fast ganz wie bei uns in der freien Natur, herabhängen sehen könntest.

Auf der Westseite des Cafezal beginnt das Dickicht mit einem fruchttragenden Perovabaume (Aspidosperma australe Müll. Arg.). In seinen zusammengeflächten Balgfrüchten sind je ein reichliches Dutzend rundumgeflügelter, peltater Samen eingebettet. Oeffnet sich die einem Portemonnaie gar nicht unähnliche Frucht, so flattern die Samen heraus wie Zahlpfennige, noch zurückgehalten ein jeder vom Funiculus umbilicalis. Das sieht ganz sonderbar aus! Dann kommt ein Taromabaum, den ich wegen seiner blumenblattlosen Blüthen und gegenständigen, fingerig zusammengesetzten Blätter durchaus nicht classificiren kann, dann Tabucuba, die, grün ins Feuer geworfen, brennt, und Maçaranduba, die Du kennst.

So spricht die Wirklichkeit zu mir, indem ich Deinen überaus liebevollen Brief, der aber einen unwiderruflichen Entschluss von mir fordert, wieder und wieder lese. Und das Alles könnte ich verlassen? Wo ich stehe, wohin ich gehe, wohin ich sehe, drängt sich mir der Gedanke des Abschiedes grösser und grösser werdend auf.

Des Abends sitze ich oft stundenlang auf der Felswand oben mit den Zwergcaladien, um meinem Gedächtnisse die schöne landschaftliche Gegenwart einzuprägen, welche sich von da aus vor mir ausbreitet.

Zur Linken, im Canoe mit ein paar Ruderschlägen erreichbar, liegt das Haus des Nachbars Camillo, aus dem mir so viel leibliche Unterstützung zugeflossen ist, gar in gutem Stande und wohlbestellt, mit dem ganzen Apparate der Fischerei und des Kahnfahrens, am Fusse eines wohl tausend Fuss hohen bewaldeten Berges.

Ein wenig nördlicher auf derselben Seite tritt die Ponta da Capybara in den Fluss, eine kleine Landzunge, auf der fünf oder sechs Palmen neben drei Araucarieen stehen. Dazwischen inmitten eines natürlichen Flores von gefüllten weissen Rosen hat irgend Jemand, vielleicht auch die Regierung, ein Kreuz aufgepflanzt. Es sind eigentlich keine Rosen, sondern gefüllte weisse Brombeerblüthen eines Strauches mit rosenblattartigen Blättern (Rubus rosaefolius Smith. var. β. coronarius, petalis numerosis DC.). Das Kreuz und die gefüllten weissen Rosen, die Araucarieen und die Palmen bilden zusammen ein so seltenes und doch so heimisches Plätzchen, dass ich wiederholt ausgestiegen bin, wenn ich daran vorbeifuhr.

Auf dem rechten Ufer sieht man keine Häuser, aber ich kenne die Familien, welche hinter den Bäumen wohnen, und habe die ebenen weissen Sandpfade, welche von einer Wohnung zur andern führen, oft mit nackter Sohle betreten, wenn ich von den bereitwilligen gesprächigen Leuten Lebensmittel einkaufte oder einen Fährmann suchte.

Im Norden der Ponta da Capybara erweitert sich der Rio Poruguara, wie ich Dir schon geschrieben habe, zu einem kleinen Waldsee unterhalb des noch ganz unberührten Waldgebirges von Guarakeçaba, das im Hintergrunde schräg quervor liegt.

Man kann unmöglich über dieses tiefgestimmte Landschaftsbild hinwegsehen, ohne im Innersten von der Schönheit der Natur bewegt zu sein, zumal in diesen Stunden, wenn die Spitzen des nahen dunkelgrünen, bläulichschwarzen Waldabhanges hier und da noch von den streifenden Sonnenstrahlen berührt werden. Es sieht dann aus, als ob ein glimmendes Moosgrün über den zwar kalten, aber ganz klaren Schatten der in üppigen gedrängten Wipfeln sich emporhebenden Laubmasse hinwegliefe.

Kein Machthaber, kein Kaiser in Europa, nicht die Königin von England mit ihren Kew-Gärten kann mir das wieder geben, was ich hier aufgebe. Es sei!

Den Brasilianern kann ich ein gutes Zeugniss ausstellen. Es giebt deren doch viele in der Bai von Paranaguá. Das stellt sich alljährlich zu Fastnachten heraus, wo Tausende von Canoes im Hafen der Stadt versammelt liegen, und an einem Tage mehrere Hundert Ochsen enden müssen, deren Viertel unter endlosem Jubel und Raketengeknall nach den verschiedensten Richtungen hin heimgebracht werden. So lange ich hier bin, hat mir eigentlich Niemand ein Leids zugefügt. Durch Argwohn und eingebildete Gefahren habe ich mich hier und da einer Ruhe beraubt, die ich bei gesünderer Einsicht hätte geniessen können. Die Menschen sind hier einfacher in ihrem Handel und Wandel, und harmloser, als man sich drüben vielleicht vorstellt, auch sieht man Vieles, was uns in Europa gefahrvoll erscheint, mit der Zeit mit ganz anderen Augen an, wird mehr und mehr von der Freundlichkeit der Erdoberfläche überzeugt und bedauert nur, dass so geräumige, bergauf bergab in ungemessenen Quadratmeilen sich ausdehnende Gebirgszüge, welche einem anderwärts beengten Geschlechte gedeihliche und kraftvolle Ausbreitung gewähren könnten, nicht mehr bewohnt sind.

Dein dankbarer Sohn.

Reisefertig.

Lieber Vater!

Grundbesitz, Haus, Orangen- und Kaffeebäume, Mamoëiros, Bananëiras, Guajavëiras, Canoes, Segel, Ruder, Tische, Stühle, Bänke, Schränke, Wanduhr, eiserne englische Kaffeemühle, Gewehr, Säbel, Jagdzeug, Säge, Handwerkskasten, Hacke, Axt, deren gesammte Anschaffung ein Heidengeld gekostet hat, mit Austern behelmte Felsen, die mein waren und mir angehörten, lasse ich mit Freuden im Stiche, um Dir in die Arme zu eilen!

Drei vom Tischler Schwantach in Paranaguá angefertigte Kisten sollen das Wenige fassen, das ich mitzunehmen gedenke. Schwer ist die Wahl zwischen dem, was einzupacken oder verständiger Weise dazulassen ist. Stockfleckige Wäsche, von Motten zerfressene Kleider, einbandlose Bücher, vermoderte Papiere, rauchgebräunte, hier schätzbare, für die Reise zu gewichtige, für Europa zu werthlose Utensilien, Bären-, Panther-, Tapir- und andere Felle, von denen der Pelz bei der leisesten Berührung in handbreiten Fetzen abgeht — dies und noch mehr liegt in meinem Zimmer ausgebreitet zur Sichtung.

Ach, wie Vieles ist hinfällig! Nur der Geist ist unsterblich. Begnüge Dich daher, wenn ich nicht viel mehr mitbringe als das Futteral meines Geistes und die letzten botanischen Studienblätter. Es muss im Ganzen nun eine hübsche Anzahl beisammen sein. Der grösste Vortheil, den ich aus ihnen gezogen habe, ist der, dass ich in der Beobachtung der Natur vorwärts gekommen bin, dass sie mir lieb und unentbehrlich geworden ist.

Da ich meinen Sitio nicht mitnehmen kann, wiewohl er eine schätzenswerthe Enclave im Königreiche Sachsen bilden würde und die vaterländischen Märkte mit unterschiedlichen tropischen Producten versehen könnte, so habe ich dieses Kleinod, das bei einer nicht unbedeutenden Flächenausdehnung verhältnissmässig sehr wenig gekostet hat, Naninha und deren Sohne unter gewissen Vorbehalten vermacht durch feierlichen Schenkungsact vor Gericht, ausgestellt in zwei Exemplaren, von denen eins auf der Alfándega in Paranaguá deponirt bleibt, für den Fall, dass das andere verloren gehen sollte. Ausserdem ist Maneco durch Vermittelung des Vicar mit einem Scheine an die Militairbehörde versehen worden, welcher ihn als einzigen unverheiratheten Sohn einer Wittwe von der Recrutirung auszuschliessen bittet. Und ich? — signire in Zukunft: Länderloser Fürst, der kein Land mehr zu verschenken hat.

Du musst diesen Edelmuth aber ja nicht zu hoch anschlagen. Wenn ich das nicht gethan hätte, würde das ganze schöne Grundstück in kürzester Zeit ein Raub der Wildniss, zumal der Ameisen werden, oder wahrscheinlicher noch, sich ein Unberufener einnisten, den es dann schwer hält, wenn er einmal gepflanzt hat, wieder hinauszuweisen. Einen Verwalter darin anzustellen, möchte ungleich mehr kosten, als das Land werth ist. Arbeiten will aber Jedermann, zumal hier, blos für sich und in dem was sein ist. Ist das Land ihnen, so wird sie das zur Thätigkeit anspornen, die Pflanzungen werden erhalten, gepflegt und vermehrt werden und der Ort überhaupt an Wohnlichkeit gewinnen.

In dem Hause, das von mir in den bestmöglichsten Stand versetzt worden ist, bleiben nun freilich manche Effecten auf Wieder- oder Nimmerwiedersehen, anempfohlen dem Schutze Naninha's, stehen, darunter traute Andenken aus früher Jugend. So geschrieben vor Tische.

Nachdem wir uns zu Mittag an einer Paca, mit der uns Maneco regalirt hat, delectirt haben, bin ich nach Tische noch einmal in den Wald gegangen.

Du weisst, dass auf dem Südabhange des Hügels, an

dem wir wohnen, ein Stück Mato virgem stehen geblieben ist. So klein es ist, so wäre doch sein Inhalt überausreichend gewesen für das Leben des fleissigsten Botanikers. Ungefähr in seiner Mitte, nicht weit von einem Bache, der, auf Umwegen thalabwärts kommend, von hier aus sich in der Ebene fortschlängelt, bildet ein liegender, lebender Baumstamm eine willkommene Bank, erweitert durch lichtende Säbelhiebe und häufige Besuche zur idealsten Laube tropischer Vegetation.

An der Rinde der Bäume wurden die Hydrophoren bildenden Bromeliaceen geschont. Der glatte Stamm zweier Palmen war ihnen zu hart, um daran zu haften.

Bei einer Art, deren grüne Blätter rothe Spitzen haben, treten die zurückgebliebenen Blüthen, welche kein gemeinschaftlicher Blüthenstiel in die Höhe hebt, gleich weissen Seeröschen über den kleinen Wasserspiegel (Nidularium splendens Hort.).

In einer andern sind dieselben aquatilen Blüthen blau (Bilbergia cruenta Graham). An einer dritten trägt ein langgestielter Blüthenkopf zwar unansehnliche Blüthen, dafür sind die breiten Blätter in stattlicher Weise roth und grün gescheckt (Bromelia arvensis Vellozo).

Eine vierte Species ist wieder anders. Die Blüthen finden sich fast versteckt in einem Zapfen rosarother Bracteen. Der Scapus ist in aufrechte, weite, weisse Hochblätter eingehüllt. Da nun die Blätter grün sind, so zeigt diese Pflanze eine grüne, weisse und rosarothe Region (Tillandsia comata Vellozo).

Hier entwickelt eine kletternde Cyclanthee ihre bifiden flabelliformen Wedel gemeinschaftlich an einem Stamme mit einer Aroidee, deren durchlöcherte zweizeilige Blätter gelbe Blüthenscheiden hindurchsehen lassen (Carludovica Liboni Hort. Monstera Adansonii Schott).

In diese gewiss gefälligen Pflanzentypen blickt noch eine auffallende Gesneriacee hinein, deren citronengelbe röhrige Blumenkronen von fast schwarzen Bracteen und Kelchen gestützt sind (Alloplectus circinnatus Mart.).

Das fast nirgends fehlende Unterholz des Waldes, 'o pao da anta', das Holz des Tapir, weil dieser seine Blätter fressen soll, bietet die seltene und sicher liebliche Farbenzusammenstellung von gleichzeitigen blauen Früchten, rothen Kelchen und gelben Corollen (Psychotria brasiliensis Vellozo). Dazu hängen aus nächster Umgebung an feingestielten gespreizten Rispen gleich den niedlichsten goldenen Glöckchen die Blüthen einer Gomphiacee (Gomphia parviflora DC.) unmittelbar neben den dunkelvioletten doldigen Fruchtsternen der Pinda·úba (Guatteria Candolleana Schlecht.). An diesen Ort kam ich, um ihn nicht wieder zu sehen.

Niemals hatte ich in diesem meinem Sanssouci einem Menschen begegnet. Tritte nahten. Es war Maneco. Seit den fünf Jahren, dass ich ihn kannte, war er von einem Knaben zu einem derben Burschen herangewachsen. Ich forderte ihn auf Platz zu nehmen und hielt folgenden Speech, den ich mir vorgenommen hatte, vor der Abreise an ihn zu richten.

'Maneco, willst Du mir versprechen, Deine Mutter zu pflegen, wie es einem guten Sohne zukommt?'

"Eu prometto."

'Gut. Es wird Dir nicht schwer fallen, denn Du bist sowohl ein gewandter Jäger als ein perfecter Fischer, und der Rio Poruguara ist in der ganzen Gegend bekannt als ein Ort, wo man an Nichts Mangel leidet. Aber Du könntest mehr als den blossen Lebensunterhalt davontragen. Die beste Lage am Flusse ist so gut wie Dein. Ein entwaldeter, noch nicht ausgebeuteter Abhang gegen Norden bietet Dir durch vorzügliche Qualität der Erde Gelegenheit, einen Cafezal zu errichten. Beginne mit tausend Bäumen. Sie werden Dir schon nach zwei Jahren Ernten liefern, die vom fünften Jahre an bei sorgsamer Pflege jährlich sich auf zweitausend Pfund Kaffee belaufen können. Ohne alle Unkosten kannst Du diesen Ertrag eigenhändig im Canoe auf den Markt bringen und für zehn Goldunzen oder zweihundert und achtzig Mil Rëis, schlechtgerechnet zu jeder Zeit verwerthen. Eine schöne Einnahme auf mindestens funfzehn Jahre hinaus für einen jungen Menschen Deiner Condition.'

Maneco war jetzt Feuer und Flamme. Er wollte mehr als zehntausend Bäume pflanzen, und Wein, Aepfel, Pflaumen, Weizen, Roggen und was noch, damit ich bei der Rückkehr lauter Pflanzen aus dem Vaterlande fände und gar nicht wünschte wieder fortzugehen.

Es verlangte mich ein Andenken mitzunehmen. Manuel erbot sich, mir einige möglichst lange Wurzelfäden des Sipó de Imbé (Philodendron Imbé Schott) abzulösen. Es gelingt dies dadurch, dass man das bis zum Boden herabhängende Ende der in den Wipfeln der Bäume beginnenden Luftwurzel in beide Hände nimmt und mehrere Male um seine Achse dreht. Die Torsion der Achse theilt sich dem Ursprunge der Wurzel oben am Stengel der Aroidee mit. Sie bricht ab und fällt oft in einer Länge von hundert Fuss nieder zur Erde.

Unterdessen schnitt ich mir ein Stück Sipó de Escada, Treppenliane (Bauhinia forficata Link), ab, aliter Unha de Boi, Ochsenklaue, weil ihre biloben Blätter den Umriss einer Rinderfährte wiedergeben. Item mehrere Ellen Sipó Timbópemba (Heteropsis oblongifolia Kunth) von einem endlosen langen Exemplare, das eine ganze Strecke hin baumauf baumab geklettert war. Diese Aroidee zeichnet sich durch kleine, blos einen Zoll lange Blüthen, grosse orangenrothe Fruchtstände, scheinbar dicotyledonische Blätter, schwache vegetirende Stengeltheile und starke Korkentwickelung auf älteren Stammbildungen aus. Der interessante Stengel jener Bauhinie hat das Aussehen eines durch ein Glockeisen gezogenen Bandes.

Indem ich die Sipós zusammenbinde, entdecken Dir meine Augen in einem hohlen Stamme kaum vier Fuss über dem Boden einen Bienenstock. Es war reiner Zufall, dass ich die winzigen Bienchen von der Grösse der Stubenfliegen in eine enge Oeffnung hineinkriechen sah. Maneco, herzugerufen, wunderte sich nicht wenig über meine Scharfsichtigkeit, erklärte sie augenblicklich für Mandaçaia, unsere beste

Honigbiene, und öffnete mit einigen Säbelhieben den Baum. Da floss die göttliche Gabe in drei Strömen aus dem erschütterten Hause, als ob der Wald zum Abschiede und zur Belohnung für manche in ihm ausgestandene Unbequemlichkeit mir sein Bestes bieten wollte. Und wir hatten blos die Hälfte eines Flaschenkürbisses mit, aus der wir, sie bald hier bald da unterhaltend, einer um den andern abtrinken mussten.

Soviel Ananas edler ist als andere Früchte, soviel schmeckt hier der Honig besser als bei uns. Wein, Rheinwein, heller, dünnflüssiger, weingeisthaltiger, aus Orchideen erzeugter Nektar vom edelsten Bouquet! Dazu befand sich dieser exquisite Liqueur durchaus nicht in engwandigen Zellen, sondern — parole d'honneur! — in grossen anderthalbzölligen Blasen, die zahlreich die Höhlung des Stammes füllten und das unvergleichliche Getränk in der liberalsten Weise spendeten. Die lieben Immlein schienen ganz einverstanden mit dem Raube, den wir an ihnen begingen, und dachten gar nicht daran zu stechen. Ich war in der That etwas ausser dem Häuschen und fing an zu singen und zu tanzen auf dem Heimwege. Ja, könnte ich Dir Mandaçaia zu trinken geben, Du würdest es mir Dank wissen!

Zu Hause erwartete uns bereits eine andere Ueberraschung. Ein Sohn von Joaquim de Farias, den man für einen Abgesandten der Flora brasiliensis hätte halten können, harrte daselbst meiner mit einem Bromeliaceenblüthenstande in der Hand, wie ich ihn so schön in der ganzen sechsjährigen Zeit meines hiesigen Aufenthaltes noch nicht gesehen hatte. Der schwarzlockige, rothwangige, blauäugige Junge war selbst von raphaelischer Schönheit. Joaquim de Farias hat lauter schöne Kinder, während er selbst ein Krüppel ist von feister und vergnüglicher Complexion. Dazu hatte seine Mutter ihr Söhnchen weisswaschen angezogen und ihm einen blauen Gürtel mit goldner Schnalle angethan. Aber dieser Thyrsusstab, fast so gross wie der Träger, war noch schöner. Fusslange, zinnoberrothe Hochblätter hingen an ihm herunter. Diese erschienen steif, glänzend und an den

Rändern mit Stacheln bewaffnet. Ihre Basis jedoch war in feinem Gegensatze gelb und schlaff wie Gemsleder. Der kräftige, gemeinschaftliche, ursprünglich hellgrüne Blüthenstiel mit seinen Verzweigungen nebst den äussern Perigonzipfeln zeigte sich von einer schülferigen Absonderung der Epidermis wie weiss überpudert. Die innern Perigonzipfel oder das eigentlich Blumenartige der hundert Blüthen prangte rosaviolett.

Die Brasilianer nennen diese Bromeliacee Caraguatá Pindá (Bromelia Pinguin Jacq.). Sie liefert einen sehr guten Hanf. Ich bedauerte unendlich, die Abbildung nicht mehr vornehmen zu können. Es wäre vielleicht meine beste geworden.

Simão musste nun auch Mandaçaia trinken, denn wir hatten eine Cuia voll mitgebracht, ebenso Naninha, deren Sohn mit grösseren Gefässen in den Wald zurückgekehrt war, um den restirenden Honig und das Wachs zu holen. Ersterer klagte, dass sein Vater soviel auf den Fandango gehe und ihn mit seinen kleinen Geschwistern immer allein lasse. Wir leben in der Faschingszeit. Jede Nacht komme eine grosse schwarze Unze und puste um das Haus herum. Nichtsdestoweniger hatte er den Muth gehabt, durch den Wald zu uns zu kommen.

Seine Angaben verificirte Benedicto de Siguëira vom andern Ufer, der, zur Jagd gerüstet, eben eintrat und en passant einen grossen Vorrath Jacarandasamen (Ormosia nitida Vog.), die ich bei ihm bestellt hatte, abliefern wollte. Nicht nur die Augen ergötzen sich an der unbestrittenen Wohlgefälligkeit dieses Waldproductes, das seit der Entdeckung von Amerika schon oft den Weg über den Ocean gemacht haben mag, auch den Händen gewährt es ein wahres Vergnügen, in den kalten steinharten Samen, zur Hälfte brennend roth, zur Hälfte glänzend schwarz, herumzuwühlen. Die aufgesprungenen holzigen Hülsen, in denen die Samen zu ein oder zwei, höchstens zu drei am Nabelstrang hängen bleiben, ohne herunter zu fallen, hört man einen guten Theil des Jahres hindurch im Winde klappern.

Wir wünschten Benedicto, der sich ohne Verzug empfahl, um der Fährte eben jener Unze mit andern Kameraden nachzugehen, glücklichen Erfolg zu seinem Unternehmen. Wäre gern mitgegangen!

An seiner Statt betraten das häusliche Theater zwei Cousinen Maneco's, die uns ihren Besuch abstatteten, um ihrem Vetter zum Grundbesitzer zu gratuliren.

Wollte Brasilien heute seine verführerischesten Schätze gegen mich in's Feld rücken?

Schon die Ankunft der beiden muntern rothgekleideten Mädchen, wie sie, decent aufgeschürzt, mit den Rudern in der Hand aus dem Canoe an das Land sprangen, hatte etwas überaus Anmuthiges und vom Einpacken Abziehendes. Als sie aber Vetter und Tante so herzlich und natürlich begrüssten und ihnen, die in vollster Jugend und blühendster Schönheit auf ihren kleinen, nackten, runden Füsschen dastanden, unverhohlene Freude aus den Augen strahlte, da sagte ich zu mir, dem Botaniker: Du bist eigentlich ein rechter Thor, dass Du nicht lieber so ein Mädchen heirathest, als Dich auf Europa's guanobedürftigen Fluren wieder in Glacéhandschuhe und glanzlederne Stiefeln zu stecken. Ich halte es für keinen kleinen Triumph über mich selbst, dass ich dennoch in mein Zimmer ging und, Staub und Moder von den Effecten abklopfend, die Schwantachschen Kisten wider Willen füllte. Indessen die Cigarre habe ich eines Oefteren angebrannt am lodernden Feuer von Myrtenholz, um das sie sassen und lachten und plauderten: Maneco, 'as primas', die Cousinen, Naninha und Simão, der nicht wieder fort wollte, weil er sich fürchtete.

'Und was soll denn aus Deinen kleinen Geschwistern werden?'

"Die bringt Dir Mamai Abends in's Haus."

Wirklich kam bald darauf Pai Joaquim mit Weib, Krücken und acht Kindern, und bat uns, nachdem er sich mühsam den Austerschalenberg hinaufgeholfen, wir möchten seine Kleinen nur eine oder zwei Nächte behalten, es sei ein Fandango da und da, wo er unmöglich fehlen könne. Man kann ihm, der mir schon lange bekannt war, nicht böse sein. Er ist im Uebrigen ein seelensguter Mann.

Die Cousinen empfahlen sich so munter, wie sie gekommen waren, Pai Joaquim war wieder den Sámbaqui hinuntergehumpelt, beaming with good countenance. Und ich bin zu einer Kleinkinderbewahranstalt gekommen, ich weiss selber nicht wie. Ich liess Alles gut sein. Es war ja Alles — zum letzten Male!

Dein dankbarer Sohn.

Abschied von Rio de Janëiro.

Liebe Aeltern!

Das Gerumpel und Gerassel auf den Strassen! Das Schütteln und Rütteln des Dampfschiffes! Welchen Lärm verführen die Menschen mit ihren Mechanismen!

Zurück, zurück, ein Wort der Unmöglichkeit hebt mir die Brust. Wo ist der Wald hin mit seiner Einsamkeit? Er steht schon fern unten im Süden und tagt im Scheine der Morgensonne unter dem Gesange der Vögel, über dem Murmeln der Bäche. Warum lärmt der Wald nicht, wenn er wächst, die Palmen nicht, wenn sie sprossen? Warum lärmen die steilabfallenden Felsen nicht, an deren Fuss Paläste verschwinden, und welche über den Dächern der Häuser mir winken, als wollten sie mich zurückrufen in die überschattenden Hallen ihrer Grüfte und Klüfte?

Euch, die Ihr an das Treiben grosser Städte gewöhnt seid, möchte ich trotz Eures vorgerückten Alters unbedingt rathen, Euch auf ein Dampfschiff zu begeben und hierherzukommen. Ihr könntet dann sagen, dass Ihr die Erde in ihrer Schönheit gesehen habt, und würdet wahrscheinlich, gestärkt durch Seeluft und Klima, noch lange in der Heimath von dem genialen Ausfluge erzählen können.

Was gäbe ich nicht für eine Stunde an Eurem Arme im Passëio publico! Ein Elysium, wie es nie ein Dichter beschrieben hat, noch je würdig beschreiben wird, keine andere Stadt besitzt, noch besitzen kann. Da wandelt man auf sanft sich biegenden ebenen Wegen, endlich aller Unordnung und Wildniss ledig zwischen reinlichen grünen Rasenplätzen. Das ist freilich weiter Nichts, aber da steht man nun staunend still, und da stehen sie da Jahr aus Jahr ein unter freiem Himmel in magnifiquen Exemplaren, die grossartigsten und edelsten Pflanzenformen aller Welttheile, von Kopf bis zu Fuss sichtbar. Gedeihend? Und wie! Einzeln oder in Gruppen vertreten sie friedlich neben einander Aegypten, Indien, China, Antillen, Neuseeland, Chile, Orient, Cuba, Japan, Sandwichsinseln, Capstadt, fruchtbeladen die einen, blühend andere. Palmen, Schilfe, Gräser, Lilien wechseln mit Coniferen, grossblättrigen Stauden und verschiedenen Laubhölzern. Colibris schwirren hin und her. In den Zweigen hüpfen bunte Vögel. Unter den Büschen rascheln Eidechsen. Auf kunstreich sich verlierendem Teiche gleiten stolze Schwäne, gefolgt von schmucken Enten. Aus hemisphärischem Steinbassin erhebt sich hold und lieb eine blaue Seerose (Nymphaea coerulea L.), darüber beiderseits eine andere Wasserpflanze mit einer Fülle ebenfalls blauer thyrsusartiger Blüthenstände (Pontederia azurea Swartz), eine Stufe höher ein reicher Flor gelb und roth blühender Aloes. Und noch eine Stufe höher, da möchte der Mensch niederknien auf einer Terrasse von weissem Marmor, die ihm in himmlischer Bläue die Grösse der Schöpfung Gottes sehen lässt.

An den Fuss der Terrasse schlägt feierlich die Brandung des atlantischen Oceans, deren weisser Schaum bronzefarbene Gruppen von badenden Menschen und Pferden wechselsweise begräbt und blosslegt. Dampfende oder besegelte Schiffe kommen und gehen, mehr als man zählen kann. Von Palmen überschirmte Festungen und vor Anker liegende Kriegsfahrzeuge verkünden schweigend Frieden.

Ringsum schützen den nur im Süden wenig geöffneten Hafen in die See gestürzte Felskolosse, deren Häupter den Wasserspiegel noch um zwei- bis dreitausend Fuss überragen, deren Abhänge, wo es ging, von Wohnungen bauenden Ansiedlern erobert worden sind, deren Blau einen Massstab giebt für ihre Höhe und die Dimensionen der Bucht, so tief, so geräumig, dass sich in ihr die Schiffe aller Nationen gleichzeitig versammeln könnten.

Der Mensch hört auf zu denken und zu beobachten. Ein Ganzes erfüllt seine Brust. Dieses schlägt über die Saiten hin, welche in eines Jeden Innerem aufgezogen sind, welche bei Einigen vielleicht am stärksten im Gefühle eigner Ohnmacht und Hülfsbedürftigkeit erklingen. Und man steht auf gestärkt und versöhnt mit Allem und Allen.

Sonntag, der 10. April 1864, sah mich rudernd in meinem kleinen Canoe auf der Bai dos Pinhëiros, um vom Solitarius Melly auf seiner reizenden Insel Abschied zu nehmen. Ein sonniger, letzter Binnenwassersonntagsmorgen.

Montag, den 11., verliess ich in Begleitung Naninha's und ihres Sohnes mein Häuschen im Rio Poruguara. Mir wurde ganz sonderbar zu Muthe, als ich die Augen zum letzten Male nach Wald und Bergen aufschlug und Maneco zu mir sagte: 'V. M. olhe mais uma vez para sua casa'. Ich sollte noch einmal nach meinem Hause sehen. Da verschwand es gerade in den Kaffee- und Orangenbäumen.

Der Fluss machte eine Wendung. Der Kahn gehorchte dem Steuer. Das Wetter konnte nicht günstiger sein. Die Gebirgsketten lagen reiner denn je da, und ein frischer Nordost führte uns schnell nach der Stadt.

Der Abschied von den Deutschen in Paranaguá war ein mehrtägiger und kein trockener.

Wir durchzogen einmüthig bis zur Stunde der Abfahrt die Stadt.

Nun hiess es aber auf das Dampfschiff gehen. Naninha schickte mir, wie ich schon an Bord war, durch ihren Schwiegersohn, den Miguel, bei dem sie wohnte: 'um lenzo de seda branca pintado de roxo, para lembrança', ein weisses seidenes Halstuch, lila getüpfelt, zum Andenken.

Als aber die Serra da Prata, Paranaguá, die Inseln Cotinga, das Peças, do Mel, ferner und ferner rückten, als alle die vegetabilischen Schätze der Ufer meinen Augen zu entschwinden anfingen, da wendete ich mich um und schaute vertrauensvoll nach Norden.

Von Sonnabend den 16. bis Montag den 18. wurde fern

vom Lande auf dem hochgehenden Ocean herumgetanzt, ohne seekrank zu werden.

In Rio eingetroffen, begab ich mich sofort zu dem Consul Herrn Gross, um ihm meinen innigsten Dank auszusprechen für eine von ihm sechs Jahre lang monatlich zweimal mit mir fortgeführte Correspondenz, während welcher Zeit nicht ein einziger Brief der Meinigen an mich und vice versa verloren gegangen ist. Durch ihn wurde ich in das Exchange-Hôtel gewiesen, wo ein Kellner, der mich zufällig bediente, just aus dem Sachsenlande war.

Ich wünsche allen Europäern in Rio de Janëiro gewesen zu sein. Tropen, grandiose Landschaft, grosse Stadt und Ocean kommen hier zusammen.

Für eine der grössten Sehenswürdigkeiten in Rio halte ich die berühmte Palmenallee im botanischen Garten, welche nicht ihres Gleichen in der Welt hat. Wie doch Manches in der Wirklichkeit ganz anders aussieht, als man sich vorgestellt hat. Wenn ich recht gezählt habe, so sind es viermal zwölf Palmen (Oreodoxa regia Kunth), nach meiner Schätzung zwischen sechzig und achtzig Fuss hoch. Sie stehen in zwei geradlinigen parallelen Reihen mit einer Unterbrechung in der Mitte. Die Stämme, am Grunde gewiss neun bis zwölf Fuss im Umfange, überraschen vor Allem durch ihre Farbe, sie sind weiss oder weissgrau, wie eine Kalkwand, sodann durch ihr Teres, indem ein jeder mit mathematischer Exactheit die stielrunde Form repräsentirt, endlich durch ihre Gesammtwirkung. Wenn man nämlich etwas vor dem Anfang oder dem Ende der Allee steht, so sieht man zwischen zweimal zwei sechzig Fuss hohe weisse Mauern hinein, denn die Palmen sind in so regelmässigen Abständen gepflanzt und stehen so perpendiculär da, dass sich ihre Stämme deckend aneinanderreihen, ohne dass man den geringsten Zwischenraum noch die Stammcontouren der einzelnen Palmen wahrnehmen kann. Aber dunkel ist es nicht in diesen Mauern. Auch lösen sie sich auf, sobald man hineintritt. Und die wundervollen gefiederten Kronen, in so majestätischer Höhe, aus denen es flüstert wie im Schilfe der Ufer, aus denen es herabweht schwül und luftig wie Fächerkühlung, aus denen der Sonnenstrahl, unstät mit dem Schatten spielend, flimmernd zur Erde fällt. O wie klein fühlt man sich da! Wie vergeblich streckt man die Arme nach Blüthen und Früchten aus! Von der Grösse der Frondes gab mir ein Wedel eine Vorstellung, der auf der Erde lag. Er war zwanzig Fuss lang und so schwer, dass er mich unbedingt todt geschlagen haben würde, wenn er mir auf den Kopf gefallen wäre.

In demselben Garten giebt es einen Platz an einem Teiche unterhalb einer langen Reihe von Cascaden, welche, der Anordnung Folge leistend, unmittelbar aus dem Hochwalde des Corcovadogebirges treppabwärts kommen, wo auf einer der Bänke geruht zu haben, dem Murmeln des Wassers lauschend, für das ganze Leben eine unvergessliche Erinnerung sein wird, wenigstens einem Europäer, doppelt dankbar und empfänglich für die Schönheit tropischer Vegetation.

Es ist die gleichfalls celebre Bambusgruppe, ein einheimisches Taquararöhricht, wie ich es so grossartig, so imposant bisher nirgends gesehen hatte, obgleich es nicht eine der grossen brasilianischen Bambusen ist, welche diese Gruppe bildet. Mich überraschte sie sowohl durch die ungewohnte Reinheit des Bodens unter ihr, als durch die Zahllosigkeit der Stengel, welche aus mehreren Centren gleich ebensoviel Girandolen von Raketen sich über den Eintretenden hinneigen. Kein Sonnenstrahl durchdringt diesen Schatten. Aber geräumig und sauber ist es darunter.

Von grossem Interesse war ferner für mich, Sagopalmen in solcher Menge und Gesundheit zu sehen. Hätte ich nur gleich Zeit und Musse gehabt, mich davorzusetzen zur Wiedergabe dieser Fruchtstände, dieser Formenfrische, dieser Farbe. Desgleichen die zahlreichen Exemplare von Pandanus, auf Stelzen so sonderbar und doch so fest stehend, mit den schönfacettirten kopfgrossen Früchten alle versehen, fesselten den Blick durch die Gesetzmässigkeit ihres Wesens trotz grosser Willkürlichkeit der äussern Form. Den Schnitt der Blätter des Brodfruchtbaumes, beladen mit stammentwachsenen, kürbisgrossen Früchten von chagrinirter Oberfläche (Artocarpus incisa et integrifolia L.), die befransten Blattschirme riesiger Fächerpalmen (Borassus flabelliformis L.) und was Alles noch hätten meine Augen studiren mögen.

Noch muss ich einer Vegetationsform Erwähnung thun, wie sie nicht schöner gedacht werden kann. Ich meine die Ravenala (Urania speciosa Schreb.) im Passëio publico. Ueber palmenartig unverzweigt aufrechter, von abgefallenen Blattstielbasen geringelter, wohl achtzehn Fuss hoher Säule, breiten sich zahlreiche, einfache, mächtige, gestielte Blätter alle in ein und derselben senkrechten Ebene aus. Aus den Blattachseln brechen beiderseits wiederum zweiseitswendige Blüthen- und Fruchtstände hervor. In den aufgesprungenen Früchten umhüllt jeden Samen ein Mantel von brillantem Blau. Es gehört Madagascar dazu, um so Etwas hervorzubringen. Vor solchem Style tritt selbst die Cecropia und der Melonenbaum zurück.

Auf demselben Rasenplatze steht und wirkt als Gegensatz vortrefflich eine maigrüne weichnadlige Araucarie (Araucaria excelsa R.) hochaufgewachsen ohne alle Behinderung in der schönsten Symmetrie ihrer geschweiften sanftgeneigten Zweige.

Und wie bequem das gemacht ist: überall stehen die Namen dabei. Da lernt man in einer Stunde mehr, als aus Büchern in Jahren.

Was mir demnächst von menschlichen Werken einen gewaltigen Eindruck hinterlassen hat, ist das Bronzedenkmal von Dom Pedro I auf dem Platze der Constitution. Der Platz ist gross, rundum von Gebäuden eingeschlossen, über welche die Landschaft theilweise hervortritt, und viereckig. Gegen seine Mitte beginnen Gartenanlagen, die vor ein Monument führen, das dem von Friedrich dem Grossen in Berlin, was Grösse und Zahl der Figuren anbelangt, kaum nachstehen kann, übrigens in Bezug auf Composition und

Anordnung mit eben diesem viel Analoges hat. Verwildert durch einen mehrjährigen Aufenthalt in den Wäldern, masse ich mir über seinen Kunstwerth kein Urtheil an. Ich sage blos: es hat mir nicht nur gefallen, sondern mich hochentzückt, vielleicht dass die Grösse des Gedankens einen Antheil daran hat. Im Lichte eines freien, tiefblauen, tropischen Himmels steht dieses Kunstwerk in Südamerica einzig und ganz dunkelgoldig da. 150,000 Quadratmeilen, umgrenzt von den beiden grössten Strömen der Erde, und 1200 Meilen Küste des atlantischen Oceans schützen dieses Bildniss, verehrt von zwölf Millionen Unterthanen.

Obenauf ist der Kaiser, kolossal, zu Pferd, das Document der bereits vierzigjährigen Constitution unter einer gesegneten mittleren Jahrestemperatur von 23½ Grad C. dem Volke hinreichend.

An den vier Seiten, noch von Bronze und, wie mir schien, auch über Lebensgrösse, sind die vier bedeutendsten Flüsse Brasiliens durch höchst anziehende, poetische und wohlgelungene Indianergruppen repräsentirt, zu deren Füssen sich die ansehnlichsten Thiere ihrer Wildnisse, die ich wohl alle geschossen, gegessen oder gesehen habe, gelagert finden. Auch an Vögeln, Araras und Papageien fehlt es nicht, noch an Federschmuck und Waffen. Die Charakteristik der Thiere ist frappant, die Ausführung der Zierrathen vorzüglich. Die jedesmaligen Eingeborenen bilden immer eine Familie. Gatte, Weib und Kinder, Grossältern und Enkel gruppiren sich stets am besten. Und ein liegender Tapir, ein Crocodil, ein Ameisenbär sind je eine schöne Basis.

Durch den steinernen Sockel werden die Sculpturen dem Auge nicht zu sehr entrückt. Die Dimensionen der Praça da Constituição verlangen diese bedeutende Höhe des Ganzen.

Die Schildwache davor ist schwarz. So gehört es sich. Sie tritt ins Gewehr? — präsentirt? — — Zwei Abtheilungen Garde en carrière — inmitten ein Wagen — jagen vorüber mit blankgezogenen ausgelegten Säbeln. Das war der Kaiser. Ich sah ihn sitzen: Dom Pedro II, Doctor Philosophiae Universitatis Lipsiensis.

Noch sah ich nie in einer Stadt solchen Ueberfluss an fliessendem Wasser und Eis. In beiden wird verschwendet. Der Abfluss des ersteren in vierundzwanzig Stunden soll sechsunddreissig Millionen Litres betragen. Zu einem enormen Vorrathe von importirtem Eis kommen täglich fünftausend Pfund fabricirtes Eis. Fünftausend ist auch die Zahl der Handelsfirmen. Die städtische Bevölkerung wird gegenwärtig auf fünfhundert und zwanzig Tausend mit additionalen achtzigtausend in den äusseren Kirchspielen geschätzt.

Zur schönsten Zierde gereicht Rio seine Santa Casa da Misericordia mit einer gesicherten Jahresrevenue von sechshundert und funfzig tausend Rëis. Alle Seeleute ohne Unterschied des Standes, und alle Armen ohne Unterschied der Nation und Religion werden in ihren Pertinenzien mit der grössten Sorgfalt unentgeldlich behandelt.

Das Adjectivum zu Rio de Janëiro, ursprünglich Fluss des heiligen Januarius bedeutend, wird mit Hülfe des lateinischen Wortes für Fluss gebildet. So nennt sich hier eine Gesellschaft Club fluminense. Flora fluminensis heisst weiter nichts als die Flora von Rio de Janëiro.

Früh zieht es mich gewöhnlich bei Zeiten auf einen Markt, deren einer in einer grossartigen architektonischen Anlage sich nahe dem Hôtel am Largo do Paço befindet. Das ist eine Markthalle und ein Stück tropischen Lebens, das man da sieht! Durch vier Thore kann man von vier Seiten in eine Umfassungsmauer von quadratischem Umrisse mit den Thoren inmitten der Façaden treten. Ihr entspricht eine ebenso durchkreuzte innere Umfassungsmauer. An die innere Seite der äussern und an beide Seiten der innern Mauer lehnen sich drei Reihen bedeckter Stände, von denen die der ersten und zweiten Reihe vis-à-vis sind und die der zweiten und dritten Reihe sich den Rücken zukehren. Noch bleibt ein sehr grosser Innenraum für unbedeckte

Stände, und ein Bassin mit Springbrunnen im Mittelpunkte des Ganzen.

Ueber einem Heere schwarzer und brauner Marktweiber, gekleidet in die schreiendsten Farben, von einer unbeschreiblichen Lebhaftigkeit der Gesticulation, über einem Meere von Melonen, Wurzeln, Zwiebeln und Gemüsen, von Orangen, Paprica, Paradiesäpfeln, Ananas, Bananen, über das bunteste Bild und das lauteste Treiben eines aus allen Nationen zusammengesetzten Publicums hin sieht man von hier aus durch die hohen weiten offnen Thore zugleich einen aussergewöhnlichen landschaftlichen Hintergrund, bestehend aus Bauten, Schiffen, See, Bergen, Wäldern, Palmen. Und das Fleisch und die Seefische und das Gethier und die Vögel und die Austern und die Krebse und die Käse und die Butter und die Körbe und übergrossen Krüge, Alles bedient von den in ethnologischer Beziehung höchst interessanten Leuten, das ist etwas ganz Stupentes und setzt den, der so etwas nie oder lange nicht gesehen, in das höchste Erstaunen.

O Ihr Maler, kommt hierher und hier seht Natur, hier seht Körper, hier seht Farben, Falten, Schatten und Licht und Staffage!

Trotz ernstlicher Bemühungen war es nicht möglich, mit den überfüllten Dampfschiffen fortzukommen. Sowohl auf dem englischen, als auf dem französischen Steamer waren alle Plätze bis Ende Juli — wir sind im April und ein Schiff kann zur Noth siebenhundert Personen mitnehmen — mit baarem Gelde vorausbezahlt. Meine Abfahrt ist daher für den 1. Mai festgesetzt in einem der Haver-Paquet-Segelschiffe, bis zu welcher Zeit ich mich still in meinem Hôtel verhalten werde.

Auf Wiedersehen!

Euer Julius.

Zu der Heimath hab' ich wieder
  Meine Schritte hingewandt,
Und es zittern meine Glieder,
  Nah' ich mich dem Vaterland.

Eh' an wohlbekannten Wäldern
  Glüht der Abendsonne Strahl,
Darf ich küssen schon die Aeltern,
  Der Geschwister volle Zahl.

—

Berichtigungen:

S. 70	Z. 29	lies	drei	statt	zwei
„ 157	„ 12	„	Sie	„	Letztere
„ 270	„ 15	„	Thaler	„	Rëis

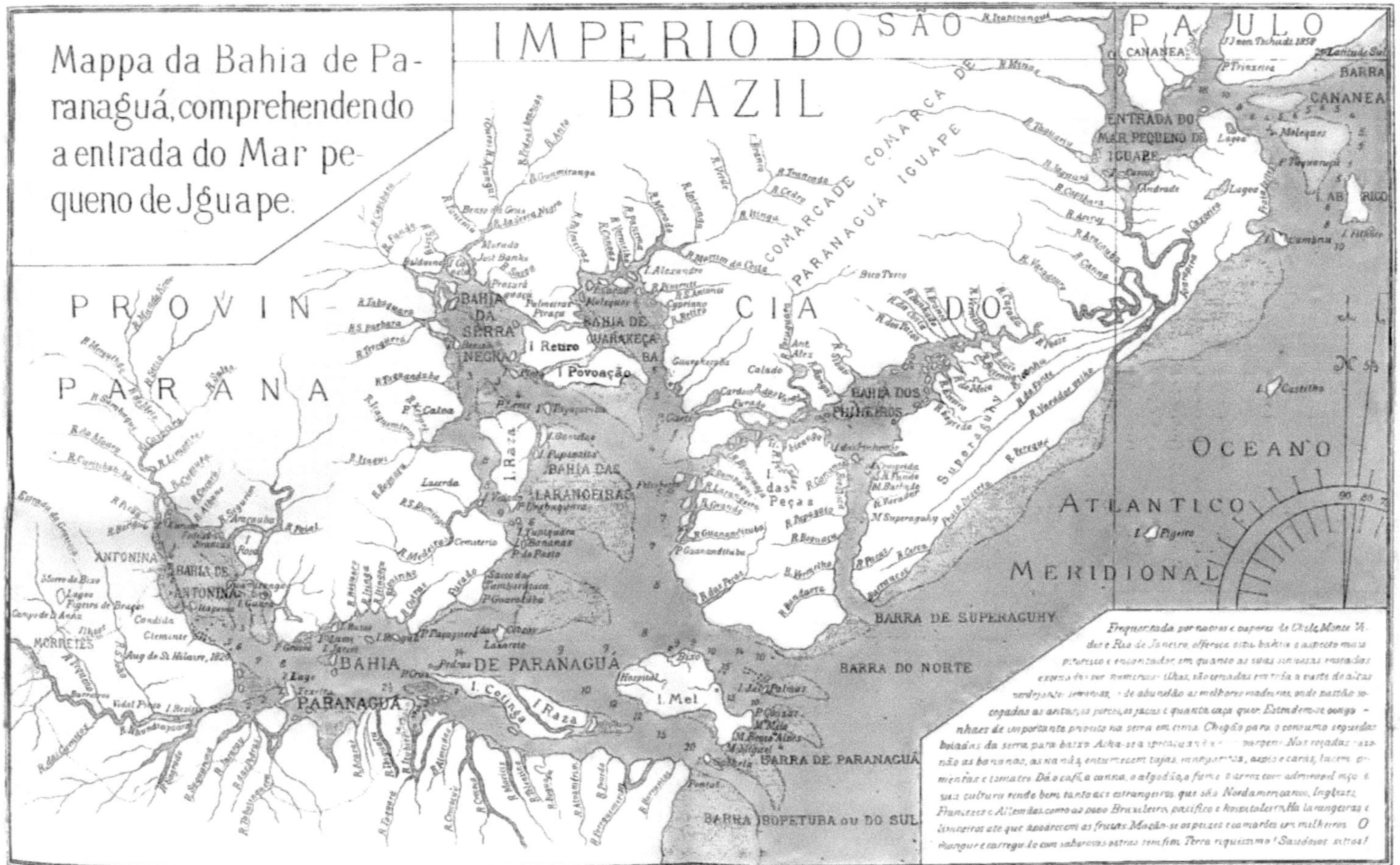

Mappa da Bahia de Paranaguá, comprehendendo a entrada do Mar pequeno de Jguape.
IMPERIO DO BRAZIL
SÃO PAULO
PROVINCIA DO PARANA
COMARCA DE PARANAGUÁ
COMARCA DE IGUAPE
CANANEA
BARRA CANANEA
ENTRADA DO MAR PEQUENO DE IGUAPE
OCEANO ATLANTICO MERIDIONAL
BAHIA DA SERRA NEGRA
BAHIA DE GUARAKEÇABA
BAHIA DOS PINHEIROS
BAHIA DAS LARANGEIRAS
BAHIA DE ANTONINA
ANTONINA
MORRETES
BAHIA DE PARANAGUÁ
PARANAGUÁ
I. Mel
I. Raza
I. Cotinga
I. Retiro
I. Povoação
BARRA DE SUPERAGUHY
BARRA DO NORTE
BARRA DE PARANAGUÁ
BARRA IBOPETUBA ou DO SUL

AUS DER

BAI VON PARANAGUÁ.

VON

JULIUS PLATZMANN.

MIT EINER KARTE.

LEIPZIG,
DRUCK UND VERLAG VON B. G. TEUBNER.
1872.

Von demselben Verfasser ist erschienen:

Platzmann, Julius, Amerikanisch-asiatische Etymologien via Behring-Strasse ‚from the East to the West'. gr. 8. gebunden. 112 S. Preis 3 Thlr. 15 Ngr.

Unter der Presse:

Joseph de Anchieta, Arte de Grammatica da Lingoa mais usada na Costa do Brasil, reimpressa por JULIO PLATZMANN.

Zum Wiederabdruck in Aussicht genommen:

Grammaire Caraïbe, composée par le R. P. RAYMOND BRETON. Auxerre, 1667.

Arte de la Lengua Moxa, compuesto por el M. R. P. PEDRO MARBAN. Lima, 1701.

Arte de la Lengua general de Chile, compuesto por el P. ANDRES FEBRES. Lima, 1765.

Arte da Grammatica da Lingua do Brasil pelo P. LUIZ FIGUEIRA. Lisboa, 1681.

Tesoro de la lengua Guarani, compuesto por el P. ANTONIO RUIZ. Madrid, 1639.

Diese äusserst seltenen Bücher, deren Wiederabdruck der Meister der Sprachwissenschaft, Pott in Halle, für dringend wünschenswerth erklärt hat, befinden sich sämmtlich in meinem Besitz und können jeden Tag in die Druckerei wandern.

Julius Platzmann.